영유아발달

강 란 혜

창지사

머리말

우리의 미래요, 내일의 지도자들인 아이들은 하나님의 선물이다. 어른들이 아이가 무엇을 할 수 있으며, 무엇을 할 수 없는지를 안다는 것은 아이의 행동을 이해하고, 아이를 안전하게 양육·보육해가면서 만족과 기쁨을 얻는 것으로 매우 중요한 역할을 하고 있는 것이다.

심리학자들에 따르면 영유아기는 인간의 성장 발달 단계에서 가장 급속한 변화가 일어나는 중요한 시기이고 이 시기의 모든 경험과 발달은 인간형성의 기초가 된다고 하였다.

인간의 두뇌를 연구하는 신경생리학자들은 영유아기의 경험은 두뇌 발달에 필수적이고 언어습득, 성격발달과 신체발달, 그리고 사회적 애착형성 등의 발달에 중요한 기반이 된다고 설명하고 있다. 이와 같이 영유아기의 중요성이 점차 강조되고 있는 한편, 여성인력의 사회적 진출과 가족관계의 변화 등으로 인해 영유아들이 가정이 아닌 보육시설에서 생활해야 하는 경우가 급속하게 증가하고 있다.

그러나 최근에 어린이집 교사들이 상습적으로 어린이집 원아들을 학대한 사실이 드러나 안심하고 아이를 맡길 수 없다는 점은 부모에게 큰 충격일 뿐만 아니라 사회문제로 우려의 목소리를 높이고 있다.

영유아기에 어떠한 보육 서비스를 받았는가는 영유아의 발달에 많은 영향을 초래하게 된다. 그래서 이 책은 영유아발달에 대한 기초적인 지식을 습득해야 할 예비교사인 학부생과 영유아발달 상태를 이해하고 그 발달에 맞춰 자극을 제시하며 본보기를 보여주어야 할 책임이 있는 보육교사들에게 영유아를 지도하는 데 보다 전문적이고 적극적인 역할을 수행할 수 있도록 실제적인 정보를 제공하고 있다. 그리고 영유아발달에 관심이 있는 관련 분야 전문가들과 부모님들도 자녀양육에 필요한 정보를 얻고 참고할 수 있다. 따라서 태내기에서 신생아기, 영아기, 유아기까지 초점을 맞추어 이 시기 발달적 현상들을 기술하고 발달적 변화가 일어나는 과정과 기제를 알기 쉽게, 그리고 가능한 그림과 내용을 도식화하고 실제적인 보육내용을 설명했다는 점이 이 책의 가장 큰 장점이다.

이 책은 3부 총 12장으로 구성되었다. 구체적으로 제1부 영유아발달의 본질은 2장으로 구성되어 있는데 1장은 영유아기의 발달에 관한 일반적인 개념과 연구 방법을 기술하였다. 2장은 인간발달 과정을 설명하는 여러 가지 이론들을 소개하고 있다. 제2부 생명의 시작에서 3장은 태내발달과 태아발달에 영향을 미치는 요인에 대해서 기술하였고, 4장은 출산과 신생아에 대해 다루었다. 제3부 영아기 발달의 5장에서 9장까지는 영아기의 신체발달, 인지, 언어, 애착, 사회성, 감각발달을 소개하였고, 제4부 유아기 발달은 10장에서 12장까지 유아기의 신체발달, 인지발달, 사회정서발달을 소개하였다.

그동안 강의하면서 느끼고 생각하였던 것을 체계적으로 정리하고자 하는 마음으로 미진한 점이 있음에도 불구하고 한 권의 책으로 출간하게 되었다. 이 책을 통해서 학생들이 영유아발달에 관해 학문적 지식을 배울 수 있을 뿐만 아니라 영유아를 이해하는 데 도움이 될 수 있기를 바라며, 부모나 영유아관련 전문인들에게도 이 책이 지식 창출과 활용에 유용한 길잡이가 될 수 있기를 기대해본다. 이 책의 부족한 점에 대해서는 독자 여러분들의 많은 지적과 애정 어린 조언을 부탁드리며 차후 개정에서 보강할 것을 약속드리는 바이다.

이 책이 출판되기까지 도움을 주셨던 창지사 출판사의 임직원 여러분들께 진심으로 감사의 말씀을 전하고 싶다.

그리고 이 책을 위해 중학생이 된 사랑스러운 조카 강서윤과 미국에 있는 조카 cathy의 영유아기 때 귀중한 사진, 그리고 남편 지인인 미국에 있는 Phillip의

아들 Jack의 2개월 된 사진을 제공해 준 그들의 도움도 기억하고 싶다. 아울러 나의 안식년 기간 동안 남편 따라 미국에 와서 책을 집필할 수 있도록 가장 가까이에서 최적의 환경을 만들어 주고 인내로 지켜보고 격려해준 남편 Dr. Ha에게 고마운 마음을 전한다. 아무쪼록 본서가 영유아발달을 좀 더 이해하고자 하는 모든 분들에게 작은 도움이 될 수 있기를 간절한 마음으로 바라며, 항상 선하신 길로 나를 인도하시는 주님께 모든 감사와 영광을 돌리는 바이다.

이 책을 당신의 영광을 위해……

2016년 6월 미국 오하이주 캔톤에서

지은이 씀

차례

제1부 영유아발달의 본질

제2부 생명의 시작

제3부 영아기 발달

제11장 유아기의 인지발달 · 254

제12장 유아기의 사회정서 발달 · 273

제 1 부
영유아발달의 본질

제1장

영유아발달의 기초

1. 영유아기의 개념

사전적 의미에서 영아란 '갓 태어난 아이'라는 뜻이며 영아기(infancy)는 라틴어 'infant'에서 유래된 용어로 '말할 수 없는 아이'(Webster's, 1967)라는 뜻이다. 영아기의 정의와 그 시기에 대한 구분은 학자마다 약간의 차이가 있지만, 일반적으로는 정자와 난자의 수정에서 출생까지 모체 내에서의 발달을 태내기 발달이라 하고, 태어나 4주 정도까지의 기간을 신생아기라 하며 신생아기부터 만2세(24개월)까지를 영아기라고 한다.

영아기는 신체발육 및 운동기능의 발달이 매우 활발한 시기로서 생애 발달 중 가장 많은 변화가 일어나는 시기이다. 이 시기의 행동들은 모두가 서툴고 둔하지만, 점차 정교화되고 분화되어 가면서 의미 있는 행동을 형성해 가는 것이 이 시기의 큰 특징이다.

영아기는 반사기능이 소실되고, 젖니가 나오며 감각기능이 발달하고, 체중과 키가 급속도로 성장한다. 성장비율의 속도가 초기 6개월 동안 가장 빠르므로 영아기를 '제1성장 급등기'라고 부른다. 신장은 출생 시 약 50cm이다. 1년이 되면 1.5배가 되고 몸무게가 출생 시 평균 3.3kg이던 아기는 1년이 되면 3배가 된다.

생후 2년 동안 급속한 성장을 보이는 것은 몸무게나 신장뿐만 아니라 언어, 사회 · 정서적, 인지적으로도 괄목할 만한 성장을 이룬다. 영아는 신체와 감각기관으로 주변 환경을 탐색하며 주변 사람과 지속적이고 안정된 관계를 통해 사람에 대한 기본적인 신뢰와 애착을 형성하게 된다. 부모와의 애착 관계는 사회성 발달의 기초를 이루고 나와 남에 대한 개념을 형성하면서 서서히 독립된 존재로서 발달해가며 특히, 뇌의 발달은 영아기에 급속도로 이루어진다. 출생 시에 수억 개의 신경세포를 가지고 태어나는데 이 신경세포는 출생 초에는 서로 연결이 잘 되어 있지 않지만, 신경세포의 연결망인 시냅스가 많이 만들어지면서 뇌세포의 수초화도 2세 때에 최고조에 달한다. 뇌의 무게는 성인 뇌 크기의 1/4 정도인 350~400g이며 첫 돌이 되면 성인 뇌의 66%에 이르게 된다. 영아기는 이렇게 발달의 기초가 이루어지는 중요한 시기이므로 양육자는 영아의 신체적 발달을 위해 적절한 영양섭취와 영아에게 다양한 자극의 제공과 경험을 갖도록 해주는 것이 매우 중요하다.

유아기는 출생 후 두 돌을 전후해서 취학 전까지를 말한다. 이 시기의 어린이는 자신을 둘러싼 환경에 대한 호기심과 이를 실제로 확인하고자 하는 욕구가 높기 때문에 적극적으로 환경을 탐색한다. 다른 사람과 의사소통할 수 있을 정도로 언어 이해력이 증가한다. 유아기는 인간의 평생 발달 중에서 3~4년에 해당하는 짧은 시기이지만 이 시기에 형성된 신체, 인지, 언어, 정서, 사회성 발달은 일생을 좌우하는 기초가 된다.

2. 영유아기의 중요성 및 발달원리

과거에는 영유아가 무능력하고 수동적인 존재로 인식됐지만, 최근의 여러 연구를 통해 영유아는 능력 있고 능동적인 존재라는 점이 드러나고 있다. 능동적인 존재로서 영유아는 어느 시기보다 빨리 그리고 많이 배울 수 있는 시기이다.

영유아기의 중요성을 발달적 측면에서 제기하면 다음과 같다.

1) 영유아기의 중요성

(1) 기초성의 측면

기초성이란 어릴 때의 경험이 후기 발달의 기초가 된다는 의미이다. 우리나라 속담 "세 살 버릇 여든까지 간다."가 이 원리에 해당된다. 영유아기에 신체, 언어, 정서, 사회성, 인지 등 모든 발달 영역의 기초를 이루는 것은 다음 단계의 발달에 중요한 영향을 미치게 된다. 따라서 영유아기에 건강하고 바른 습관들을 교육하는 것이 필요하다.

(2) 적기성의 측면

적기성이란 발달에는 최적기가 있다는 의미이다. 이 최적의 시기를 놓치면 발달의 기초성과 연관되어 발달상에 심각한 영향을 미치게 된다는 원리이다. 즉, 발달과업을 성취해야 하는 최적기에 그 발달과업이 제대로 이루어지지 못하면 이후에 노력하더라도 발달과업 획득의 효율성은 그만큼 떨어진다는 것이다. 그러므로 좋은 환경에서 최적기에 적절한 자극을 제공할 때 영아의 발달은 촉진될 수 있다.

(3) 누적성의 측면

누적성이란 영유아의 발달과정에서 어떤 결함이 생기면 그 결함은 누적되어 그 다음 단계의 발달에 지속적으로 영향을 미친다는 뜻이다. 예를 들어, 수유기에 기본적인 신뢰감 또는 불신감의 형성은 누적되어 그 이후의 인간관계에 영향을 미칠 수 있다는 것이다.

또한, 미숙아로 태어난 아기는 보통 아이들과 시작점이 다르기 때문에 커서 영양분을 충분히 섭취했더라도 그 발달의 차이를 줄이는 데는 어려운 점이 있다. 따라서 전 단계의 결함이 계속 누적되어 발달하는 데 영향을 미치게 되므로 영아들의 올바른 성장 발달에 저해되는 부분은 조기에 교정해주는 일이 무엇보다 중요하다.

(4) 불가역성의 측면

불가역성이란 초기에 잘못된 경험이 발달에 나쁜 영향을 미쳤을 경우, 그 이후에 충분한 자극이나 경험을 제공하여도 원래의 상태로 되돌리기 어렵다는 원리이다. 예를 들어, 빈곤한 환경으로 인해 영유아기에 영양섭취의 적기를 놓쳤을 때, 이후에 풍부한 영양을 준다 해도 빈약해진 체격은 크게 회복되지 못한다는 것이다. 또한, 임신 중에 산모의 영양결핍이나 정서적 스트레스 등으로 인해 받은 태아의 영향은 출산 후에 아무리 노력을 해도 원래 상태로 복원되지 않는다는 것이다. 일반적으로 신체와 지능의 발달이 정서와 사회성 발달에 비해 불가역성이 더 크게 영향을 미친다.

이와 같이 영유아기의 중요성은 아무리 강조해도 부족함이 없는 이유는 발달의 기초성, 적기성, 누적성, 불가역성의 원리가 상호 밀접하게 관련되어 있어 영아의 발달에 영향을 미치기 때문이다.

2) 발달원리

발달(development)이란 수정의 순간부터 죽음에 이르기까지의 전 생애과정을 통해 일어나는 인간의 신체적 · 심리적 변화이다. 이러한 발달의 현상에는 영유아의 개인적 특성과 문화에 따라 개인차가 존재하지만 공통적으로 일반적인 법칙이 있는데 이것을 발달의 원리라고 한다. 발달의 원리는 환경적 요인을 초월하여 모든 영아에게 발견되는 현상이다. 발달의 원리를 살펴보면 다음과 같다(강란혜, 2008).

(1) 발달에는 일정한 순서가 있다

영유아는 일정한 순서에 따라 발달하므로 예측이 가능하다. 운동발달을 보면 처음에는 머리를 들고 그 다음에 가슴을 들며 그 후 앉고, 기고, 일어서고, 걷게 된다. 언어발달에도 순서가 있는데 영아의 의사소통은 처음에 울음에서 그리고 옹알이를 하게 되고 8~12개월이 되면 몸짓을 사용하고 첫돌에는 한 단어 문장을 사용하며 두 돌이 되면 두 단어 정도의 문장을 사용하는 순으로 발달한다.

(2) 발달은 일정한 방향으로 진행된다

발달의 진행 방향은 두미발달원칙, 근원발달원칙, 세분화 발달원칙으로 나누어 볼 수 있다.

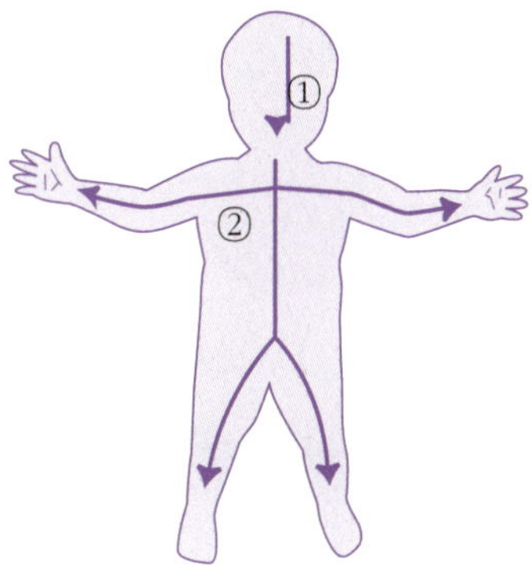

[그림 1-1] 발달의 방향

① 두미(cephalocaudal)발달원칙

두미(頭-尾) 방향으로 위에서 아래로 발달한다. 머리가 먼저 발달하고 다리가 발달한다. 즉, 영아들은 목을 가눈 후에 앉을 수 있게 되므로 머리 부분이 몸통이나 팔, 다리보다 먼저 발달한다(그림 1-1).

② 근원(proximo-distal)발달원칙

발달은 중심에서 말초방향으로 이동하는 것을 말한다. 즉, 신경계통의 발달을 보면 대뇌가 먼저 발달하고 점차로 말초신경계가 발달하게 된다. 따라서 신체의 중심 부분이 먼저 발달하고 그다음 팔, 손목, 손, 손가락의 순서로 발달이 이루어진다(그림 1-1).

③ 세분화(mass to specific) 발달원칙

전체운동에서 세분화 운동으로 또는 일반적인 것에서 특수운동으로 발달한다. 영아기에 나타나는 최초의 행동은 몸 전체를 사용하는 미분화된 상태에서 점차로 분화되며 정교한 동작으로 대체된다. 예를 들어, 영아가 최초로 물체를 잡을 때는 손바닥 전체를 다 사용하지만, 시간이 지나면서 엄지손가락과 집게손가락을 사용하게 된다. [그림 1-2]에서 보듯이 16~52주 사이에는 자극에 따라 각각의 손가락을 움직일 수 있는데, 엄지와 집게의 사용은 생후 9개월경에 가능하며, 만 1세가 되면 손가락으로 물체를 쉽게 잡을 수 있게 된다.

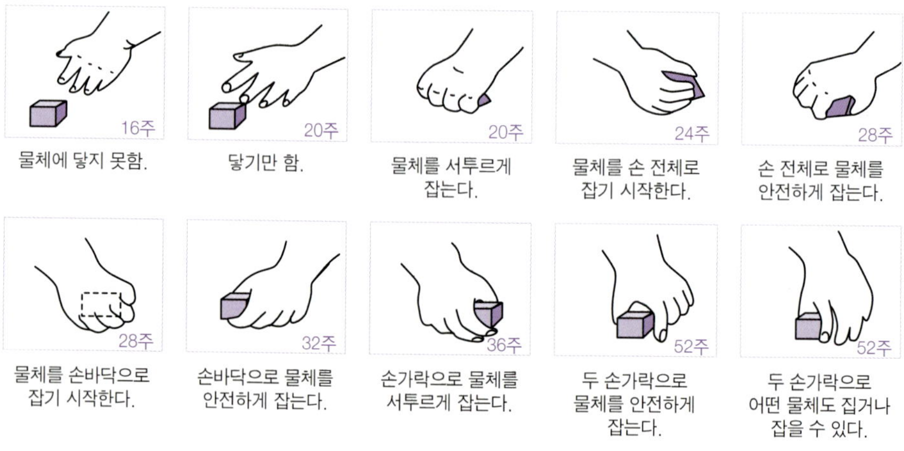

[그림 1-2] 대상잡기 발달 과정

출처: Halverson(1931).

(3) 발달의 속도는 일정하지 않다

인간은 수정되는 순간부터 죽을 때까지 끊임없이 변화의 과정을 겪는다. 그러나 발달은 일정한 간격으로 이루어지는 것이 아니며 특정 시기에 특정 영역이 급격히 발달하거나 천천히 발달하는 등, 그 속도가 일정하지 않다. 예를 들면, 신장은 출생 후 첫돌까지 급격한 성장을 보이지만 아동기에 들어가서는 속도가 떨어지고 청소년기에 다시 급속한 성장을 보인다. [그림 1-3]에 의하면 신경계에 해당하는 두뇌 발달은 태내기와 출생 후 첫 2년 동안에 가장 급속한 발달을 이루게 된다. 그리고 일반형의 골격이나 근육, 내장기관은 출생 후 급속한 발달을 거쳐 아동기에는 느리게 발달하고 사춘기에는 매우 급격하게 성장한다. 이것에 비해 생식형인 자궁은 출생 후 10년까지는 거의 발육되지 않고, 사춘기에 도달해 급속히 성숙해진다. 한편, 임파형의 편도선, 임파선 등은 출생 후 2년까지는 급격히 발달하고 13세경에는 어른의 2배 가까이 되지만, 그 후 감소한다(山下 외, 2003). 즉, 인간의 신체는 다양한 기관과 신체 부위로 이루어지며, 각기 서로 다른 속도로 발달한다.

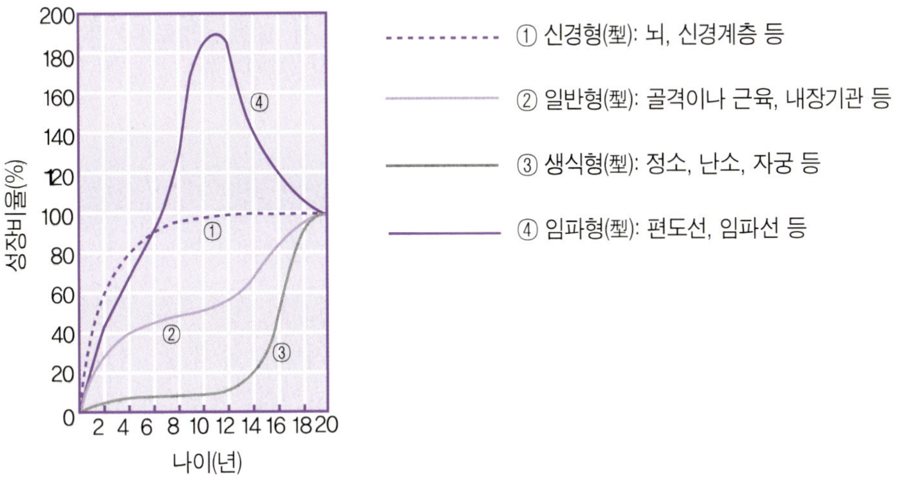

[그림 1-3] 신체성장 비율과 발달시기

출처: Scammon(1930).

(4) 발달 속도에는 개인차가 있다

발달은 보편적인 순서에 따라 진행되지만 개인에 따라 다양한 차이를 나타낸다. 예를 들어, 9개월부터 걷기 시작하는 영아가 있는가 하면 15개월이 되어도 걷지 못하는 영아가 있다. 모든 영아가 동일한 연령에 동일한 수준에 도달하는 것이 아니다. 이러한 개인차는 영아 개개인의 유전적 배경과 영아를 둘러싸고 있는 환경적 요인이 다르므로 나타나는 것이다. 따라서 양육지도에 있어서 개인차를 배려한 개별화된 보육이 필요하다.

(5) 발달의 영역들은 서로 밀접한 관련이 있다

신체, 인지, 정서, 사회성 등 영유아의 제반 발달 영역은 각기 독립적으로 발달하는 것이 아니라 상호관련성을 가지고 있다. 예를 들어, 신체적으로 건강한 영유아는 정신적으로도 건강한 것이 일반적인 현상이다. 이와 같이 발달의 각 영역은 서로 영향을 주고받는 역동적 상호관계 속에서 진행되므로 각 영역의 발달은 분리하여 생각할 수 없다.

(6) 발달에는 결정적 시기가 있다

발달이 가장 급격하게 이루어지는 최적의 시기를 결정적 시기(critical period)라 한다. 이 시기에 적절한 발달이 이루어지지 못하거나 부정적인 영향을 받게 되면 치명적이고 심각한 결손을 가져오게 된다. 인간발달 단계 중, 생의 초기인 영아기의 경험은 이후 모든 단계의 발달을 좌우한다. 예를 들어, 영아기에 어머니와 애착을 형성하지 못하면 성장 이후에도 원활한 대인관계를 형성하는 데 어려움을 겪는다. 이처럼 결정적 시기의 환경적인 결함은 발달에 있어서 장기적이고 심각한 영향을 미치게 된다.

동물들의 경우, 결정적 시기에 이루어지는 각인(imprinting)현상은 회복이 불가능하지만 인간의 경우에는 심리적 발달에 있어서 결정적 시기보다는 '민감기'라는 개념이 더 적절하다. 민감기란 특별히 민감한 시기로, 능력이나 기술을 발달시킬 수 있는 준비가 가장 잘 이루어져 있는 최적의 시기이다.

3. 영유아기 발달 단계의 특징

영아기는 유아기나 아동기에서 볼 수 없는 발달적 특징이 있다. 신생아기를 포함하여 영아기 하위단계에 있어서 주요한 발달적 변화와 유아기를 요약하면 다음과 같다.

1) 태아기(수정에서 출생까지)

이 시기는 태내발달의 전 과정을 통해 모체와의 밀착된 의존관계가 확립되고, 신체기관과 신경계가 형성되기 시작하며, 기관들이 성숙해 가면서 출생 후의 생활을 위해 생물학적 준비를 하게 된다. 신체 각 기관의 구조가 정교화되며 기능이 보다 원활해지는 등 빠른 발달을 보인다. 임신 초 3개월까지는 영양상태나 약물복용에 가장 영향을 받기 쉬운 시기이므로 특별히 주의가 필요하다. 4개월 경부터 손가락, 발가락, 피부, 지문, 머리털 등이 생기고 태아는 손을 빠는 행동을 하며, 태동을 느낄 정도로 태아의 성장이 가속화된다. 6개월 말경에는 자유롭게 눈꺼풀을 뜨고 감을 수 있고 청각도 발달해서 임산부의 배 가까이에 대고 큰 소리를 치면 놀라서 움직임을 보인다. 8개월이 되면 지방 함량이 늘어나면서 미숙아로 태어나도 정상적인 발달을 할 수 있도록 성장하게 된다.

2) 신생아기(출생~생후 1개월)

주로 반사의 생득적 반응에 따라서 외부환경에 적응하는 시기이다. 감각기능이 매우 발달해 있고 생후 수 시간이 지나면 소리에 반응하고 미각도 생후 2~3주간에 급속하게 발달한다. 부모의 목소리에 반응하고 엄마 젖의 냄새를 느낄 수 있다. 그러나 전반적으로 아직은 미숙해서 양육자에 의한 세부적인 배려와 적절한 보호가 필요하다.

3) 생후 1~3개월 영아기

영아는 2개월경에 누워 있는 상태에서 손을 잡아주면 상체를 일으킬 수 있으며, 3개월경에는 목을 가누기 시작한다. 영아는 아직 몸을 움직이는 것이 마음대로 되지 않지만 시각이나 청각 등의 감각기관은 급속하게 발달한다.

4) 생후 3~8개월 영아기

신체의 발육이 급격하고 움직임도 활발해서 4~5개월이 되면 도움을 받아 잠깐 앉을 수 있고 부모나 가족의 얼굴을 구별하기 시작한다. 6~7개월 정도에는 손에 닿는 물건을 잡고 또 다른 손으로 옮길 수 있으며, 7~8개월경에는 대부분의 영아는 낯가림을 시작한다.

5) 생후 8개월~1세 반까지 영아기

8~9개월경에는 기어 다닐 수 있게 되고 이 시기에는 인지능력도 발달해서 영아에게 장난감을 보여주고 헝겊으로 장난감을 가리면 헝겊을 걷어치우고 장난감을 찾아내는 행동도 보인다. 이것은 「대상 영속성」 개념을 획득하고 있다는 증거이다. 10개월경에는 물건을 잡고 서고, 11~12개월경에는 혼자서 설 수 있으며, 15개월이 되면 영아는 잘 걸을 수 있게 된다.

6) 1세 반~2세 미만의 영아기

신체 및 운동발달이 급속하게 발달하는 시기이다. 특히 2세경에 영아의 두뇌는 성인 두뇌 무게의 약 75%에 이르게 된다. 23개월 무렵이 되면 혼자서 컵에 물을 마실 수 있을 만큼 소근육도 발달한다. 또한 자아의식이 강하고 제1반항기가 시작되는 시기이다. 자기 주관이 뚜렷하여 하지 말라는 것을 하겠다고 고집부리는 미운 세 살(terrible two)로 불리는 시기이다.

7) 2세~초등학교 입학 전 6세까지의 유아기

신체적 성장이 가장 빠른 속도로 일어나는 영아기와 같이 왕성하지 못하지만 이 시기에도 꾸준한 성장을 나타낸다. 유아기에는 신체 비율이 변화하고 대뇌가 성장하며 운동 능력이 발달하면서 능동적으로 외부 환경을 탐색한다. 소근육 운동도 발달해서 옷 입기, 신발끈 매기, 그림 그리기, 만들기 등을 할 수 있다.

4. 유전과 환경의 발달적 관점

인간발달에 미치는 영향이 유전에 의한 것인지 아니면 환경에 의한 것인지의 문제들은 오랫동안 논란의 대상이 되어 왔다. 즉, 발달이 유전에 의해 영향을 받는지, 환경에 의해 영향을 받는지에 대한 논쟁이다(Rutter, 2002). 이것을 발달심리학에서는 성숙과 경험(학습)의 문제라고 말하고 있다.

일반적으로 발달의 초기에는 성숙의 요인이 비교적 크게 영향을 미치고, 그 후(적어도 청소년기 이후)는 주로 환경의 요인이 크게 영향을 미친다(矢野・落合, 1991). 그러나 발달심리학자들은 발달은 영역과 시기에 따라 어떻게 영향을 받는가가 중요하다는 데 인식을 같이하고 있다.

1) 유전론적 관점

발달에 있어서 유전적 측면, 즉 성숙의 중요성을 지적한 학자는 발달은 생물학적 성숙에 의하여 좌우된다고 보았다. Gesell(1956)은 일란성 쌍생아의 계단 오르기 실험을 통해 유전론적 개념을 설명하였다.

이 실험에서 성숙에 도달하지 않은 시점에서의 훈련보다는 성숙에 도달한 시점부터의 훈련이 훨씬 효과적임을 보여주고 있다. 따라서 성숙론자들은 발달은 성숙에 의해서만 가능하다고 지적함으로써 영아의 발달은 유전적으로 규정되어 있고 '성숙'이라는 프로그램대로 진행된다는 것이다.

2) 환경론적 관점

환경론자들은 아동의 발달은 환경의 영향이 크게 작용한다고 주장하였다. Loke는 인간은 출생 시 '백지상태'이며 성장하면서 경험에 의해 인성이나 행동 특성들이 결정된다고 하였다. 미국의 행동주의 심리학자인 Watson(1927)은 "나에게 12명의 건강한 아기와 이들을 양육할 수 있는 필요한 환경을 제공해 준다면 이들을 그 부모의 재능이나 특성, 능력, 직업, 인종과 관계없이 내가 원하는 인물(예: 의사, 변호사, 예술가, 도둑 등)로 양육할 수 있다."라고 말하며 환경의 중요성을 강조하였다.

3) 상호작용론적 관점

상호작용론은 유전과 환경이 상호작용하여 발달한다는 견해이다. 인간발달에서 그 원인이 성숙에 있는 것인지 또는 학습에 있는 것인지를 밝히기는 그렇게 쉽지 않다. 그러나 대부분의 행동 특성은 유전과 환경의 두 가지 요인에 의해 영향을 받는다는 사실이 널리 확산되고 있다. 예를 들어, 아동의 지적 능력은 거의 전적으로 유전에 의해 결정되지만, 태내에서의 모체의 조건이나 성장하면서 생활환경의 영향을 받아 지체아나 우수아로 발전할 수 있는 것이다(Freiberg, 1992).

[그림 1-4]에서 보듯이 지능에는 수많은 유전자가 관계하고 있다. 반면에 지능에 영향을 미치는 유전자로 설명할 수 있는 것은 50% 정도까지이고, 나머지 50% 정도는 환경의 영향이다. 따라서 지능에 환경과 유전 모두가 관여한다는

사실을 알 수 있다. 유전과 환경의 논의는 양자가 어떻게 상호작용하는가 하는 문제가 더 중요하다는 관점이다. 유전적 요인은 성장의 한계이고(아무리 많이 먹어도 인간은 무한대로 자랄 수 없다), 환경적 요인은 유전적 잠재력이 실현될 수 있는 정도와 범위를 제한(지능은 유전에 의해 어느 정도 한계가 결정되지만 환경에 의한 차이가 있을 수 있다)한다.

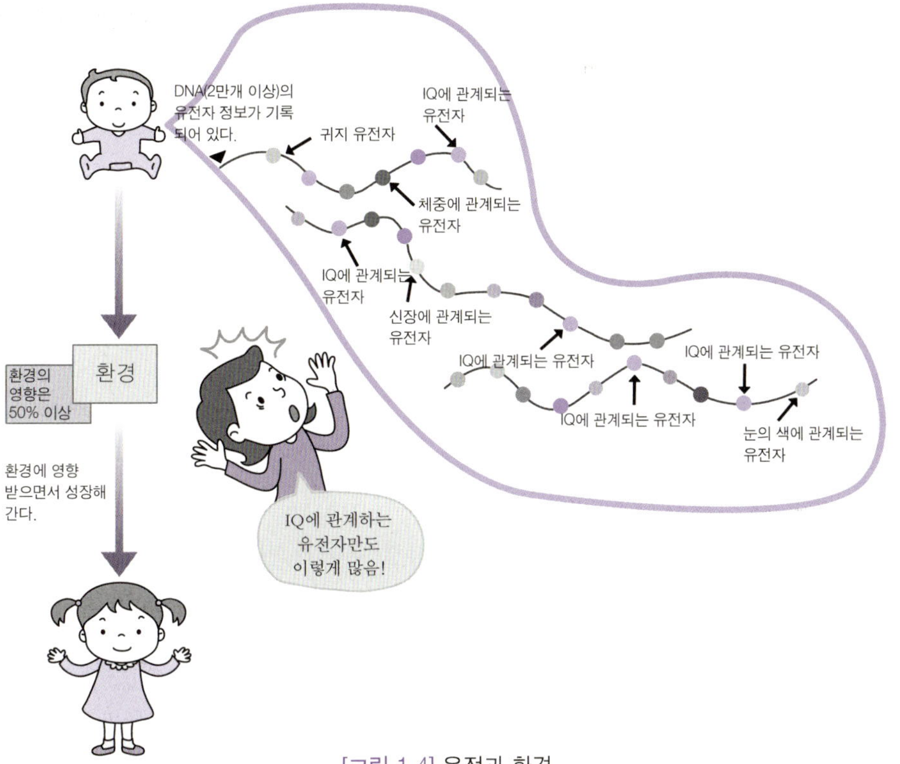

[그림 1-4] 유전과 환경

출처: 日本經濟新聞出版社(2013).

4) 연속성과 불연속성

발달이론가들은 발달은 연속성인가 아니면 불연속성인가라는 두 가지 입장에서 설명하려고 한다. 발달을 연속성이라고 보는 관점에서는 발달적 변화를 점진적이고 점차적으로 변화하는 것으로 보는 반면, 불연속성의 관점에서는 발달은 몇 개의 단계를 거쳐 진행된다고 보는 것이다(Thomas, 1991).

영아가 기어 다니게 되는 과정을 예로 들어 보면, 대부분의 영아는 처음에는 몸을 단순히 뒤집다가 다음에는 손과 무릎을 움직이고, 생후 6개월 정도가 되면 기기 시작한다. 이러한 변화는 연속적이며 점진적 증진을 보여주는 것이다. 그러나 대부분의 발달이론가들은 영아의 인지발달과 사회성 발달은 비연속적이며 질적으로 다른 단계를 따라 이루어진다고 생각하였다. 예를 들어, Piaget의 형식적 조작기에 해당하는 청소년기에 그 이전 시기에는 가능하지 않았던 추상적 사고가 가능한 것은 사고의 양적인 변화가 아니라 질적인 변화 때문이다.

5. 영유아발달 연구 방법

영유아의 행동을 과학적으로 연구하기 위해서는 신체와 운동, 인지, 언어, 사회성 등의 발달 과정에서 나타나는 일반 현상과 문제 행동에 대해 정확히 기술하고 설명해야 하며, 예측하고 통제할 수 있어야 한다. 그러므로 영유아의 행동을 연구하는 학자들의 목표는 영유아의 정상 행동의 변화 과정을 기술하고 더 나아가 영유아의 부적응 행동의 발달과정과 원인을 설명하는 것이다. 또한 이러한 지식을 토대로 영아의 행동이나 문제를 예측하고 환경적으로 통제해서 장애나 문제 행동의 발생을 사전에 예방하는 것이다.

영유아를 연구하는 경우, 영유아가 자신의 생각을 말로 잘 표현할 수 없기 때문에 자료를 수집하기 위해 주로 쓰이는 연구 방법은 육아일기, 간접적인 자기보고법, 관찰법, 면접법, 실험법 등이 있다. 이러한 자료 수집 방법에 대해 살펴보기로 한다.

1) 자료수집방법

(1) 육아일기

육아일기란 아이를 양육하면서 아이의 성장 변화를 기록하는 일지이다. 아이가 하는 행동과 말을 기록할 수 있는 좋은 기회가 된다. 육아일기(Baby biographies)는 영아발달을 기록하기 위한 최초의 과학적 시도라 할 수 있다(Lewis & Slater, 2007). 연구자들은 부모로서 자녀의 성장과 발달에 대한 개인적 기록뿐만 아니라 연구의 일환으로 육아일기를 써 왔다.

(2) 자기보고법

자기보고법(self-report method)에는 지면을 통해 주제에 관하여 질문하고 이에 대하여 답을 쓰도록 하는 질문지법과 질문에 대해 말로 답하는 면접법이 포함된다. 즉, 질문지를 읽은 피험자가 말이나 글로 자신의 행동에 대해 대답하는 것이다. 언어발달이 이루어지지 않은 영아에게는 사용될 수 없다. 따라서 영아 대상인 연구에서는 영아의 발달 상태에 대한 질문들에 대해 양육자로부터 간접적으로 자료를 얻게 된다.

(3) 관찰법(observation)

관찰법은 영유아의 특성을 면밀하게 관찰하고 기록하여 측정하는 방법으로 영유아의 행동을 연구하는 데 가장 적절하고 신뢰할 수 있는 연구 방법이다. 관찰법에는 자연관찰법과 구조적 관찰법이 있다. 자연관찰은 자연스러운 상황에서 영유아의 자발적인 행동을 관찰, 기록, 수집하는 방법이다. 물론 연구자는 영유아의 모든 행동을 기록할 수 없기 때문에 연구자는 먼저 어떤 것을 기록할 것인지를 결정해서 관찰하고, 기록하게 된다.

자연관찰법은 비구조적 관찰법과 구조적 관찰법으로 나눌 수 있다(표 1-1). 비구조적 관찰법은 관찰할 내용을 표준화하지 않고 미리 정해진 기준에 의거하지 않는 관찰방법이다. 여기에는 관찰법의 가장 오래된 형태로, 부모가 자녀의 행동을 매일 일기식으로 특이한 일들을 기록하는 일기기록법과 영유아 행동의 모든 것을 그 일어난 순서대로 이야기식으로 기록하는 일화기록법이 있다. 일화기록법은 일기기록법과 같은 어떤 특정의 개개인이 아닌, 보다 많은 사람의 일반적 행동이나 언어를 기록하는 것을 말한다. 그리고 표본기록법이 있다. 표본기록법은 영유아의 행동을 가장 자세하게 표현하는 관찰방법으로, 관찰자가 관찰대상이나 장면을 미리 정해 놓고 관찰대상이 한 말과 행동을 일어난 순서대로 기술하는 방법이다. 구조화된 관찰법은 자연적 환경에서보다는 연구자가 관찰대상의 행동을 선정하고 그 행동이 일어날 수 있도록 설계된 실험실에서 기록할 내용이나 방법을 표준화(관찰조사표)하고 통제된 상태에서 영유아의 행동을 관찰, 기록하는 것이다. 따라서 언제, 누가 관찰하더라도 비교적 동질적인 관찰이 가능하다. 그러나 영유아의 행동이 다른 사람과 상호작용에서 발생하는 복잡한 요인을 인위적으로 단순화시키기 때문에 인과관계를 파악하기가 쉽지 않다. 구조화된 관찰법에는 관찰하고 싶은 행동의 목록을 미리 작성한 후, 목록에 있는 각 행동이 나타나는지를 관찰하여 체크하는 행동목록법(체크리스트법)과 관찰하고 싶은 행동 특성에 관해서 행동의 질적인 특성 정도나 행동 출현 빈도의 정도를 평가하고자 할 때 어느 정도 단계(예: 전혀 그렇지 않다~매우 그렇다)로 나누어 평가하는 평정척도법(rating scales)이 있다. 또한, 관찰 횟수나 시간을 정한 후 그사이에 일어난 행동을 관찰하는 시간표집법과 관찰의 단위가 시간이 아니고 어떤 행동이나 사건이 생길 때만 관찰, 기록하는 사건표집법이 있다.

〈표 1-1〉 관찰법의 하위 방법

구분	하위방법	내용
비구조적	일화기록법	• 개인의 특성을 이해하기 위해 개인의 구체적인 행동에 관하여 주의 깊게 관찰하여 사실적이고 객관적으로 기록하는 방법 • 한 가지 행동이나 상황에 초점을 맞추어 기록하는 방법 • 정해진 관찰 시간이 없다. • 표본기록법보다 관찰시간이 상대적으로 짧다.
	표본기록법	• 관찰대상이나 장면을 관찰자가 미리 정해 놓고 그 장면에서 일어나는 영아의 행동과 상황을 모두 기술하는 방법 • 관찰대상이 한 말과 행동을 비디오를 찍듯이 자세하게 기록하는 방법 • 일화기록법과의 차이점은 시간과 행동이 정해져 있다는 것과 특정 관심 영역을 두지 않는다.
구조적	체크리스트법	• 사람이나 사건, 사물이 지닌 특성을 알아보기 위한 관찰도구 • 미리 구성된 영아발달 단계표에 영아의 발달 상태를 표시하는 방법
	평정척도법	• 미리 구성된 다양한 척도나 범주의 기준표를 가지고 영아의 행동 정도를 표시하는 방법
	사건표집법	• 관심이 있는 행동이 출현하면 일정한 형식에 따라서 관찰자가 기록하는 방법 • 자연스러운 상태에서 일어나는 행동의 원인과 결과를 알고자 하거나 특정행동이 언제 출현하는지 알아보기 위하여 관찰하는 방법
	시간표집법	• 미리 선정된 관찰대상의 행동들을 정해진 시간 동안 일정 시간 간격을 두고 반복적으로 관찰하는 방법 • 행동의 유, 무의 빈도수만 표시하므로 상황에 대한 이해와 정확한 배경을 파악하기 어려움 • 자주 일어나는 행동을 관찰할 때 적합함 • 보통 10분~30분 동안 사건 순서대로 기록하며 장면이 바뀔 때마다 시간을 표시함 • 비교적 짧은 시간 동안에 얼마나 자주 행동이 발생하는가를 양적으로 측정하는 방법

(4) 생리적 심리측정법

생리적 심리측정법(physiological recording)은 영아의 신체 안에서 이루어지는 생리적 활동을 측정하는 방법으로, 심장박동의 측정을 들 수 있다. 심장박동률은 영아의 운동 능력에 의존하지 않고 그 상태를 알 수 있는 장점이 있다.

심장박동률을 측정하기 위해서 연구자들은 센서를 영아의 상체에 부착하고 자극 제시에 따른 변화를 측정한다(Bendersky & Sullivan, 2007). 심장박동률 측정치는 정서발달을 연구할 때 많이 사용되어 왔으며, 영아를 대상으로 한 연구의 대표적인 예는 Gibson과 Walk(1960)의 깊이지각 실험이다(Aslin et al., 1981; Berk, 1996). 시각절벽은 기어 다니지 못하는 6개월 이하 영아의 깊이지각 연구에는 사용될 수 없다. 그러나 이후 다른 연구자들(Campos, Langer, & Krowitz, 1970)은 깊이지각 연구에서 생후 2개월 된 영아의 경우도 심장박동에 변화가 왔다고 보고하였다.

(5) 선호도 방법

선호도 방법(paired-preference procedure)이란 영아에게 둘 이상의 자극을 동시에 제시하고 그 자극들 중에서 어떤 것에 더 주의를 기울이는가를 측정하는 방법이다. 어떤 한 자극을 다른 자극보다 더 오랫동안 쳐다보면 두 자극을 구별할 수 있으며 주시한 자극을 더 선호하는 것으로 해석한다. 지각 선호법은 어린 영아들이 시각적 형태를 구별할 수 있는지 알아보기 위해 고안된 간편하고 효과적인 방법으로, Fantz(1961)는 이 방법을 고안하여 영아의 지각 선호법을 연구하였다. 지각 선호법을 이용해 신생아는 신문이나 잡지에 인쇄된 모양보다 사람의 얼굴에 더 관심을 보인다는 것을 알아냈다. 또한 생후 1개월 된 영아는 엄마의 목소리를 다른 사람의 목소리보다 더 선호한다는 것을 알 수 있었다.

(6) 습관화 방법

습관화(habituation)란 반복을 통해 친숙해진 자극에 매우 익숙해져서 처음에 일으키던 그 자극에 대한 반응이 더 이상 일어나지 않는 과정을 말한다. 영아가 친숙한 자극에 더 이상 반응하지 않는 것은 영아가 자극이 이전에 경험했던 것으로 기억하고 있음을 보여주는 것이다.

습관화 방법은 습관화 단계와 탈습관화 단계로 이루어지는데, 서로 다른 2개의 자극을 영아가 변별할 수 있는지를 알아보려고 한다면 두 자극 중 하나를 제시하여 영아가 이 자극에 더 이상 주의하지 않거나 반응하지 않을 때까지 기다린다. 이 단계가 습관화 단계이다. 이때 응시 시간은 처음 자극이 제시되었던 몇 분간에 비해 절반 정도(약 50%)로 감소하는 것을 기준으로 한다.

[그림 1-5]는 신생아를 대상으로 한 습관화와 탈습관화 연구의 결과이다(Slater, Morison, & Somers, 1988). 생후 7시간 된 신생아는 (a)와 같은 자극에 노출된다. 그래프에서 보듯이 신생아는 처음 자극이 제시되었을 때 평균 41초 동안 응시하였다. 자극 제시의 빈도수가 7회 이상 되자 신생아는 점차 응시 시간이 줄어들었다. 연구의 두 번째 부분에서는 신생아에게 이전에 제시해서 친숙하게 습관화된 자극(a)와 새로운 자극(b)에서 보는 바와 같이 90도 회전된 자극이 함께 제시되었다. 신생아는 친숙한 자극보다 새로운 자극을 3배나 더 응시하였다.

습관화 방법은 시각, 청각, 후각 등 다양한 종류의 감각 자극들에 의해 습관화되고 또 탈습관화 되기 때문에 영아의 감각 및 인지, 지각 능력을 평가하는 데 유용한 방법이다.

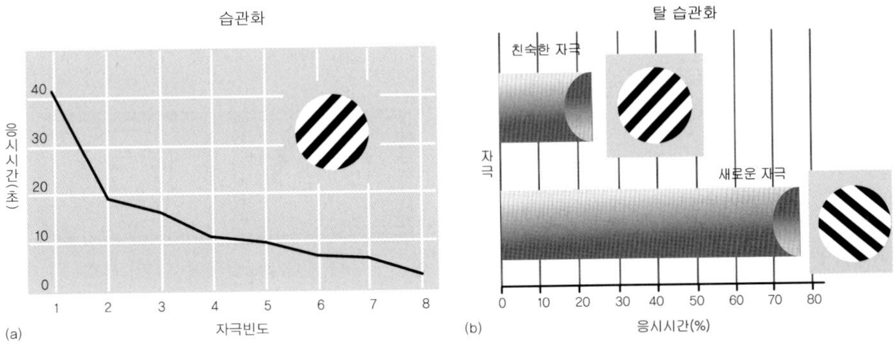

[그림 1-5] 습관화와 탈습관화

(7) 친숙화–새로운 자극 선호 방법

친숙화–새로운 자극 선호(familiarization-novelty preference)는 습관화 절차와 매우 유사한 절차이다. 친숙화–새로운 자극 선호를 통해 영아의 지각과 인지를 알아볼 수 있다. 영아에게 (a) 아기 얼굴사진을 제시하여 영아가 이 자극에 친숙해지도록 한다. 영아가 자극에 친숙해지면 자극을 응시하는 시간이 점차 감소하게 된다. 즉시 검사 단계에서는 영아에게 습관화 단계에서 보여줬던 (a) 아기 얼굴과 (b) 노인 얼굴을 함께 보여준다. 영아가 친숙한 자극과 새로운 자극을 변별할 수 있으면 새로운 자극을 친숙한 자극보다 더 오래 응시하게 된다. 하지만 영아가 두 자극을 서로 구별하지 못한다면 어떤 반응도 보이지 않을 것이다. 한편 즉시 검사 단계가 습관화 단계 이후(수주나 수개월 후) 지연되어 제시되는 경우(지연 검사 단계), 영아들은 새로운 자극인 노인 얼굴보다 친숙한 자극인 아기 얼굴을 더 오래 응시한다(그림 1-6).

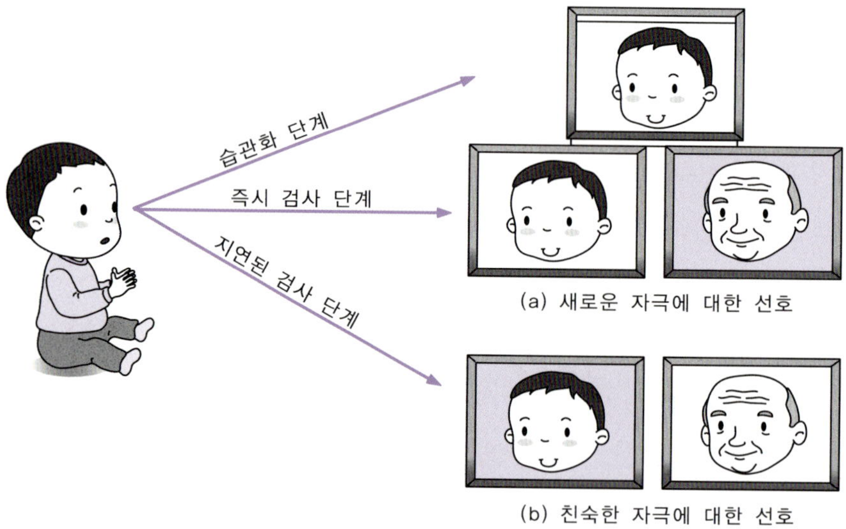

[그림 1-6] 친숙화-새로운 자극 선호 방법

출처: Berk(2008).

(8) 뇌파측정법

뇌파측정법이란 영아에게 자극을 제시하여 뇌파의 변화를 측정하는 것이다. 영아의 뇌 부위 중 자극을 처리하는 중추 영역에 해당하는 영아의 머리 위에 전극을 붙이고 뇌파 변화를 측정하는 검사법이다. 이 검사법을 통해 영아의 인식 능력을 검사할 수 있다. 영아가 제시된 자극을 감지할 수 있다면 뇌파에 변화가 오고 감지하지 못하면 뇌파는 변화를 나타내지 않는다(유효순 외, 2013). 측정 기계나 장비, 전문 인력이 필요하고 결과를 해석하는 데 고도의 훈련과 추론이 필요하다.

(9) 영아기의 인지발달 검사

영아의 지적 능력을 측정할 수 있는 가장 대표적인 것이 Bayley 영아발달 척도(Bayley Scales of Infant Development; Bayley, 1993)이다. Bayley의 척도는 지적 척도, 운동 척도, 행동 척도의 세 요소로 구성되어 있다. 지적 척도는 감추어진 장난감을 찾거나 지시를 따라 어떤 동작을 하도록 하는 등의 적응적 행동을 포함하고, 운동 척도는 공을 던지거나 컵으로 마시기와 같은 운동 능력을 평가하며, 행동 척도는 사회적 반응이나 목표 지향성 같은 영아의 행동을 평가하는 척도로 구성되어 있다. 여기서는 운동 척도와 지적 척도를 합쳐서 발달지수(DQ: development quotient)로 계산한다. 발달지수는 영아들이 같은 연령의 영아들에 비해 얼마나 잘 수행하는가를 나타내준다.

영아검사는 영아들에게 정신적인 결함이나 신경학적 결함, 시각, 청각, 언어 또는 사회적 반응에서의 문제점을 발견해 내는 데에는 유용하다. 그러나 이 검사에서는 영아가 성장한 후의 지능을 예언해주지는 못한다. Bayley 척도의 점수와 6, 7세 사이 Stanfore-Binet 검사로 측정된 지능 사이에 상관이 없었다(Bayley, 1943). 그 이유는 어려서 재고 있는 문항들과 아동기 이후에 재는 문항들의 내용이 서로 다른 능력을 재고 있기 때문이다.

〈표 1-2〉 영아발달의 Bayley 척도의 표본 항목

지적 척도		운동 척도	
연령(개월)	항목	연령(개월)	항목
0.1	딸랑이 소리에 반응한다.	0.1	안았을 때 어깨 위에서 머리를 든다.
1.5	사회적 미소를 보인다.	1.8	옆에서 뒤로 몸을 돌린다.
2.0	시각적으로 엄마를 인식한다.	2.3	받쳐주면 앉는다.
3.8	주사위(cube) 소리가 나는 쪽으로 머리를 돌린다.	3.2	뒤에서 옆으로 몸을 돌린다.

지적 척도	
연령(개월)	항목
4.1	주사위로 다가간다.
4.8	낯선 사람을 구분한다.
6.0	떨어진 숟가락을 찾는다.
7.0	네 가지의 다른 음절을 음성화할 수 있다.
9.1	언어적 요구에 반응한다.
14.2	두 단어를 말할 수 있다.
18.8	원하는 것을 알기 위해서 단어를 사용한다.
19.3	그림에 이름을 붙일 수 있다.

운동 척도	
연령(개월)	항목
6.4	등에서 배쪽으로 뒤집는다.
8.1	계속 서 있을 수 있다.
9.6	도와주면 걷는다.
11.7	혼자 걷는다.
14.6	도와주면 위로 걸어 올라간다.
23.4	바닥에서 뛰어 오른다.

출처: Bayley(1969).

(10) 질문지법(questionnaire)

연구자들이 개인의 감정이나 신념 및 행동에 관한 정보를 수집하기 위해 일련의 질문을 작성하여 연구 대상자에게 반응하도록 하는 방법이다. 질문지법은 한꺼번에 많은 피험자를 대상으로 하기 때문에 쉽게 자료를 얻을 수 있다는 장점이 있으나, 피험자가 글을 읽지 못하거나 말을 잘 이해할 수 없는 어린 아동일 경우에는 사용할 수 없다. 또한 피험자가 성의 없는 응답을 하기 쉬워 연구자가 파악하고자 하는 점을 밝히기 어렵다는 단점이 있다.

(11) 면접법(interview)

연구자가 연구 대상에게 질문하고 대상자가 직접 대답을 하게 하여 그 결과를 분석하는 방법이다. 면접은 언어능력이 없는 아동뿐만 아니라 노인까지 대상자의 범위는 넓다. 또한 모든 연구 대상자의 응답을 빠짐없이 기록할 수 있다는 장점이 있다. 그러나 시간과 비용이 많이 요구되는 단점이 있으며 면접하는 사람의 자질이 연구 결과에 영향을 줄 수 있으므로 이 방법을 성공적으로 사용하기 위해서는 면접자의 자질이 중요한 관건이 된다.

(12) 사례연구법(case study design)

사례연구는 일반적으로 다수를 대상으로 하는 조사 연구와는 달리 한 명 혹은 소수의 아동을 대상으로 비교적 장기간 관찰하여 결론을 이끌어 내는 방법이다. 이 연구법은 의사가 환자를 여러 가지 방법으로 면밀히 진단하여 치료하는 임상적 방법이 교육 분야에 적용된 것이다. 한 개인의 기록에는 가정환경, 건강관리, 사회계층의 지위, 교육수준, 생의 중요한 사건에 대한 기록 등이 포함된다. 흔히 사례연구는 생활지도 분야에서 문제행동을 갖고 있는 아동에 대한 지도나 행동 수정에 적용되는 경우가 많다. 아동 대상 연구에서 사례연구법의 대표적인 것은 Piaget의 연구를 들 수 있다. 그는 세 아이를 대상으로 출생에서부터 아동기까지의 지적 발달과정을 자세히 관찰하여 기록·분석하였다. 이와 같은 사례연구는 관찰, 실험, 면접 등 다양한 기법을 사용하여 개인의 발달 과정을 면밀히 분석해 낼 수 있는 장점이 있는 반면, 일상생활에서 발생한 사건에 대한 기술은 종종 시간을 거슬러 올라가기 때문에 이로 인한 회고적 자료의 완전성과 정확성이 가끔 의문시될 수 있다. 또한 개별 사례를 통해 이끌어낸 결론은 주관적이고 다른 사람들에게 적용할 수 없다. 이러한 문제점이 있음에도 불구하고 사례연구법은 임상심리학과 정신의학의 발전에 중요한 역할을 한다(Chess, 1988; Wells, 1987).

2) 연구 설계

연구자들은 가설을 설정하고, 변인들을 규명하며 주제에 관해 자료 수집 방법을 정한 다음 연구 설계(research design)를 선택해야 한다. 한 현상과 다른 현상과의 관계를 다루고자 할 때, 이들 현상과 관련된 변인을 찾고 어떻게 관계되는지를 보기 위한 연구법이 중요하다. 상관연구와 실험연구는 변인 간의 관계 자료를 수집하는 데 일반적으로 활용되는 방법이다(표 1-3).

(1) 상관관계 연구법

상관관계 연구법은 변인들 간에 어떤 관련성이 있는가를 알아보는 방법이다. 변인의 측정은 자연적인 상황에서 혹은 실험실에서 다양한 방법으로 이루어질 수 있다. 주어진 상황을 조작하거나 변화시키지 않은 상태에서 둘 또는 그 이상의 변인들 간에 어떠한 관련이 있는지를 규명하고자 하는 연구법이다. 상관 연구의 결과들은 변인들이 서로 관련이 있는지 여부를 알려 주지만 변인들 간 원인과 결과에 대해서는 말해주지 않는다. 즉, 변인들 간의 상관관계가 반드시 변인들 간의 인과관계를 의미하지는 않는다.

상관관계 연구 방법은 특히 어떤 주제를 탐색하려는 목적의 연구를 할 때 도움이 된다. 이는 연구 초기에는 구체적인 가설을 세우기에 앞서 변인들 간에 어떤 관련성이 있는가를 먼저 알고 싶기 때문이다.

예를 들어, 아동들이 공격성이 높은 TV프로그램을 시청하는 것과 공격성 간의 관계라든가, 부모 양육태도와 자녀의 사회성과의 관계 등을 연구하는 것으로 통계적으로는 상관계수로 나타낸다. 상관계수란 두 개의 척도와 변인들이 서로 어떻게 관련되어 있는가를 보여주는 계수 r값으로서 범위는 -1.0에서 +1.0까지다. 숫자의 크기는 관계의 강도를 나타낸다. 양수는 정적 상관으로 한 변인의 값이 증가하면 다른 변인도 증가하는 것을 의미한다. 음수는 부적 상관으로 한 변인이 증가하면 다른 변인이 감소하는 것을 의미한다. 상관계수가 클수록(양수이든 음수이든) 두 개의 변수 간의 연관성은 더 강해진다. 상관계수가 0이면 두 변인 간에는 아무런 상관이 없음을 의미한다(그림 1-7). 예를 들어, Kail 과 Hall(1999)의 연구에서 아동의 연령과 수학 문제에서 오답을 말하는 경우의 상관 계수는 -.37이었다. 일반적으로 아동의 연령이 증가할수록 오답을 말하는 경우는 감소한다. 관계의 강도는 상관관계가 부적인 상관이든 정적인 상관이든 0과 얼마나 차이가 있는지로 측정된다.

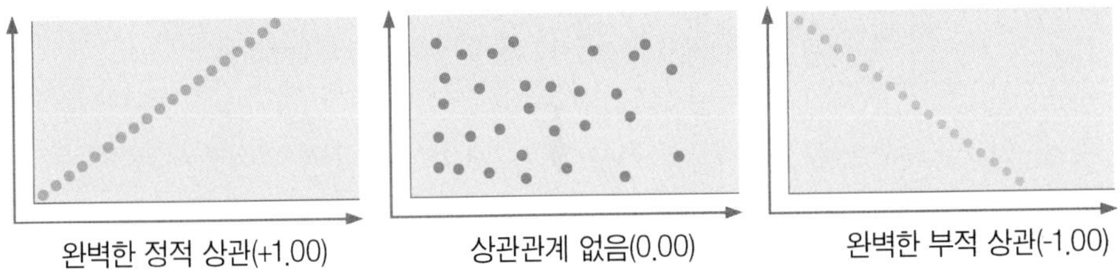

[그림 1-7] 상관관계 산포도

(2) 실험연구(experimental design)

실험연구법은 연구 목적에 따라 관련 변인들을 체계적으로 조작하고 통제하면서 관련 변인에 따른 피험자의 반응을 측정하는 연구 방법이다. 실험연구법은 외적 변수를 통제할 수 있으므로 인과관계를 밝히는 데 가장 적합한 연구법이라 할 수 있다.

실험은 독립변인과 종속변인이라는 두 가지 형태의 가변적인 요소를 포함한다. 독립변인(independent variable)은 연구 대상자에게 어떤 행동을 유발시키는 변인이고, 독립변인의 영향으로 나타나는 결과를 종속변인(dependent variable)이라고 한다. 예를 들어, TV의 폭력물이 아동의 공격성에 미치는 영향을 규명하기 위해서는 TV폭력물을 시청하게 한 실험집단(A반 유아들)과 TV폭력물을 시청하지 않은 통제집단(B반 유아들)으로 구분하여 TV의 폭력물을 독립변인으로, 아동의 공격성을 종속변인으로 하고 실험기간 동안에 두 집단 간의 공격성을 비교해서 두 변인 사이의 관계를 분석하는 것이다(그림 1-8).

실험연구법은 실험변인에 의해서만 실험결과의 차이가 나타나도록 하여 실험의 타당성을 높이는 일이 중요하며 이를 위해서는 실험오차와 통제하지 못하는 변인을 감소시켜야 한다. 즉, 실험군에는 독립변인을 작용시키고 통제군에는 작용시키지 않고 통제군의 행동과 실험군의 행동의 차이를 비교한다. 이 차이를 실험 요인 즉 독립변인 작용의 결과라고 보는 것이다.

예) TV의 폭력물이 아동의 공격성을 증가시키는가의 실험연구

↓

유아들의 공격적 행동을 평가
- A반 유아들이 B반 유아들보다 더 공격적
- → TV의 폭별물이 아동의 공격성을 증가시키는 데 영향을 미침

변인과 집단	내용	예
독립변인	우리가 조작을 하고자 하는 변인	TV의 폭력물
종속변인	조작된 변인에 의하여 변화되는 행동	아동의 공격성
실험집단	변인을 조작하여 적용한 연구대상자 집단	A반 유아들
통제집단	변인을 조작하지 않은 유아들의 집단	B반 유아들

[그림 1-8] 실험연구방법의 예

출처: 강란혜(2008).

이처럼 실험적 방법은 변인들 간의 인과관계를 발견하기 위하여 통제된 상황 하에서 독립변인들을 계획적이고 체계적으로 조작함으로써 그것이 종속변인에 어떠한 영향을 미치는지를 객관적인 방법으로 측정하여 분석하는 실증적 연구 방법의 한 형태이다.

[표 1-3] 상관연구, 실험연구의 장단점

연구설계	기본 목적	장점	단점
상관연구	• 한 변인이 다른 변인을 예언하는 정도를 평가한다.	• 변인들 간 관계의 강도와 방향을 평가한다.	• 변인들 간에 상관이 있다는 것을 나타낼 뿐 변인들 간의 인과관계를 정확하게 밝히지 못한다. • 연구에 포함되지 않은 다른 변인들이 연구결과로 나타난 상관계수에 영향을 미칠 수 있다.

연구설계	기본 목적	장점	단점
실험연구	• 원인과 결과를 탐색한다.	• 독립변인의 처지를 다양하게 함으로써 다양한 형태의 인과관계를 밝혀 볼 수 있다. • 단기간에 연구를 진행할 수 있다.	• 실험실에서의 유아의 행동과 자연상황에서의 유아의 행동에는 실험연구 결과를 실제에 일반화하는 데 위험이 있다. • 실험연구는 인위적 조작이므로 실험처치가 가능한 변인의 경우에 사용될 수 있다.

3) 영유아발달 연구의 접근법

영유아발달을 연구하는 데 있어서 가장 중요한 관심사는 연령에 따라 어떠한 변화가 일어나느냐이다. 이러한 연령에 따른 행동의 변화를 알기 위해 사용하는 연구 방법에는 동일한 개인을 장시간에 걸쳐서 연구하는 종단적 접근법(longitudinal approach)과 연령에 따른 변화를 연구하는 횡단적 접근법(cross sectional approach), 더 나아가 두 접근법의 장점을 절충한 연속적 접근법(sequential approach)이 있다.

(1) 종단적 접근법(longitudinal approach)

특정한 개인 또는 집단을 일정기간(연구기간) 동안 반복적으로 관찰 측정함으로써 시간의 경과에 따른 그 대상의 발달과 변화를 연구하는 방법이다. 그러므로 이 방법은 시간의 흐름(연령의 증가)에 따라 나타나는 영유아의 행동 변화를 이해하고 발달의 흐름과 함께 현재의 발달 상태와 위치, 영유아의 흥미, 요구, 성격, 성장 가능성의 정도를 연구할 수 있다. 따라서 영유아기의 경험이 성장한 후에 어떤 영향을 주는지에 대한 연구에 효과적이며 영유아의 전체적인 발달과 연관된 유전과 호르몬, 음식, 훈련 및 환경의 영향요인에 관한 연구도 함께 할 수 있는 방법이다.

예를 들면 6세에서 10세까지의 한 아동의 지능발달을 연구하기 위하여 6세 유아를 표집하여 유아가 10세가 될 때까지 계속하여 검사 혹은 관찰하면서 시간의 경과에 따른 아동의 지능 발달을 연구하는 것이다.

그러나 종단적 연구법의 단점은 비용이 많이 들고 시간이 걸리며 많은 수의 사람들로 구성된 표본을 유지하는 것이 어렵다는 점이다. 또한 아동들이 같은 검사를 여러 번 받았을 경우 그 검사에 익숙해져 좋은 점수를 받을 수 있는 연습효과가 나타날 수 있다.

(2) 횡단적 접근법(cross sectional approach)

서로 다른 연령대의 유아들을 동시에 관찰 조사하여 연령에 따른 발달적 변화를 연구하는 방법이다. 예를 들면 같은 시기에 4세 유아 집단과 6세 유아 집단을 표집하여 지능을 동시에 비교한다. 즉, 각기 다른 연령 집단을 대상으로 같은 시기에 조사를 하고, 그 평균값을 기초로 해서 발달 과정을 분석한다. 이와 같이 횡단적 접근법은 단시간에 수행 가능하고 연령에 따른 변화 과정을 이해할 수 있으며 연령에 따른 차이를 발견했을 경우에 발달 과정에 대한 새로운 가설을 제안할 수 있다. 또한 각 연령집단을 동시에 관찰하여 서로 비교함으로써 유아를 둘러싸고 있는 환경과 상황을 이해하는 데에 효과적인 방법으로, 유아의 가정과 지역 사회 환경, 가족구성원에서의 위치와 관계 그리고 학교와 또래 및 집단에서의 적응 상황 등을 연구할 수 있다. 횡단적 접근 연구의 가장 큰 장점은 연구 대상이 된 사람들이 성장하거나 나이가 드는 것을 연구자들이 기다릴 필요가 없다는 점이다. 연구대상을 단기간에 조사할 수 있으므로 경제적이고 노력이 적게 든다. 그러나 이러한 시간적 효율성에도 불구하고 단점을 가지고 있는데 이 방식은 연령에 따른 차이는 알 수 있으나 동시집단 효과(cohort effect) 및 각 개인들이 어떻게 변화했는지에 대한 정보를 제공해 주지 못한다는 점이다.

종단적 연구	횡단적 연구
영유아를 장기간에 걸쳐 연구하는 방법	여러 연령집단을 대상으로 각각의 연령집단의 중앙치를 비교하는 방법

중앙치 → 비교 ← 중앙치

발달과정을 추적해 그 변화를 알 수 있다.	장점	여러 연령층의 샘플을 수집하여 평균적인 발달을 알 수 있다.
실제로 많은 수의 샘플을 구하기 곤란하다.	단점	개인차가 있는 각 개인의 발달특징을 알 수 없다.

[그림 1-9] 종단적 연구와 횡단적 연구 비교

출처 : 山下 외(2003).

(3) 계열적 접근법(sequential approach)

이 접근법은 횡단적 접근법과 종단적 접근법의 특징을 절충 · 보완한 방법으로 먼저 횡단적 설계로 여러 연령층의 아동을 표집하고 그 대상들을 종단적 설계에 의해 일정 기간 반복 추적해서 연구하는 방법이다. [그림 1-10]과 같이 둘 이상의 다른 연령 집단을 선정하여 종단적으로 연구함으로써 단기간 내에 종단적 연구의 이점을 살릴 수 있는 동시에 다른 시기에 태어난 같은 연령의 아동을 비교함으로써 동시집단의 효과여부도 파악할 수 있다. 이와 같이 계열적 접근법은 종단적 또는 횡단적 비교가 가능해서 연구 결과에 대한 확신을 가질 수 있다. 따라서 이 접근법은 비교적 짧은 기간 내에 각기 다른 연령의 집단을 연령이 증가함에 따라 반복 측정하는 것으로 종단적 접근에서 요구되는 시간적인 문제와 동시에 횡단적 접근에서 발생하는 동질성의 문제를 어느 정도 해결하는 방법이라고 할 수 있다. 종단적 접근법, 횡단적 접근법, 계열적 접근법의 차이를 모형화하면 (그림 1-10)과 같다.

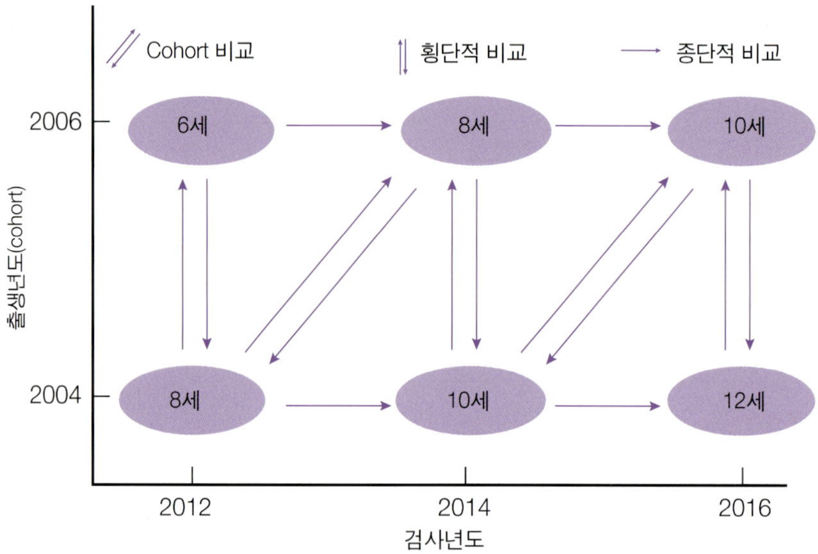

[그림 1-10] 계열적 접근법의 예.

출처: 송길연 외 공역(2000) 수정함.

제2장

발달이론

인간발달 과정을 설명하는 데는 여러 가지 이론들이 있다. 인지적 발달을 강조하는 이론이 있는가 하면 사회 · 정서적 발달을 강조하는 이론이 있다. 각 이론은 주된 관심 내용이나 발달 기제에 대해 각기 다른 입장을 취하고 있어 어느 한 가지 이론으로 아동의 모든 발달 측면을 설명하기는 어렵다. 본 장에서는 정신분석이론, 인지발달이론, 학습이론, 동물행동학이론, 그리고 생태학적 이론에 대해 살펴보고자 한다.

1. 정신분석이론(Psychoanalysis theory)

정신분석이론에 의하면 아동들은 생물학적인 욕구와 사회적 기대 사이의 갈등에 직면하게 되면 갈등을 해결하는 과정에서 아동은 학습 능력과 다른 사람과의 관계 및 불안에 대처하는 능력을 발달시키게 된다. 대표적인 이론으로는 Freud의 심리성적 발달이론과 Erikson의 심리사회적 성격이론이 있다.

1) Freud의 심리성적 발달이론

Freud

Sigmund Freud(1856~1939)는 오스트리아의 신경과 의사로, 정서적 어려움을 겪고 있는 환자들의 생활사를 분석하여 인간발달에 대한 이론을 만든 정신분석학의 창시자이다. Freud 이론의 특징은 인간은 이성적이고 논리적이며 지적인 존재가 아니고 비이성적이고 자신도 알지 못하는 무의식적 동기에 의해 영향을 받는 존재라고 밝히면서 무의식에 초점을 두고 있다.

(1) 인간 마음의 구조

Freud는 인간의 마음을 물 위에 떠 있는 빙산에 비유하여 의식, 전의식, 무의식으로 나누어 설명하였다. 물의 표면에 떠 있는 부분을 의식, 파도에 의하여 물 표면에 나타나기도 하고 사라지기도 하는 부분을 전의식, 그리고 물속에 잠겨 있는 부분을 무의식이라고 하였다.

의식(consciousness)은 물 위에 떠 있는 부분으로 빙산의 일각처럼 인간의 마음 중 아주 적은 부분만을 차지하고 있으며 감각기관을 통해 알아차리는 모든 것을 말한다. Freud는 정신세계의 극히 일부만이 의식의 범위에 포함된다고 보았다.

전의식(preconsciousness)은 파도에 의해 물 위와 물 아래를 오락가락하는 수면 경계 부분이기 때문에 의식과 무의식 사이에 존재하며, 현재 의식되지는 않지만 주의를 집중하고 노력을 기울이면 의식으로 나타날 수 있는 정신작용을 말한다.

무의식(unconsciousness)은 프로이드가 가장 중요하게 생각하는 정신세계로, 인간 마음의 대부분을 차지하는, 즉 물 아래 보이지 않는 부분이다. 자신이 전혀 의식하지 못하는 정신작용이며 무의식은 바로 인간의 사고와 행동을 전적으로 통제하는 보이지 않는 힘이다(그림 2-1). 따라서 무의식은 본능, 정열, 억압된 관념이나 감정 등이 잠재되어 있는 곳이다.

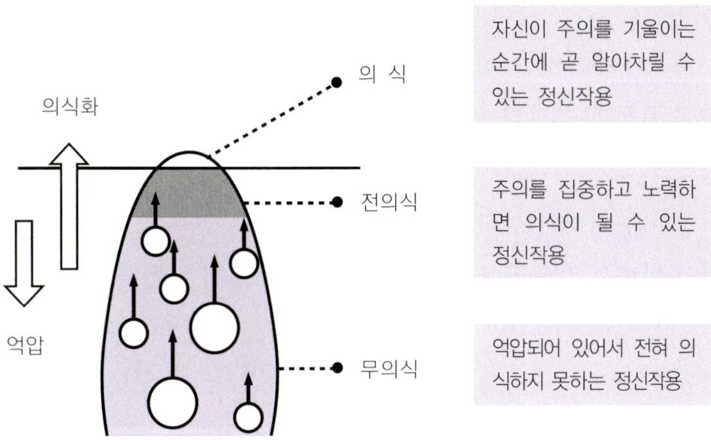

[그림 2-1] Freud의 인간 마음의 구조

(2) 성격의 구조

Freud의 초기 성격 구조 이론의 중심 개념은 무의식이었다. 그러나 1920년대에 이 같은 정신생활의 개념 모형을 수정하여 세 가지 체계의 기본적 성격 구조 이론을 제시하였다. 성격을 구성하는 세 가지 요소는 원초아(id), 자아(ego), 초자아(superego)의 3가지 요소로, 인간의 행동을 설명하였다(그림 2-2).

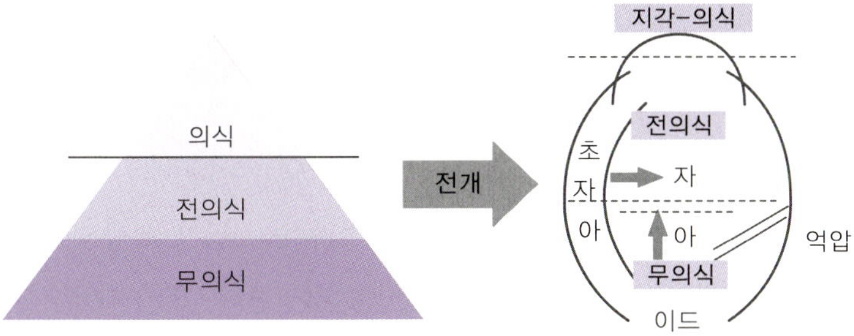

[그림 2-2] 성격 구조

출처: 植木(2013).

① 원초아(id)

출생할 때부터 존재하는 정신에너지의 근원으로서, 무의식 세계이다. 원초아는 생물학적 욕구와 욕망의 원천으로, 현실을 고려하지 않고 쾌락과 충동에 따라 행동하려고 하는 쾌락 원리(principle of pleasure)에 의해 움직인다. 이처럼 원초아는 인간 무의식의 정신세계에 속해 있으므로 현실 세계를 고려하지 못하고 본능적인 방법으로 욕구를 충족시키려고 시도하게 되는데 이것을 일차적 과정(primary process)이라 한다. 따라서 모든 행동은 언제나 비합리적이고 충동적으로 행동하고 다른 사람에 대한 영향은 전혀 고려하지 않는 이기주의적인 방법으로 표현된다.

② 자아(ego)

출생 후 약 1년부터 발달하여 2~3세에 형성되는 자아는 원초아의 욕구를 충족시킴에 있어서 현실적이고 합리적으로 해소시킬 수 있는 여건을 고려하기 때문에 현실 원리(reality principle)에 의해 지배된다. 자아의 발달과 함께 인지적 · 지각적 기술이 발달하여 영아가 원하는 것을 언제나 즉각적으로 충족시킬 수 없다는 현실을 판단하기 때문에 이차적 과정(secondary process)이라고 한다. 예를 들어, 몇 개월 된 배고픈 영아는 자아의 도움으로 어머니가 젖병을 데우거나 젖을 먹이기 위해 옷의 단추를 푸는 것을 보고 울음을 그친다(Berk, 2005). 자아는 원초아적인 욕구를 충족시키기 위해 직 · 간접으로 끊임없이 현실 세계와 접촉하게 되며 때로는 무의식 세계에 혹은 의식세계에 속하게 된다.

③ 초자아(superego)

성격의 세 구조 중 마지막으로 발달되는 초자아는 인간 행동의 도덕적 규제와 판단의 기능을 하며 무엇이 옳고 그른지를 결정한다. 만 3~6세 사이에 초자아인 양심은 아동이 사회의 가치에 순응하기를 요구하는 부모와의 상호작용으로 인해 발달한다. 초자아는 선천적으로 가지고 태어나는 것이 아니라 부모나 주위 사람들이 주는 보상(rewards)과 처벌(punishment)을 통하여 내면화되면서 발달해 간다. 즉, '~하지 말아야 한다', '이런 행동은 나쁘다'와 같이 사회에서 도덕적으로 옳다고 보는 기준에 맞게 행동하는 것이므로 사회적 원리(social principle)를 따르게 된다.

Freud가 말하는 성격은 에너지 체계이다. 만일 사람이 원초아에 에너지를 많이 사용하면 본능적인 사람, 자아에 에너지를 많이 사용하면 현실적인 사람, 초자아에 에너지를 많이 투여하게 되면 도덕적인 사람이 된다고 하였다. 따라서 자아가 성격 구조의 관리자가 되어서 원초아와 초자아를 적절히 통제하고 조정하여 에너지 체계가 적절하게 균형을 이룰 때 건전한 성격이 형성된다. 이상의 세 가지 에너지 체계는 서로 밀접하게 관련되어 있고, 역동성을 지니며 인간의 성격을 이루어 간다.

(3) 심리성적 성격발달 단계의 특징

Freud의 이론을 심리성적 발달 단계(psychosexual development)라 하는데, 그 이유는 성적 에너지인 리비도(libido)가 집중된 부위(입, 항문, 성기 등)에 따라 아동기의 발달 단계를 나누기 때문이다. 각 단계에서 리비도가 추구하는 욕구가 적절히 충족될 때 아동은 정상적인 성격발달을 이룬다고 보고 있으며, 리비도가 심하게 억압되거나 좌절되면 그 신체 부위의 욕구에 고착된다고 하였다.

Freud가 제시한 5가지의 발달 단계를 살펴보면 다음과 같다.

① 구강기(oral stage)

제1단계는 구강기로서 생후 1년까지이다. 성적 에너지인 리비도가 입, 혀, 입술 등 구강에 집중되어 있으며, 영아는 입, 입술, 혀, 잇몸 등으로 젖을 빨 때 본능적 욕구를 충족하며 쾌락을 얻는다. 만일 이 시기에 충분한 구강 만족을 얻지 못하거나 과잉 충족이 되었을 경우 영아는 구강에 지나치게 집착하여 다음 단계로 넘어가지 못하고 이 시기적 특성에 고착되는 현상이 나타난다. 구강기 고착 경험은 성격발달에 지속적인 영향을 미친다.

② 항문기(anal stage)

제2단계는 1세 이후부터 3세까지의 시기이다. 일차적 성감대가 구강에서 항문 주위로 옮겨간다. 리비도는 항문에 집중되어 영아는 대변을 보유하거나 배설하는 데서 쾌감을 느낀다. 이 시기 아이들은 대소변을 가리는 훈련을 받게 된다. 대소변 가리기 훈련을 통하여 처음으로 외부로부터 제한과 통제를 받는 경험을 하게 된다.

③ 남근기(phallic stage)

제3단계인 남근기는 약 3~6세 사이에 나타나며 리비도가 아동의 항문에서 성기로 자리를 옮기게 된다. 성기는 사춘기에 나타나는 호르몬의 변화 없이 성적 민감성을 나타낸다. 아동은 자신의 성기를 만지고 자극하는 것에서 쾌감을 느낀다. 또한, 반대 성의 부모에게 강한 매력을 느끼게 되어, 남아는 오이디푸스 콤플렉스(Oedipus complex), 여아는 엘렉트라 콤플렉스(Electra complex)를 경험한다.

④ 잠복기(latency period)

제4단계인 잠복기는 약 7세경에 시작되어 12, 13세경까지 나타난다. 리비도의 신체적 부위는 특별히 한정된 곳이 없고 무의식 속에 잠복된 시기로 새로운 의미 있는 갈등이나 충동은 일어나지 않는다. 이 시기에 아동은 성적인 모든 관심을 억누르고 지적인 활동, 운동, 친구와의 우정 등에 에너지를 집중시켜 사회적이고 지적인 기술을 발달시킨다. 이 시기는 오이디푸스 콤플렉스를 극복하고 난 후, 성적 욕구가 철저히 억압되어 심리적으로는 비교적 안정되고 잠잠한 시기이지만 그 감정은 무의식 속에 계속 존재한다.

⑤ 생식기(genital stage)

마지막 단계인 생식기는 사춘기 이후부터 나타난다. 이 시기에 접어들면 무의식 속에 억압되었던 성적 욕구가 다시 고개를 들기 시작하면서 전 단계에서 구강, 항문, 성기 등 자기 신체의 자극을 통해서 얻었던 단순한 쾌감이 아니라 진정한 사랑의 대상을 찾아 만족을 얻고자 한다. 생식기는 사춘기부터 성적으로 성숙되는 성인기 이전까지의 시기로, 심한 생리적 변화가 특징이며 격동적 단계로 불린다.

2) Erikson의 심리사회적 성격이론

Erikson

Erik Erikson(1902~1994)의 발달이론은 근본적으로 Freud의 정신분석학적 접근에 기초하고 있으나 Freud는 인성발달에 있어서 무의식적 욕구나 본능적이고 충동적인 측면을 강조한 반면, Erikson은 Freud와는 달리 자아의 성장에 관심을 가졌다. 그는 인간의 성격발달을 개인과 사회적 환경의 상호작용 결과라고 설명하면서, 다른 사람과의 사회적 관계에 초점을 맞추어 발달 단계를 제시하였기에 Erikson의 이론은 심리사회적 성격이론(psychosocial theory)이라고 한다.

Erikson의 이론에 의하면 인간은 일생 동안 여러 단계의 심리사회적 위기를 경험하게 되는데 각 단계에서 위기를 어떻게 해결하느냐에 따라 개인의 독특한 성격이 형성된다. 발달 단계에서 잘 적응하고 건전한 방식으로 발달하려면 위기를 적절하게 해결하지 않으면 안 된다. 개인이 위기를 성공적으로 해결한 사람은 보다 건강한 발달을 이룬다.

(1) 심리사회적 성격발달 단계

① 1단계(0~1세): 신뢰감 대 불신감(trust vs. mistrust)

이 단계는 Freud의 구강기에 해당된다. 주된 발달 위기는 영아가 세상 혹은 사람을 신뢰할 수 있느냐 없느냐에 관한 것이다. 이 시기의 긍정적 결과는 신뢰감의 획득이다. 어머니로부터 따뜻하고 애정 있는 보살핌을 받게 되면 영아들은 사회에 대한 신뢰를 발달시킬 수 있다. 그러나 춥고 배고플 때 욕구충족이 되지 않거나 기저귀가 젖었을 때도 갈아주지 않는다면 영아들은 세상에 대한 불신의 감정을 가지게 될 것이다.

건강한 자아 형성을 위해서는 신뢰와 불신을 적절한 비율로 경험하되 신뢰의 경험을 많이 하는 것이 바람직하다.

② 2단계(1~3세): 자율성 대 수치심(autonomy vs. shame and doubt)

이 단계는 프로이드의 항문기에 해당한다. 이 단계의 쟁점은 자율적이고 창의적인 사람이 되느냐, 아니면 의존적이고 자기회의로 가득 찬 사람이 되느냐 하는 것이다. 이 시기의 영아는 모든 것을 자기의 힘으로 해결하려는 독립성을 보이기 시작하며 스스로 무엇을 할 수 있음을 보여주려고 한다. 또한 대소변 가리기 훈련은 자신의 행위에 대한 독립심을 키워줌으로써 자율성 계발의 기초를 마련해준다.

③ 3단계(3~6세): 주도성 대 죄책감(initiative vs. guilt)

이 단계는 Freud의 남근기에 해당하며 이 단계에서 경험하는 것은 '주도성 대 죄책감'이다. 이 시기는 활동, 호기심, 탐색의 방법으로 세상을 향해 돌진하는 것과 두려움이나 죄책감으로 인해 주저하는 것 사이에 갈등이 발생한다. 4~5세가 되면 유아들은 언어를 사용하고 신체적 능력이 발달하여 주변의 여러 가지 물건을 마음대로 다룰 수 있게 된다. 그리하여 자신의 행동에 목표와 계획을 세우는 주도성을 습득하게 된다. 행동을 주도하는 데 있어서 바람직한 행동이 아닐 때는 벌을 받을 수 있다. 부모 반응이 일관적이지 않을 때는 주도적 행동에 대해 자신감을 잃고 죄책감을 느끼게 된다.

④ 4단계(6~12세): 근면성 대 열등감(industry vs. inferiority)

이 단계는 아동이 초등학교에 다니는 시기로 Freud의 잠복기에 해당한다. Erikson은 이 시기가 아동의 근면성에 결정적 시기라고 믿는다. 근면성은 아동이 속한 사회에서 성공적으로 경쟁하는 데 필요한 기술을 습득하는 능력이다.

이 단계를 성공적으로 극복하면 개인적으로나 사회적으로 의미 있는 목표를 추구하면서 적극적인 영향력을 발휘할 수 있다는 자신감을 갖게 되나 실패하면 열등감을 갖게 된다.

⑤ 5단계(청소년기): 자아정체감 대 자아정체감 혼란(ego identity vs. identity diffusion)

이 단계는 Freud의 생식기에 해당되며 Erikson은 청소년기의 자아정체감(ego-identity) 확립을 전 생애를 통하여 가장 중요한 발달과업으로 보았다. 청소년기에 이르러 신체적 성숙이 이루어지고 부모로부터 정서적인 독립을 할 수 있게 되면 청소년들은 자신이 어떤 사람이 되어야 하는가에 관심을 두게 된다. 이때 적절한 성적 정체감의 발달과 직업에 대한 탐색 및 선택은 개인의 정체감 발달에 필수적이다. 이 의문에 대한 해답을 얻지 못하면 '정체감의 위기', 즉 역할 혼미에 빠지게 된다.

⑥ 6단계(성인 초기): 친밀감 대 고립감(intimacy vs. isolation)

이 단계는 청소년기에서 성인기로 전이되는 시기로 대개 20세에서 40세까지를 말한다. 성인 초기는 공식적인 성인 생활이 시작되는 시기로서 성취해야 할 긍정적인 과업은 친밀감이다. 이 시기에 이성과 친밀한 관계를 유지하려는 욕구가 생겨나서 배우자를 선택하게 된다. 이 시기에 획득한 친밀감은 결혼생활을 성공적으로 수행하는 데 결정적인 역할을 한다. 그리고 사회에서 타인과 친밀한 관계를 맺는다는 것은 타인을 이해하고 또 자기 자신도 이해될 때 가능하다. 그러나 자아정체감이나 타인의 정체감을 발견할 수 없을 때는 인간은 고립(isolation)되며 방황하게 된다.

⑦ 7단계(성인 중기): 생산성 대 침체성(parental generativity vs. stagnation)

성인 중기가 되면 사람들은 자신의 문제가 아니라 다음 세대를 양육하고 교육하는 것에 관심을 두게 되는데 이것이 생산성(generativity)이다. 이는 자녀를 낳고 기르는 것뿐 아니라 직업적 성취나 학문적 업적, 봉사 활동 등 사회적 활동을 통해서도 발휘될 수 있다. 그러나 다음 세대를 돕기 위해 아무것도 하지 못한다는 것이 침체감이다. 침체감의 결과는 인간관계가 황폐해지고 자신의 활동은 침체(stagnation)하여 인생에 대해 허무감을 느끼고 절망하게 되는 '중년의 위기'를 갖게 된다.

⑧ 8단계(노년기): 자아 통합감 대 절망감(integrity vs. despair)

이 단계는 노년기에 해당하며 사람들은 자신의 삶을 되돌아보게 된다. 이 시기는 신체적 · 사회적 상실에 직면하는 시기로, 신체적 노화에 적응해야 하고 배우자와 친구들의 죽음을 경험하게 되며 직장으로부터 은퇴하면서 수입의 상실과 함께 사회에서 쓸모없는 인간이라는 심리적 갈등을 겪게 된다. 그러나 자신의 생애를 돌아보면서 기쁘고 즐거웠던 삶뿐만 아니라 슬프고 즐겁지 못한 삶까지도 수용하면서 통합감이라는 것을 경험하게 된다. 반면에 자신이 살아온 삶이 무가치하며 자신의 행위, 대인관계, 자신이 가졌던 가치관 등이 후회 투성이이며 다른 방법을 찾기에는 너무 늦었다고 생각하게 되면 깊은 절망감에 빠져들게 된다(Hopkins, 2000). 〈표 2-1〉은 여덟 개의 심리사회적 발달 단계가 갖는 특성들이다.

〈표 2-1〉 Erikson의 심리사회 발달 8단계

심리사회 단계	연 령	과 제
기본적 신뢰감 대 불신감	출생~1세	세상은 안전하고 살 만한 곳이라는 느낌을 갖는 것
자율성 대 수치심	1~3세	결정을 할 수 있는 독립된 인간이라고 인식하는 것
주도성 대 죄책감	3~6세	새로운 것을 시도하고 실패를 처리할 수 있는 능력을 개발하는 것
근면성 대 열등감	6~12세	기본적 기술을 배우고 다른 사람과 함께 일하는 것을 배우는 것
정체감 대 정체감 혼란	사춘기	지속적이고 통합된 자아정체감을 개발하는 것
친밀감 대 고립감	성인 초기	사랑을 나누는 관계를 다른 사람과 공유하는 것

심리사회 단계	연 령	과 제
생산성 대 침체성	성인 중기	자녀양육과 교육 또는 다른 생산적 일을 통해 젊은이를 위해 기여하는 것
통합감 대 절망감	노년기	자신의 인생을 만족스럽고 가치 있는 삶으로 관조하는 것

출처: Kail & Cavanugh(2000).

2. 인지발달 이론

인지란 여러 가지 방법으로 변형하고 부호화하고 기억 속에 저장한 다음 그것을 사용할 경우 인출하는 정신과정이다. 정신분석학 이론이 아동의 무의식적 사고의 중요성을 강조한 반면, 인지 이론은 아동의 의식적인 사고를 강조한다. 주요 인지 이론으로 Piaget의 인지발달 이론, Vygotsky의 사회 문화적 인지 이론이 있다. 이러한 이론들은 인지발달이 강화에 의해 수동적으로 이루어지는 것이 아니라 아동이 능동적으로 외부세계를 탐색하고 조작함으로써 일어난다고 생각하였다.

1) Piaget의 인지발달 이론

Piaget

스위스의 생물학자인 피아제(Jean Piaget, 1896~1980)의 인지발달 이론은 인간을 능동적인 유기체로 보며, 유기체의 변화는 외적인 것이 아니라 내적인 변화라는 관점을 취하며 유기체는 환경의 요구에 적응하려는 보편적 성향이 있다고 보았다.

Piaget 이론의 중요한 개념은 인지구조의 기본 단위인 도식, 인지발달의 원리인 적응(동화와 조절) 및 평형이다.

(1) Piaget 이론의 주요 개념

① 도식(schema)

도식이란 행동이나 사고의 양식(樣式)이다. 즉, 사물이나 사건 또는 사실에 대한 전체적인 윤곽이나 개념을 말한다. 갓난아기는 반사라는 생득적인 도식을 하고 태어나지만, 이것은 환경과의 상호작용을 통해 분화 · 통합되어 점차 복잡한 도식으로 발전된다(高橋, 1998). 영아는 조직화를 통해 기존의 도식들을 하나의 통합된 체계로 만들어 간다. 따라서 도식이란 영아 자신의 경험적 활동으로 조직화한 행동양식이라고 말할 수 있다.

② 적응(adaptation)

인간의 인지발달은 환경과의 끊임없는 상호작용을 통해서 이루어지는 적응 과정이다. 적응은 동화(assimilation)와 조절(accommodation)의 상호작용에 의해 도식이 변화하는 과정이다. 동화는 이미 갖고 있는 인지구조 또는 사고방식에 새로운 정보를 형성하고 이해하는 이차과정이다. 반면에 조절은 기존의 인지구조로 새로운 대상을 받아들일 수 없는 경우에 기존의 인지구조를 변경시키는 과정을 말한다(그림 2-2). 예를 들어, 신생아들은 반사적으로 입술에 닿는 모든 것을 빤다(동화). 그러나 몇 개월간 경험을 하고 나서 그들은 세상에 대한 인식을 다르게 한다. 손가락이나 엄마의 젖과 같은 몇 가지 물건들은 빨 수 있지만, 솜이불과 같은 다른 것들은 빨지 말아야 함을 인식한다(조절).

또한 예를 들면 문장의 내용을 이해하기 위해서는 머릿속에 갖고 있는 도식에 정보를 넣을 필요가 있는데 이것이 동화이다. 한편, 내용이 어려울 때는 기존의 도식을 수정할 필요가 있다. 이러한 움직임을 조절이라고 한다. 도식이 조절되면 어려웠던 내용을 이해할 수 있게 된다. 이와 같이 도식은 활동이나 지식의 구조인 것이다. 우리는 머릿속에 이 도식을 하고 있다. 따라서 어떤 것을 이해할 때는 이 동화와 조절의 과정을 통해 이루어진다.

③ 평형(equilibration)

동화와 조절은 상보적인 형태로 동시에 일어나게 된다. '어떻게 할 것인가'라는 문제에 직면했을 때 알고 있는 지식을 적용시키는 동화의 과정과 새로운 방법을 획득하는 조절의 과정이 우리의 사고과정에서 동시에 일어난다. 피아제는 개인의 정신적 활동과 환경 간의 균형 상태를 평형이라고 하였다. 즉, 아동은 외부세계와 아동 자신의 인지구조 사이에 균형의 상태인 평형화를 유지하려고 한다. 아동의 사고발달에 있어 동화와 조절이 균형을 잃을 경우에는 바람직한 발달을 할 수 없다는 것이다. 피아제는 이런 평형화의 원리를 인지발달의 주요 원리로 보고 있다.

(2) Piaget의 인지발달 단계

Piaget에 의하면, 인지발달은 네 단계를 거치며, 이 단계들은 불변적 발달 순서로서 단계가 높아질수록 복잡성이 증가한다. 각각의 단계는 질적으로 다른 특성을 지니고 있다(표 2-2).

〈표 2-2〉 Piaget의 발달 단계

단계	시기	특징
감각운동기	출생~2세	반사, 도식의 협응, 모방, 대상영속성 인식
전조작기	2~7세	표상, 상징 기능이 나타남, 중심화(자기중심성)
구체적 조작기	7~11세	보존성의 확립, 분류의 이해, 가역성을 습득
형식적 조작기	11~15세	논리적으로 추상적인 문제 해결

① 감각운동기(sensory motor stage)

출생 후 2년 동안의 시기로 영아는 대부분 감각과 운동적 행동을 조절하는 것을 배운다. 생후 1개월경에는 생득적인 반사가 신체활동의 중심이지만 반사와 더불어 자발적인 신체활동이 급격하게 증가한다. 영아는 이 시기를 통해서 환경을 탐색하고 이해하기 위해 빨기, 쥐기, 때리기와 같은 행동 도식을 조직화하게 된다.

② 전조작기(preoperation stage)

2~7세까지의 전조작기는 언어의 습득을 통해 상징적 표상능력을 지닐 수 있게 되고 개념적 사고를 하기 시작한다. 이 단계의 판단은 주관적이고 직관적이나 아직 개념적 조작능력이 충분히 발달하지 못하였기 때문에 비논리적이다. 예를 들어, 넓이가 다른 용기에 넣은 같은 양의 물을 수면의 높이가 다르므로 양이 다르다고 판단한다. 전조작기 사고의 특징은 자신의 관점에서만 생각하는 자기중심적 사고가 나타나며, 물건이나 현상이 살아 있다고 생각하는 물활론적 사고를 한다.

③ 구체적 조작기(concrete operational stage)

7~11세경의 아동들은 구체적 조작기에 접어들면서 사고에 급격한 진보가 일어난다. 구체적인 표상이나 경험에 기초해서 논리적 조작을 할 수 있다. 자기중심성을 탈피하게 되며 보존개념도 획득한다. 사물들 간의 관계를 이해함으로써 물체를 분류하며 유목화(class inclusion)하여 나열할 수 있고 대상들을 여러 가지 양적 차원에 따라 순서로 나열하는 서열화(seriation)가 가능하다. 그리고 조작을 원래 상태로 되돌릴 수 있는 가역성(reversibility)의 원리도 획득한다. 그러나 아직도 구체적인 세계에만 한정될 뿐 추상적 사고는 하지 못한다.

④ 형식적 조작기(formal operational stage)

12세 이후부터 성인기까지의 형식적 조작기(formal operational stage)에는 구체적이고 실제적인 상황을 넘어서 순수한 상징적 추론이 가능하고 논리적 조작이 가능하다. 이 단계에 들어서면 구체적인 대상이 없어도 추상적인 상징체계에 의한 개념 사고가 가능하다. 문제 해결을 위해 변인들을 체계적으로 조작하거나 가설을 설정하고 체계적으로 검증할 수 있으며 모든 가능한 해답을 논리적으로 검토할 수 있는 조합적 사고(combinational thinking)가 가능하다.

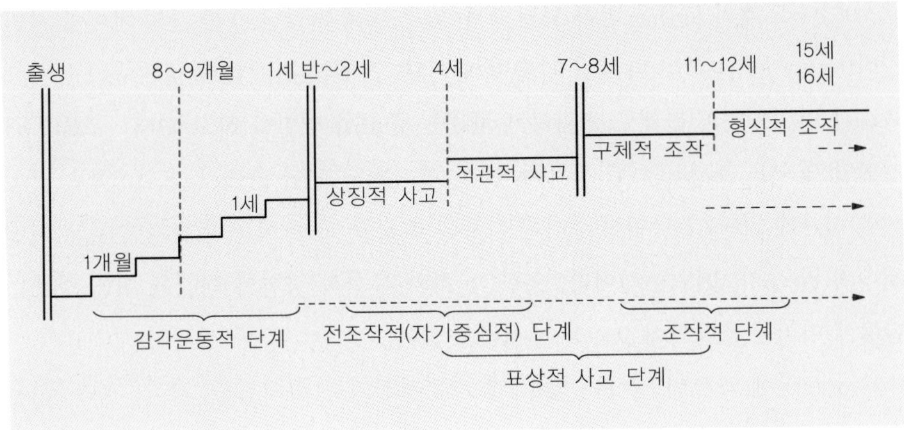

[그림 2-3] 인지발달의 단계

출처: 內田 외(1996). 재인용.

2) Vygotsky의 사회문화 인지이론

Vygotsky

오늘날 심리학자들은 아동을 둘러싸고 있는 사회 · 문화적 요인이 인지발달에 중요한 역할을 수행한다는 것을 인정한다. 이러한 사회문화적 관점의 대표자로서는 러시아의 심리학자 비고츠키(Lev Vygotsky, 1896~1934)를 들 수 있다. 그의 이론의 핵심은 그의 저서 「언어와 사고」(1962) 속에 잘 나타나 있는데, 아동이 능동적으로 지적인 능력을 구축해 간다고 보았고 인지발달이 사회문화적 맥락에서 일어나고 아동의 인지적 기술의 대부분이 교사, 부모, 또래, 성인 등과의 사회적 상호작용 속에서 발달한다는 것이다.

(1) **근접발달 영역**(zone of proximal development: ZPD)

Vygotsky 이론의 주요 개념은 근접발달 영역의 개념이다. 근접발달 영역은 아동이 혼자서 도달할 수 있는 실제적 발달 수준과 좀 더 지적 수준이 높은 성인(부모,

교사)이나 또래의 도움을 받아 도달할 수 있는 잠재적 발달 수준 간의 차이를 가리킨다(Vygotsky, 1978). 따라서 학습이 일어날 수 있는 한계를 설정해주는 동시에 학습과 인지발달의 관계도 명확하게 해주는 중요한 역할을 하고 있다. 그러나 근접발달 영역을 측정하는 데 문제가 있다. 근접발달 영역 안에서 교수 · 학습 작용이 일어나게 되면 같은 연령의 다른 아동과 비교할 때 이 아동의 현재 수준은 어떤 것이지 알 수가 없다는 점이다. 또한, 문화와 사회적 경험의 역할에 대한 강조는 발달에 미치는 생물학적 요인을 무시하고 있다.

Vygotsky에 따르면 영아는 몇 가지 기초정신기능(주의집중, 감각, 기억 등)을 가지고 태어나지만 결국은 그가 경험하는 문화의 신념, 가치를 통해 고등정신기능으로 변형되고 발전된다. 따라서 개인의 인지발달은 본질적으로 사회문화적이라고 주장하였다. 신념이나 가치는 문화에 따라 다를 수 있기 때문에 인지발달의 과정이나 내용이 Piaget와는 다르게 보편적이 아니라고 생각하였고 성인들과의 상호작용을 통해 사회문화적으로 인지발달이 이루어진다고 하였다.

(2) 비계(scaffolding)

Vygotsky에 의하면 아동들의 잠재능력을 최대한 계발하기 위해서는 근접발달 영역 내에서 성인들이 도움을 주는 발판, 즉 비계설정이 이루어져야 한다. Bruner는 이러한 유능한 파트너의 도움을 건설 현장에서 인부들이 일을 쉽게 할 수 있도록 도와주는 비계설정 또는 발판(scaffolding)이라 불렀다(Wood, Bruner, & Ross, 1976). 이 용어의 의미는 아동이 자신의 힘으로 문제를 해결해 가기까지 유능한 파트너의 도움을 지지의 발판으로 사용할 수 있다는 것이다.

(3) 언어와 사고의 발달

Vygotsky와 Piaget는 영아를 능동적인 유기체로 보았다는 점에서는 유사하지만, 인지발달에 관한 견해에서는 차이가 있다(그림 2-4). Piaget는 아동이 혼자 힘으로 세상을 탐색해서 지식을 구축해 가는 능동적인 태도를 강조함으로 성인의 가르침을 중요시하지 않았던 것과 달리 Vygotsky는 아동이 타인과의 상호작용으로부터 영향받으며 성장하는 사회적 존재임을 강조하였다. 아동들은 사회적 경험을 통해 문화적으로 가치 있는 지식과 기술을 획득하고 발달시켜 나간다(Rogoff, 2003). 또한 Vygotsky는 인지발달의 가장 중요한 변인으로 사회적 상호작용에 필수 요소는 언어라고 보았다. Vygotsky는 언어와 사고는 그 발생적 측면에서 별도의 기원을 가지고 있으며, 발달과정에서 상호작용하게 되는데 언어가 사고에 비해 주도적인 입장에 선다는 것이다. 여기서 Vygotsky가 말하는 '언어'는 입을 통해 표현되는 말(speech)을 의미하기 때문에 자기중심적 언어도 사회적인 기능을 가지고 있다고 본다.

반면, Piaget는 인지의 기원은 감각운동기에 비롯되므로 인지는 언어보다 그 뿌리가 깊다고 보는 것이다. 따라서 인지발달이 선행되어야 언어발달이 진전된다는 주장이다.

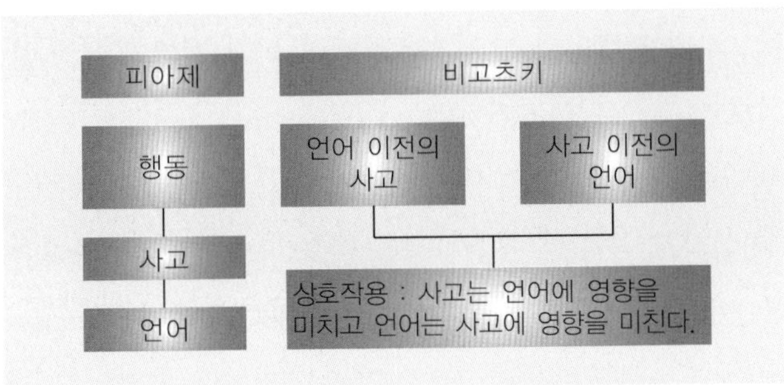

[그림 2-4] 언어와 사고의 관계

3. 학습이론

행동주의 이론은 발달에 있어 생물학적 요인보다는 환경적 요인을 더 강조하며, 행동의 발달적 변화를 조건형성의 학습원리에 기초하여 설명하고자 하였다. 조건형성이란 특정 자극에 특정 반응이 결합되는 것을 말한다. 여기서는 Pavlov

의 고전적 조건형성 이론, Skinner의 조작적 조건형성 이론, 그리고 Bandura의 사회학습 이론에 관해 살펴보고자 한다.

1) Pavlov의 고전적 조건형성 이론

Pavlov

러시아의 생리학자인 Ivan Pavlov(1849~1936)는 개의 타액분비에 대한 실험으로 고전적 조건형성 이론을 제시하였다. Pavlov는 개가 음식을 보거나 냄새를 맡기 이전에 이미 침을 흘리기 시작한다는 사실을 발견하였다. 즉, 음식과 관련된 자극이 타액을 분비하도록 유도하는 힘을 갖는 것으로 보았다. 이러한 학습된 타액분비 반응을 조건반사(conditioned reflex)라고 부르며, 이러한 학습 과정을 고전적 조건형성(classical conditioning)이라고 불렀다. [그림 2-5]에서 보듯이 개에게 주는 음식은 조건형성이 되기 전에도 개의 침 분비를 유발하였던 자극이므로 음식을 무조건자극(unconditioned stimulus: UCS)이라고 하며, 음식을 제공 받았을 때 흘린 침은 선천적인 반응이므로 무조건반응(unconditioned response: UCR)이라고 한다. 무조건반응을 일으키는 1단계에 비해 조건형성의 과정을 거쳐서 3단계에서는 학습이 일어나기 이전에는 중성자극(neutral stimuli: NS)이던 종소리가 타액 분비를 유발시키므로 각기 조건자극(CS)과 조건반응(CR)이 되고 있다.

고전적 조건 형성

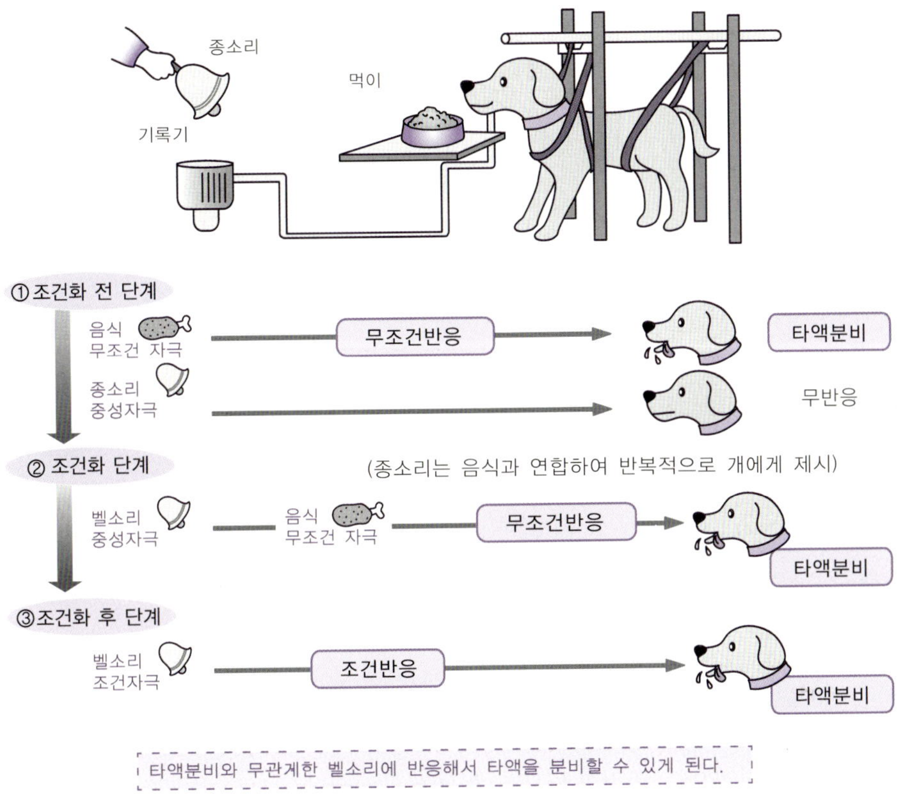

[그림 2-5] 고전적 조건화 과정

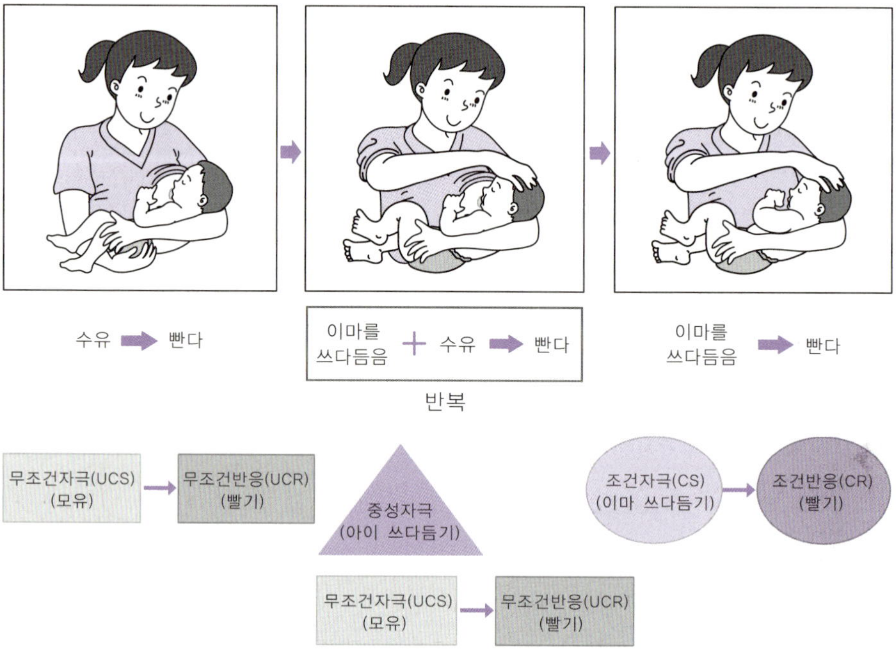

[그림 2-6] 고전적 조건형성 과정의 예

출처: Berk(2005).

[그림 2-6]은 아기의 어머니가 수유 초기에 영아의 이마를 쓰다듬음으로써 빨기 운동을 고전적으로 조건화시키는 과정을 보여준다.

모유(UCS)는 빨기(UCR)를 일으킨다. 어머니는 젖을 먹일 때마다 영아의 이마를 쓰다듬었다. 쓰다듬기(중립자극)는 모유(UCS)와 짝을 이루었다. 영아는 수유 상황에서 빠르게 학습한 후에는 수유 상황이 아닐지라도 아기의 이마를 쓰다듬으면(CS) 빨기(CR)를 하기 때문에 고전적으로 조건화되었음을 알 수 있다.

20세기 초에 왓슨이 고전적 조건형성을 인간에게 적용하였다. 왓슨은 11개월 된 알버트에게 흰 쥐를 주고 자유롭게 만질 수 있도록 하였다. 알버트는 처음에는 흰 쥐를 무서워하지 않았다. 하지만 알버트가 쥐를 만지려고 할 때 머리 뒤에서 금속음을 내어 놀라게 했다. 이 과정을 몇 번 반복한 후, 이번에는 소음 없이 쥐만 주었더니 알버트는 쥐만 보고도 겁에 질려 울음을 터뜨렸다. 처음엔 쥐를 보고 아무렇지도 않았는데 쥐에 대한 공포심이 생긴 것이다(그림 2-7).

다음 과정으로, 이번에는 감정의 조건형성도 일반화가 되는지 알아보기 위해 흰색과 비슷한 색을 띤 동물, 물체를 알버트에게 준다. 그 결과 흰 토끼, 흰 개, 흰 코트까지도 무서워하였다. 결국, 알버트의 공포는 흰색 털이 있는 모든 대상에게 일반화된 것이다. 이것이 바로 고전적 조건형성에서 나타나는 자극 일반화 현상으로, 영아의 정서반응은 선천적인 것이 아니고 자극과 반응의 연합에 의해서 학습된 것임을 증명하였다.

공포학습의 실험

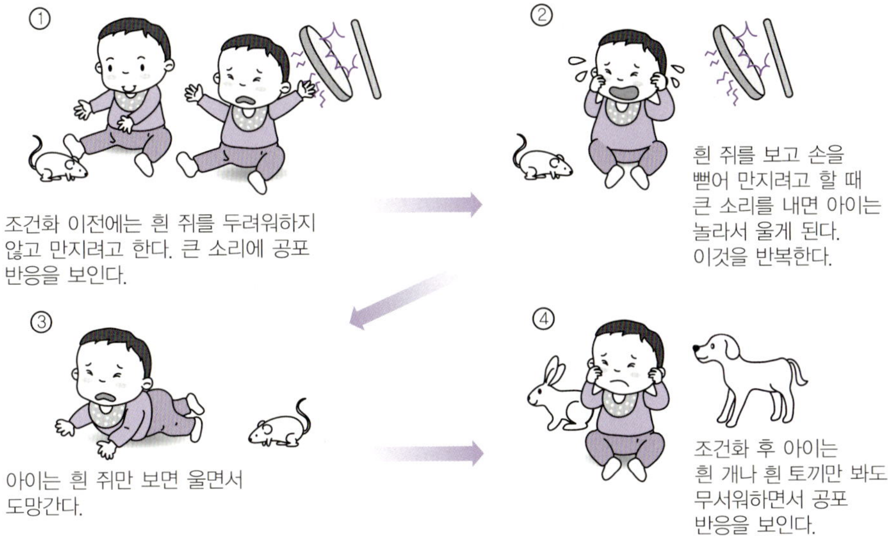

[그림 2-7] 공포학습 실험

2) Skinner의 조작적 조건화 형성 이론

Skinner

앞에서 살펴본 고전적 조건형성은 특정 자극에 반응하는 간단한 반사 행동은 설명할 수 있으나 유기체가 스스로 조작하는 행동을 설명하기에는 부적합하다.

Burrhus F. Skinner(1904~1990)는 이러한 제한점을 인식하고 유기체가 스스로 조작하는 조건형성을 연구하였다. 조작적 조건형성 이론은 일정한 행동 반응과 그 반응에 대한 강화의 관계성을 강조한 이론이다. 조작적인 조건화의 원리는 자발적으로 반응을 일으키게 되는 과정으로 이것은 스키너 상자 실험으로 유명하다(그림 2-8).

[그림 2-8] 조작적 조건형성 실험

출처: 林(2007).

스키너는 자기가 고안한 작은 상자에 흰 쥐를 넣었다. 상자 안에는 지렛대가 장치되어 있어서 그것을 누르면 먹이가 나오도록 고안되었다. 상자 안을 돌아다니던 쥐는 우연히 그 지렛대를 눌러 먹이를 먹게 되고 그 후 쥐는 지렛대를 누르는 것과 먹이가 떨어지는 것의 연관성을 학습하게 되어 반복적으로 지렛대를 누르게 된다. 즉, 조작적 조건화가 형성된 것이다. 그러나 우연히 지렛대를 눌렀을 때 먹이 대신 전기 충격을 주면 쥐는 지렛대를 누르는 행동을 하지 않게 된다. 즉, 동물과 사람은 만족스러운 결과를 가져오는 행동에 대해서는 이후에도 계속할 가능성이 높으나 만족스럽지 못한 결과를 가져오는 행동은 줄어든다. 아동들의 문제 행동을 수정하기 위해서는 우선 그 아동에게 강화를 줄 수 있는 것이 무엇인지 찾아내고 원하는 행동이 일어날 때까지 기다리다 그 행동이 나타나면 즉각 보상해줌으로써 행동의 확률을 증가시키는 것이다. 스키너의 이론을 강화(reinforcement) 이론이라고도 하고 이러한 조작적 조건화의 원리는 아동들의 문제 행동을 교정하고 치료하는 데 유용한 기법으로 알려져 있다.

3) Bandura의 사회학습 이론

Bandura

사회학습 이론(social learning theory)은 직접적인 보상이나 벌을 받지 않고도 모델의 행동을 관찰하고 그를 모방함으로써 학습이 일어난다는 것이다. 조건화를 강조하는 행동주의 이론과는 구별된다.

반두라(Albert Bandura, 1925~)는 인간의 사회적 행동이나 성격은 외적 강화가 없어도 다른 사람의 보상이나 벌을 받는 것을 관찰함으로써 자신도 그러한 행동을 모방하게 되는 대리조건형성의 과정으로 학습된다고 하였다. Bandura의 이론을 사회학습 이론이라고 하는 이유도 사회적인 생활 속에서의 학습을 강조하고 있기 때문이다. 최근에 개정된 반두라의 이론(2001)을 보면 아동이 자신과 타인에 대해 어떻게 생각하는지를 강조하고 있으며, 이를 사회학습 이론이라기보다는 인지적 요소가 강조되기 때문에 사회인지 이론이라고도 하였다. Bandura에 의하면 관찰된 행동은 주의, 기억, 운동재생, 동기유발의 네 가지 과정이 필요하다. 이 중 한 과정이라도 빠지면 사회학습 이론의 모형은 불완전한 것이 되며 성공적 모방이 이루어지지 않는다.

첫째, 관찰자는 모델의 행동에 주의를 기울일 수 있어야 한다. 모델의 행동에 주의를 기울여서 어느 것을 선택하여 습득할 것인지를 결정한다.

둘째, 관찰자는 모델의 행동을 기억한다. 이 과정에서 모델의 행동을 보고 즉각적인 반응을 보이는 것은 모델의 뚜렷한 단서에 대해 기억하는 것이다.

셋째, 관찰자는 기억한 행동을 정확하게 수행한다. 이 과정에서 모델의 상징적 표상을 기억하여 계속해서 행동을 연습하는 것이다.

넷째, 모델의 행동을 모방한 것이 가치 있는 것인지를 결정하는 것이다. 관찰자는 모델의 행동을 모방함으로써 직접적인 강화를 받을 수 있다고 예상되면 나중에 그 행동을 하고자 하는 동기가 유발된다는 것이다.

Bandura의 사회학습 이론은 아동의 행동을 잘 설명할 수 있는 부분이 많다. 공격성, 성역할 발달, 친사회적 행동 등은 다른 사람을 관찰, 모방하여 획득될 수 있는 행동이다(그림 2-9).

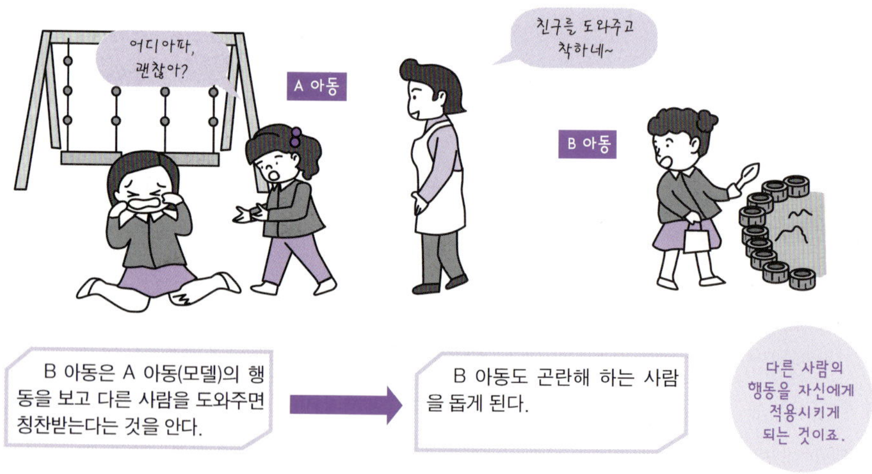

[그림 2-9] 관찰학습

4. 정보처리이론(Information processing theory)

1970년대에 아동 발달에 대한 행동주의 이론의 한계가 지적되면서부터 사고의 발달을 컴퓨터의 작동에 비유해서 설명하고자 한 정보처리적 접근이 나타나기 시작하였다. 정보처리 이론에 의하면 인간의 마음은 정보가 흘러 들어가 처리되고 출력되는 컴퓨터와 같다.(Klahr, 1992; Siegler, 1966). 정보처리 이론가들은 인지 발달을 마음의 하드웨어(즉, 뇌와 말초신경계)와 소프트웨어(주의, 지각, 기억, 문제해결 책략 같은 정신과정)에서 일어나는 연령에 따른 변화로 보았다.

정보처리 이론의 대표적인 모형은 다중기억 모형(Atkinson과 Shiffrin, 1968)이다. 이 모형에서는 인간의 기억 시스템을 감각기억, 단기기억, 장기기억으로 구분하고 있다. 외부세계로부터 온 정보는 기억을 위해 적절한 형식으로 전환되고(부호화) 저장된다. 저장된 정보는 필요할 때 정보를 효율적으로 인출하는(검색) 정보처리 과정을 거친다. 감각기억은 정보가 들어와서 첫 번째로 처리되는 과정으로 모든 정보는 감각기관에 1~2초 동안 유지된다. 그 다음 단계에서는 감각기관에서의 정보가 단기기억 저장소로 들어간다. 단기기억에 들어온 정보가 유지될 수 있는 시간은 15~30초 정도이다. 장기기억 저장소는 단기기억을 거쳐 들어온 정보가 영구히 저장되는 정보처리 저장소이다. 생물학적 발달과 인지 발달 간의 연결에 대해 불분명했던 Piaget와는 달리, 정보처리 이론가들은 뇌와 신경계의 성숙이 아동과 청소년으로 하여금 정보를 더 빨리 처리할 수 있도록 해준다고 주장한다(Kail, 1992).

정보처리적 접근의 가장 큰 강점은 인지 과정을 연구하기 위한 면밀하고 엄격한 연구 방법에 있다. 정보처리 접근에서 발견한 각 연령 단계의 아동들이 나타내는 사고 과정에 대한 정확한 설명은 아동 교육의 좋은 시사점이 되고 있다(Hall, 1989; Siegler, 1976). 그러나 정보처리적 접근의 문제는 상상력이나 창의력과 같은 인지과정이 논리적이지 않은 사고행동에 대해서는 설명이 불가능하며, 발달적인 변화가 어떻게, 왜 일어나는지 발달의 과정을 밝히기 어렵다는 점이다(Miller, 2002).

5. Vigotsky의 사회문화이론

러시아의 심리학자 Vygotsky(1896~1934)의 사회문화적 이론은 한 문화 속에 있는 가치, 신념, 관습과 사회적 집단의 기술 같은 문화가 어떻게 세대를 거쳐 전달되는지에 초첨을 두고 있다. 따라서, 인간의 행동은 사회문화적인 배경과 분리해서 생각할 수 없다.

Vygotsky 이론의 주요 개념은 근접발달영역(Zone of Proximal Development: ZPD)의 개념이다. 근접발달 영역은 아동이 혼자서 도달할 수 있는 실제적 발달수준과 좀 더 지적 수준이 높은 성인이나 또래의 도움을 받아 도달할 수 있는 잠재적 발달 수준의 차이를 가리킨다(Vygotsky, 1978).

Piaget가 인지발달에 있는 아동의 자발적이고 능동적인 태도를 강조함으로 성인의 가르침을 중요시하지 않았던 것과 달리 Vygotsky는 성인과의 대화는 지적 내면화를 이룩할 수 있는 기초로서 이를 통해 인지가 발달한다는 것을 강조한다. 또한 Vygotsky는 모든 아동들이 같은 발달 단계를 거친다고 생각하지 않았다. 오히려 언어를 배우자마자 획득된 다른 사람과의 의사소통 능력이 문화에 따라 사고와 행동의 계속적인 변화를 크게 다르게 가져온다고 믿었다. 따라서 근접발달영역의 개념은 아동의 인지 발달에 교사나 성인이 적극적으로 도움을 줄 수 있다는 생각의 이론적 근거이다.

6. 동물행동학 이론

동물행동학자들은 인간이 생물학적으로 갖고 태어난 선천적인 행동 특성을 무시하고 학습에만 치중하는 환경론에 큰 반론을 제기하였다. 발달에 있어서 생물학적 기초가 중요한 역할을 한다고 강조하였다. 따라서 인간 행동의 많은 부분은 유전적으로 결정되어 있고, 또한 유전적 결정인자는 학습에도 영향을 미친다고 보았다(Rosenzweig, 2000).

여기서는 대표적인 동물 행동학자인 Lorenz의 각인이론과 1960년대에 와서 동물행동학적 이론을 인간발달에 적용시켜 영아와 양육자 간의 애착관계를 설명한 영국의 정신분석학자 Bowlby의 애착이론을 살펴보고자 한다.

1) Lorenz의 각인이론

생태 이론을 처음으로 제안한 학자 로렌츠(Konrad Lorenz, 1903~1989)는 동물들은 본능적 행동을 하고 있으며 이러한 본능은 종마다 그 특유한 패턴이 있다는 것을 발견하였다. Lorenz는 어미를 따르는 행동을 연구하는 과정에서 동물의 어린 새끼들이 생후 초기의 특정 시기 동안 어떤 대상에 노출되면 그 대상에 대해 비교적 영구적인 추종 반응을 나타내는 것을 발견하였다. Lorenz(1965)는 어미 오리가 낳은 알을 두 집단으로 나누었다. 한 집단의 알은 어미 오리가 부화하게 하고, 다른 집단의 알은 부화기에서 부화시켰다. 첫 번째 집단의 새끼 오리는 예측한 대로 부화 직후부터 어미 오리를 따라다녔다. 그러나 부화하자마자 Lorenz를 보게 된 두 번째 집단의 새끼 오리들은 Lorenz를 어미처럼 졸졸 따라다녔다(그림 2-10). 이러한 일련의 연구를 통하여 새끼 동물은 태어나는 순간에 처음 보는 움직이는 대상을 따라다니는 본능적인 추종 행동을 보인다는 것을 발견하고, 이러한 초기의 본능적 행동 경향성을 각인(imprinting)이라 하였다.

[그림 2-10] 각인현상

이와 같은 각인현상은 생후 일정한 기간 이내에만 일어나기 때문에 민감기(sensitive period) 또는 결정적 시기(critical period)라고 부른다. 동물을 대상으로 밝혀진 결정적 시기의 개념은 인간발달에도 결정적 시기가 있을 것이라고 보고 이와 관련된 많은 연구가 이루어져 왔다. 지금까지 여러 연구에서 애착과 지적 능력의 발달 등에 결정적 시기가 있는 것으로 지지되고 있다. 그러나 동물연구를 기초로 한 결정적 시기 개념은 인간발달의 여러 영역에 적용되면서 결정적 시기보다는 '민감기'라는 개념이 더 적절한 것으로 제안되고 있다(Bornstein, 1989).

2) Bowlby의 애착이론

John M. Bowlby(1907~1990)는 1907년 런던에서 태어나 의학과 정신분석학적 훈련을 받았다. 그는 제2차 세계대전 후 보육원에서 성장한 영아들이 타인과 친밀하고 지속적인 관계를 형성하지 못하는 등 여러 가지 정서적 문제가 있음을 발견하였다. Bowlby는 이 영아들이 생의 초기에 어머니에 대한 확고한 애착을 형성할 기회가 없었기 때문에 친밀한 인간관계를 맺지 못하는 것으로 해석하였다. 이 분야에 대한 관심은 결국 유명한 애착(attachment)에 대한 연구를 통하여 각인형성을 인간의 영아와 양육자 간의 관계에 적용하게 되었다. 이와 같이 영아는 태어나서 자신을 돌보는 사람, 특히 어머니와 강한 정서적 유대를 맺게 되는데 이것이 애착관계이다. 영아의 애착 발달은 새끼 오리의 각인 형성과는 달리 양육자와의 장기간의 과정을 통해 깊은 애정적 관계를 형성하게 된다(Bretherton, 1992).

Bowlby의 애착에 관한 연구는 인간의 애착관계의 질에 관한 상당수의 연구를 촉진시켰다. 그중 대표적인 것이 Ainsworth가 영아의 애착을 측정하기 위해 개발한 '낯선 상황(strange situation)'이다.

동물행동학적 이론은 인간의 행동을 해석하는 데 결정적 시기와 각인이라는 새롭고 흥미 있는 개념을 제안하고 있다. 또한 인간발달을 이해하기 위한 기초로 발달의 민감기에 대해 관심을 증가시켰다. 그러나 동물행동학적 이론에 대한 제한점으로는 결정적 그리고 민감기에 대한 개념을 너무 지나치게 강조해서 어렸을 적의 경험이 애착에 결정적인 영향을 미치며 후기 발달을 결정한다고 강조한 점과 생물학적 기초에 대해 너무 강조한 점 등을 들 수 있다.

7. 생태학적 이론

Bronfenbrenner

최근 관심이 높은 Urie Bronfenbrenner(1917~2005)가 제창한 생태학적 이론(1979)에서는 아동발달은 아동을 둘러싼 여러 환경 층의 영향을 받는다고 보았다. 그러므로 아동발달 연구는 아동이 생활하는 사회적 · 물리적 환경과 그 고유 특성 간의 관계를 분석하는 것이다. Bronfenbrenner는 아동을 둘러싸고 있는 생태학적 환경(the ecological environment)을 다섯 가지의 환경체계, 즉 미시체계(microsystem), 중간체계(mesosystem), 외체계(exosystem), 거시체계(macrosystem), 그리고 시간체계(chronosystem)로 구분하였다.

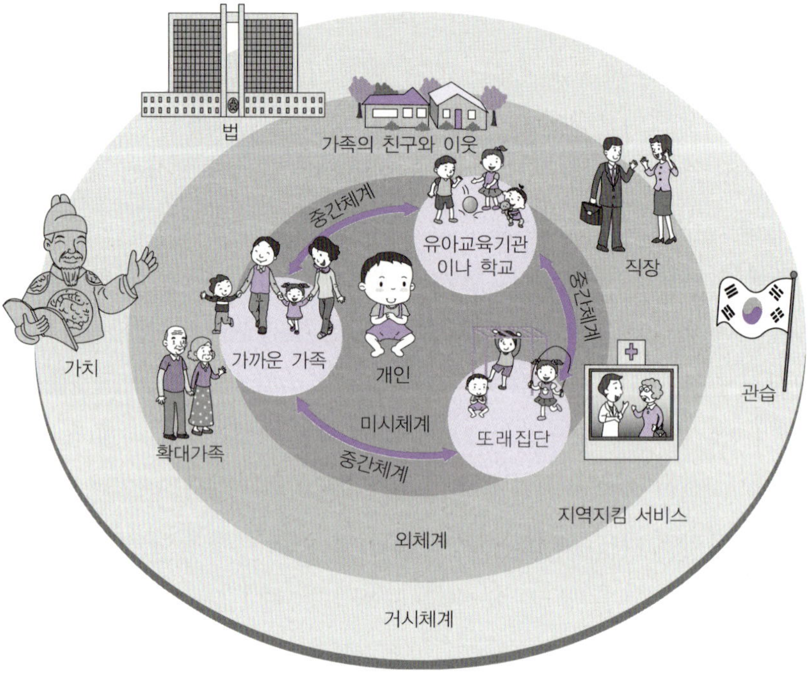

[그림 2-11] Bronfenbrenner의 생태학적 체계 모델
출처: Berk(2005).

미시체계(microsystem)는 가족, 또래 집단, 학교 등을 포함하는 층으로, 아동과 직접 상호작용하는 환경을 말한다.

중간체계(mesosystem)는 미시체계들 간의 상호관계를 말한다. 예를 들어, 아동의 학업은 학교에서 어떻게 가르치느냐에 달렸지만 동시에 학교와 가정과의 유대감에 따라서도 달라진다.

외체계(exosystem)는 아동발달에 직접적 영향력은 없는 사회 환경을 말한다. 부모의 직업, 사회복지기관, 이웃 등이 간접적으로 영향을 미친다. 예를 들어, 부모의 직업은 아동이 직접적으로 경험하는 것은 아니지만 부모의 행동에 영향을 줄 것이고 이것은 자녀의 양육 방식에도 영향을 미칠 것이다.

거시체계(macrosystem)는 Bronfenbrenner 이론의 가장 외층이다. 이 거시체계에는 개인이 속한 각 문화적 특유의 이념 및 제도, 관습 등이 속한다. 아동이 속해 있는 사회문화적 배경에 따라 부모의 양육태도 및 자녀관은 매우 다르며 이러한 가치관은 아동의 발달에 영향을 준다.

마지막으로 시간체계(chronosystem)는 전 생애에 걸쳐 일어나는 변화와 사회 · 역사적인 환경을 포함한다. 형제의 출생, 부모의 이혼과 같은 인생에 중대한 사건은 아동과 환경 사이에 존재하는 관계를 변화시켜, 발달에 영향을 준다(Berk, 2005). 이러한 시간적 차원을 Bronfenbrenner는 시간체계라고 명명하였다. Bronfenbrenner의 접근은 거시체계에서의 변화가 외부체계에 영향을 주고 외부체계의 변화는 다시 아동의 중간체계와 미시체계에 영향을 준다는 것을 나타낸다.

생태학적 이론은 아동을 둘러싼 환경을 직접적으로 큰 영향을 미치는 미시체계로부터 시간체계까지 겹겹의 구조로 체계화하였으며, 이들 각각의 체계와 아동의 발달과의 관계를 설명함으로써 사회 · 역사적 환경의 영향을 강조한 점에서 아동발달을 이해하는 데 기여하였다. 그러나 생태학적 이론은 다양한 환경의 영향에 대해서는 강조하였으나 아동의 능동적 발달과정이나 생물학적이고 성숙적인 영향에 대해서는 간과하고 있다는 비판을 받고 있다.

〈표 2-3〉 **발달이론의 구조 분석**

이론	유전과 환경의 영향	연속성/비연속성	연구 방법	한계점	주요초점
정신분석 이론	정신분석: 생물학적 결정론 신정신분석: 생물학적 요인과 문화의 상호작용	비연속성	임상 면접법	인성발달에만 초점을 둠	인성 (사회·정서 발달 강조)
행동주의와 사회학습 이론	환경의 영향 강조	연속성	관찰, 실험	측정 가능한 행동에만 강조점을 둠	학습 (관찰 가능한 반응)

이론	유전과 환경의 영향	연속성/비연속성	연구 방법	한계점	주요초점
인지발달 이론	생물학적 요인과 환경의 상호작용	비연속성	관찰, 면접	지적 발달만을 강조	인지 (사고의 변화를 강조)
동물행동학 이론	생물학적 요인 강조	연속성, 비연속성: 결정적 시기 강조	자연관찰	환경적 요인 무시	맥락 (생물학적 영향)
생태학적 이론	사회문화적 환경 강조	지정하지 않음, 환경적 요인 강조	언급 없음	성숙적 영향 간과한 점	맥락 (사회적 맥락의 상호작용)

출처: Berk(2005), Green(1989). 수정함.

제 2 부
생명의 시작

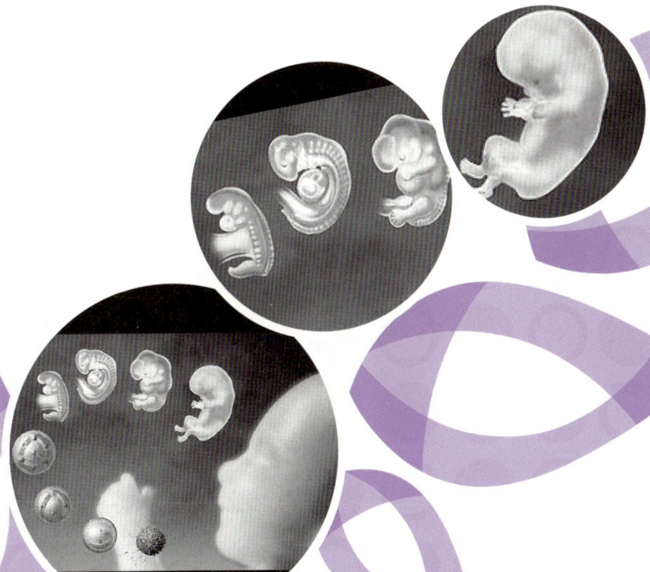

제3장

태내기의 발달

1. 생명의 시작

인간의 생명은 남성의 정자와 여성의 난자가 결합되는 것으로부터 시작된다. 정자와 난자가 결합한 세포는 태내에서 40주 동안 빠른 속도로 하나의 생명체로 성장하게 되는데, 이 시기를 통틀어 태내기라고 한다. 태내발달은 평균 266일(38주)이며, 태아들은 수정 후 34~40주 사이에 세상에 태어난다. 이 시기는 발달과정에서 성장률이 빠르고 성인에게 거의 의존하는 중대한 시기 중 하나이다.

1) 수정

수정은 정자와 난자의 결합으로 이루어진다. 정자는 사정된 후 2~3시간이면 수란관 상부에 도달해 있다가 난소에서 배란된 난자가 난소를 떠난 지 24시간 이내에 이곳에 이르면 여러 정자 중 하나만이 난자와 결합하여 각각 23개의 염색체를 가지고 만나 수정란을 형성한다. 수정란은 46개의 염색체로 삶을 시작하게 된다. 난자는 배란 후 1~2일, 정자는 자궁 내에서 2~3일 동안 살아남아서 수정할 수 있는 능력을 가지며, 정자의 경우 사정된 후 1주일까지 살아 있기도 한다. 수정란은 나팔관을 지나 자궁에 착상하게 되는데 이를 임신이라고 한다.

세포분열은 4~5일 동안 계속되며 착상이 완전히 이루어지는 데는 약 1주일이 걸린다. 수정란이 자궁벽에 안착하면 세포들이 자궁벽을 뚫고 들어가 자리를 잡은 후 모체로부터 영양분과 산소를 흡수하는데, 이것이 나중에 태반(placenta)이 된다.

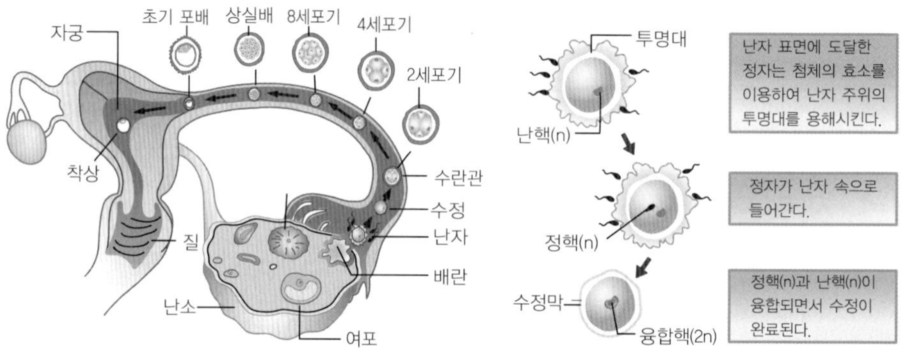

[그림 3-1] 수정과 착상

출처: 임신출산육아대백과(2011).

2) 성의 결정

정자와 난자가 만나게 되면 수정이 이루어진다. 수정될 때 난자가 X염색체를 지닌 정자와 결합하면 XX염색체를 지닌 여아가 되고, Y염색체를 지닌 정자와 결합하면 XY염색체를 지닌 남아가 된다. 즉, Y염색체의 유무로 성(性)이 구별되는 것이다(그림 3-2).

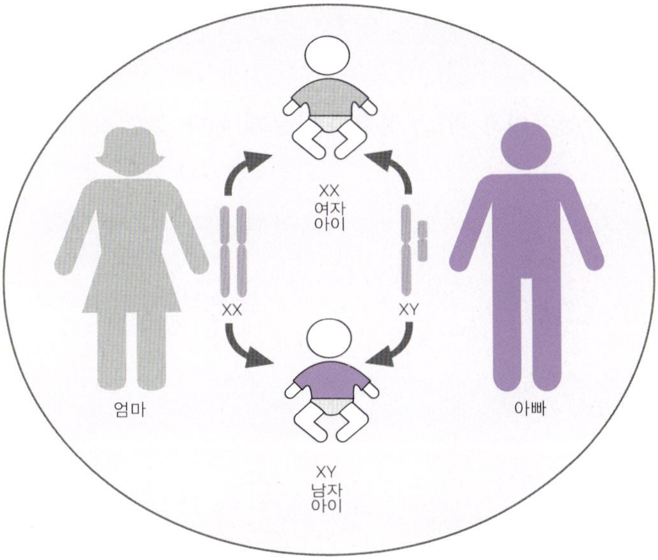

[그림 3-2] 유전자에 의한 성의 결정

출처: Dorling Kindersley (2015). Watch My Baby Grow.

3) 쌍생아의 출생

쌍생아는 쌍둥이라고도 하며 태아일 때는 쌍태라 한다. 임신 중에 쌍태인 것을 진단하는 데는 최근 초음파단층법(超音波斷層法)에 의한 진단이 실시되고 있는데, 임신 초기 6~12주에 확인할 수 있다.

쌍생아는 한 모체에서 출생한 두 아기를 말하며 일란성 쌍생아와 이란성 쌍생아가 있다. 일란성 쌍생아는 수정된 1개의 수정란이 초기 분열과정에서 두 개로 분열하여 2명의 태아가 자라게 된다. 유전학적으로는 동일 개체이고 반드시 동성(同性)이며 외모, 성격이 비슷한 쌍생아가 된다. 즉, 수정 후 양막이 만들어지고 이 양막에 의해 배를 보호하는 양수를 가지는 양막강이 형성되는데 이를 양수주머니라 한다. 만약, 장막(배(胚)의 바깥쪽을 싸고 있는 막)이 형성되는 5일에서 양막이 형성되는 9일 사이에 배가 분리되면 하나의 장막 내에 2개의 양막을 갖는 경우가 일란성 쌍생아이다(추영구 외, 2000).

이란성 쌍생아의 경우는 2개의 난자가 각각 수정되어 2개의 배가 발생되는 경우이고(그림 3-3), 융모막과 양막이 각각 2개이다. 이란성 쌍생아의 약 반은 남자—여자 쌍생아이고 외모, 성격이 다르게 된다(그림 3-4)(이오경, 2005).

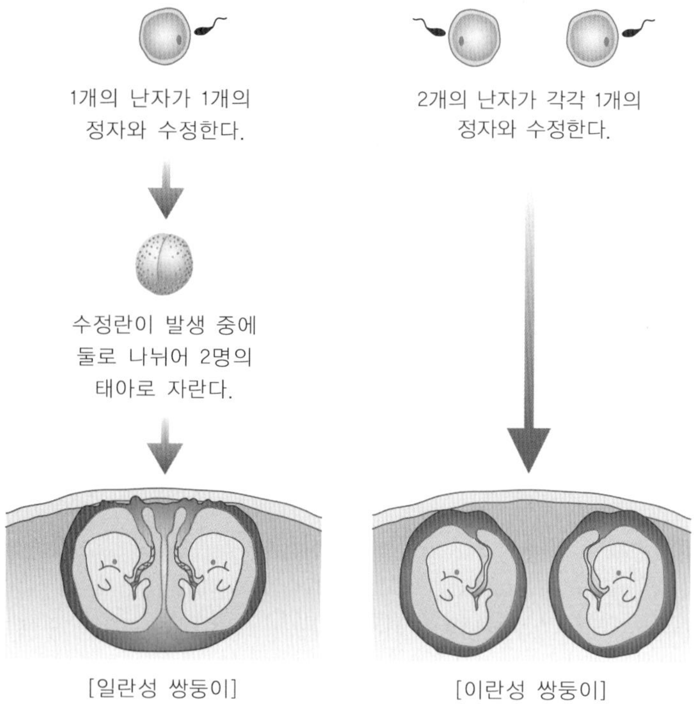

[그림 3-3] 쌍생아의 수정과정

출처: David(2014).

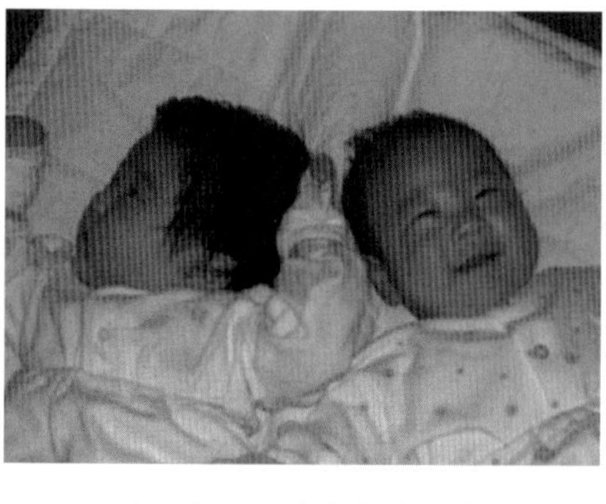

[그림 3-4] 이란성 쌍둥이

2. 태내발달 단계

태내기 발달은 수정에서 분만에 이르기까지 지속된다. 태내기의 발달은 정착기(배란~수정란 착상), 배아기(수정란 착상~임신 8주), 태아기(임신 8주~출생)의 세 시기로 분류된다.

전체 임신 기간 중 초기 3개월간은 입덧을 하며 자연유산의 위험이 있고, 다음 3개월 동안은 태아의 신체 기관이 형성되고 산모가 태동을 느낄 수 있는 기간이며, 임신 말기에는 태아의 양적인 성장이 이루어진다. 이 기간의 모체의 영양과 심리상태, 외부환경 요인에 따라 태아의 각 기관은 많은 영향을 받는다.

1) 발아기(배종기 또는 배란기)

발아기는 수정란이 자궁벽에 착상하는 2주까지의 기간으로 인간의 생애에서 사망률이 가장 높은 시기이다.

수정란은 세포로 분열을 시작하면서 나팔관을 지나 약 3~4일 후에 자궁벽에 도착하며 수정란이 자궁벽에 완전히 착상하기까지는 약 10~14일 정도 걸린다. 둥근 공모양의 수정란은 외세포 덩어리, 내세포 덩어리로 나뉜다. 외세포 덩어리는 자궁벽에 정착하여 태아를 보호하고 영양분을 공급하는 조직으로 발달하며 내세포 덩어리는 배아(embryo)로 성장하게 된다.

수정란이 자궁벽에 착상함으로써 발아기는 끝난다. 이 기간에 양막과 양수가 생성되며 태반이 형성되어 태반과 수정란을 연결해주는 탯줄을 통해 영양분이나 산소의 공급, 노폐물을 배출한다(그림 3-5).

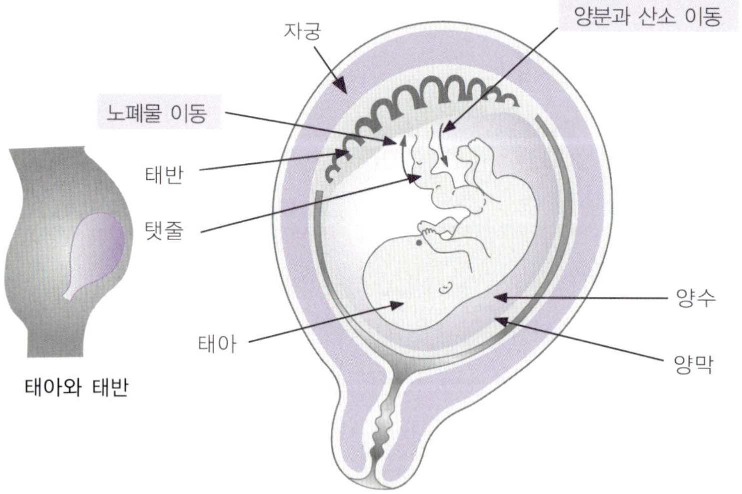

[그림 3-5] 태아와 태반

출처: 두산백과사전 두피디아(2015).

2) 배아기

배반포가 자궁벽에 완전히 정착하게 되면 이를 배아(embryo)라고 부르고 수정 후 약 2(수정란이 자궁에 착상한 때)~8주까지를 배아기라고 한다. 배아기가 되면 수정란이 자궁벽에 착상하여 어머니와 의존적인 관계를 형성하게 되면서 최초로 발달하는 것이 신경계와 심장 등의 순환계이다. 이 시기는 신체기관이 형성되기 때문에 유해물질의 영향을 받아 기형아 발생 위험이 높은 시기이다. 4주째에 심장박동이 시작되고 수정 후 6주 무렵에는 태아의 뇌가 활동을 하므로 뇌의 혈액이 공급된다. 뇌와 척추의 신경세포는 80%가량이 발육된다. 아직 미완성이지만, 이목구비와 장기관의 기초, 손가락, 발가락 등이 형성되는 것을 육안으로도 확인이 가능하다. 태아는 바깥소리나 임산부의 음성을 듣게 된다. 배아기 말기에는 심장과 뇌 등 순환계와 신경계가 기능을 하게 된다(표 3-1). 이 기간에 배아는 주요 신체기관과 조직을 발달시키는데 내세포 덩어리가 외배엽, 중배엽, 내배엽의 세 개의 층으로 분열된다. 외배엽은 분열하면서 뇌, 척추, 피부, 머리카락, 손톱, 발톱, 치아, 감각세포 및 신경계가 형성되고, 중배엽으로부터는 근육, 골격, 뼈, 혈관, 순환계와 피부의 내층이 형성되며, 내배엽은 장기, 호흡기, 기관지, 폐, 취장, 간 등의 기관들이 형성된다. 외세포 덩어리는 융모막과 양막이라는 두 개의 막을 형성하게 되는데, 자궁벽에서 형성된 막과 함께 태아를 감싸게 된다. 배아는 양막 주머니 안에 있는데 양막 속은 양수로 가득 차게 되며, 양수는 외부의 충격으로부터 태아를 보호하고, 적절한 온도를 유지해주는 기능을 한다. 이와 동시에 탯줄이 발달하고 탯줄이 태반과 태아를 연결한다. 혈액이 태아의 탯줄을 통해 배아와 태반 사이를 오감으로써 모체로부터 영양분과 산소를 공급하고 이산화탄소와 배설물을 배출한다. 배아기 동안에 각 기관이 급속하게 형성되는 만큼 태내 환경은 태아에게 심각한 손상을 미칠 수 있다. 임산부의 질병, 영양결핍, 약물 등은 배아기 발달에 치명적인 영향을 줄 수 있다. 이러한 부정적인 영향은 자연유산이나 각종 발달장애로 나타날 수 있다. 임신 7주경에는 머리가 몸 전체의 반 정도를 차지하면서 머리와 몸통으로 구분되고 손과 발의 구별이 확실해진다. 이 시기의 말기에 배아는 약 2.5m로 성장한다. 이 시기는 주요 기관을 포함한 대부분의 기관들이 형성되는 때이므로 결정적 시기로도 불린다. 따라서 배아기 때의 태내 환경은 특히 중요하다(송현주, 2014).

〈표 3-1〉 배아기와 태아기의 신체적 발달

신체적 발달		특징
배아기	3~4주	• 신경관이 형성된다. • 심장의 박동이 시작된다. • 배아의 크기는 약 0.5cm이다. • 배아는 머리가 크고 팔다리는 흔적만 보인다. • 올챙이 모습을 하고 있다. • 중추신경계, 위장 조직, 심장, 폐가 형성된다. • 양막낭이 신체 전체의 기초적인 조직을 감싼다. • '수정란'이라고 부른다.
	5주	• 신경계의 분화가 시작되면서 뇌도 중뇌, 소뇌, 연수의 구조로 발달하게 된다. • 팔과 다리가 형성된다. • 눈은 각막과 수정체가 형성된다.
	6~7주	• 기본적 골격을 갖추게 된다. • 뇌에 혈액이 공급된다. 뇌가 활동을 하고 있음을 의미한다.
	8주	• 대부분의 기관 형성이 완성된다. • 배아의 길이는 약 2.5cm이다.
태아기	8~12주	• 성기가 형성된다.
	12~16주	• 머리카락, 피부, 골격이 나타난다.
	25~28주	• 대뇌피질이 나타난다.
	30주	• 출생해도 생존의 확률이 높다.
	38~40주	• 출생

출처: Vauclair(2004). 수정.

3) 태아기

배아기가 끝나고 수정 후 8주 이후부터 출생까지의 시기를 태아기(fetal period)라고 한다. 뼈세포가 나타나며 배아는 태아가 된다. 이 기간은 배아기에 형성된 각 기관의 구조가 더욱 정교해지며 기능이 보다 원활해지는 등 신체적인 크기가 급속하게 증가하는 시기이다(표 3-1, 표 3-2).

3개월	키 9cm	몸무게 20g	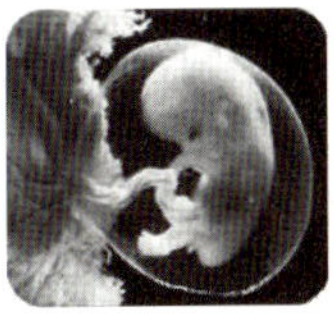	• 배아가 끝나고 이때부터 태아라 불리게 된다. • 피부가 투명하여 내부기관이 보인다. • 꼬리는 없어지고 얼굴의 특징이 희미하게 드러난다. • 팔과 다리 끝에서 손가락과 발가락이 생기려 한다. • 팔꿈치는 작은 혹처럼 보인다. • 태아는 영양분을 소화하거나 배설한다. • 머리는 몸 전체 길이의 1/3이다. • 성별의 구분이 가능해진다.

태아가 8~11주경에는 눈썹이 생기고 구멍뿐이던 귀에는 귓바퀴, 귓불이 생기며 입에는 입술 모양이 갖추어진다. 9주째에는 장기와 근육, 신경계가 조직적으로 연결되기 시작하며, 10주 지나면서 노폐물을 걸러내는 신장의 기능이 시작되어 소변을 분비한다. 한편 신경계통의 발달이 활발해지면서 아기는 소리를 기억하고 맛을 느끼는 능력이 형성된다.

임신 12주경에는 팔과 다리의 움직임이 나타나며 하품을 하고, 양수를 삼키는 등 입을 더 많이 움직이기 시작한다. 외부 생식기가 완전히 형성되어 초음파로 태아의 성별을 확실하게 구분할 수 있다(Sadler, 2006). 12~15주경에는 인간의 형체를 닮기 시작하고, 팔과 다리의 움직임이 나타나며 태아의 활동이 활발해지며 태반이 완성된다. 심장이 분당 110~120회 정도 박동하며 뇌가 아직 불완전하고 주름이 잡히지 않아 매끈매끈한 상태이지만 외부자극에 대해 쾌감, 불쾌감, 불안, 초조 등 기본적인 감정을 느끼게 된다. 기억의 기능을 담당하는 '해마(海馬)'가 완성되고 후각이 만들어져 임신부의 좋은 냄새를 기억하게 된다.

4개월	키 18cm	몸무게 120g	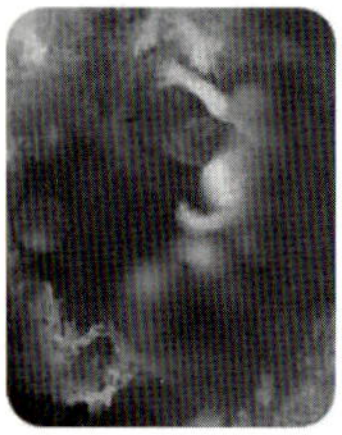	• 태반이 완성된다. • 얼굴에 솜털이 난다. • 태동을 느낄 수 있다. • 솜털이 신체를 덮고 있다. • 골격이 단단해진다.

16주가 되면 폐가 발달하고 뼈가 더 튼튼해지며 근육조직이 더 생겨나 뼈를 덮는다(Moore & Persaud, 1993). 심장박동이 강해진다.

5개월	키 25cm	몸무게 250g	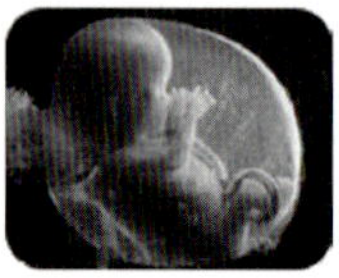	• 피부가 두꺼워지고 속눈썹, 머리카락이 나온다. • 청각이 완성되고 엄마, 아빠의 목소리를 기억한다. • 엄지손가락 빨기, 삼키기, 딸꾹질도 한다.

16~19주경에는 산모는 태아의 움직임을 느낄 수 있으며 태아에게는 손가락이 모두 갖추어지고, 머리카락, 손, 발톱, 피부 전체에 태모가 자라난다. 대뇌피질이 빠른 속도로 발달하면서 신경계통이 성장해 자궁 밖에서 나는 소리도 태아가 직접 들을 수 있다. 신진대사가 시작되므로 기형 여부를 확인하기 위한 양수검사가 가능하다.

청각은 20주가 지나면 기능을 시작하여 양수를 통해서 음성을 들을 수 있다(그림 3-7). 머리의 움직임을 감지하는 평형감각의 한 종류인 전정기관은 22주면 성인과 거의 크기가 같아지고 태아는 임신기간 동안 어머니의 움직임과 자신의 움직임을 통하여 전정신경에 지속적인 자극을 받으면서 성장한다. 즉, 태아는 태어나면서부터 움직이고자 하고 흔들어 주면 좋아하는 활동은 평형감각을 발달시키기 위한 반사적인 활동이다(최현식, 2009). 이러한 태내에서의 많은 활동은 출생 이후에 사용될 반사 능력의 기초가 된다.

6개월	키 30cm	몸무게 650g	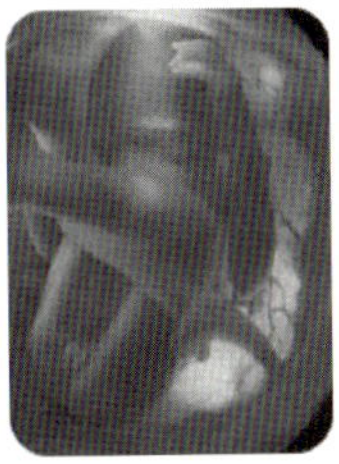	• 피하지방이 쌓이기 시작한다. • 눈을 감고 뜨고 하는 동작이 자연스럽게 된다. • 피부는 지방분비가 증가하면서 태지라는 보호막으로 덮혀 있다. • 내부 장기는 발달하여 있지만 폐의 호흡기능이나 근육발달이 미숙하므로 조산할 경우 생존이 어렵다. • 양수를 마시고 뱉는다.

임신 24주경 무렵에는 성장 속도가 다소 둔화되며 시각 기능이 발달한다. 태아는 규칙적인 호흡이 가능해지고 손을 꼭 쥘 수 있으며 뇌의 발달은 소리나 빛과 같은 자극에 반응하는 행동을 가능하게 해준다. 오줌 섞인 양수를 먹은 태아는 다시 몸 밖으로 배설하게 된다.

7개월	키 40cm	몸무게 1.4 ~ 2.3kg	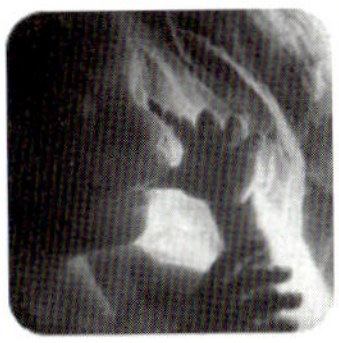	• 모든 신체기관이 초보적인 기능과 활동을 하게 되며 생존능력을 갖추게 된다. • 콧구멍이 생긴다. • 간 기능이 발달하고 신진대사가 더욱 활발하다. • 미각과 후각이 발달하여 맛과 냄새를 구별한다. • 청력이 거의 완성되면서 외부의 소리에 반응하고 그 소리를 기억하기도 한다.

7개월까지는 태아에게 가장 중요한 시기이다. 임신 28주 정도면 태아도 명암을 느낄 수 있다. 태아는 눈부신 빛에서는 불안해하고 부드러운 빛에서는 편안함을 느낀다. 예를 들면, 임신부의 배에 눈부신 빛을 오랫동안 비추면 태아는 손가락을 빨기 시작한다(그림 3-7). 주위를 다소 어둡게 해주면 태아는 손가락을 입에서 뗀다. 수정 후 임신 28주를 생존가능 연령(age of viability)이라 하는데 인큐베이터 안에서도 생존이 가능할 정도로 발달한다. 이 시기는 뇌 영역은 발달해 있지만, 폐에 있는 공기주머니가 아직 산소와 이산화탄소를 교환

하는 기능이 성숙하지 못해서 인큐베이터에서 안에서 길러져야 살아남을 수 있다(Moore & Persaud, 2008). 조산해도 생존 가능성이 약 67%로 높은 편이다. 이 시기에는 태아의 신경계, 순환기, 호흡기 등 여러 신체적 기능이 충분히 발달하여 생존 능력을 갖추게 된다.

8개월	키 45.7 ~ 50.8 cm	몸무게 2.3 ~ 3.2kg	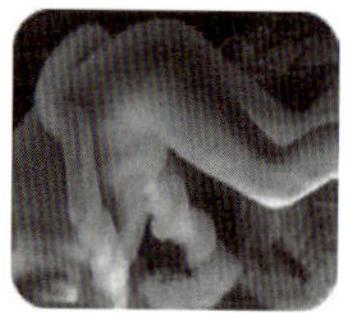	• 체지방이 생기면서 온도변화에 적응할 수 있게 된다. • 자극에 민감하게 반응한다. • 머리를 아래로 향하는 자세를 취한다. • 머리 부분의 근육이 부드럽고 물렁물렁하다. • 피하지방이 늘어나고 주름이 없어진다.

32~35주경에는 태모가 빠지며 머리카락도 2cm 정도 자라고 손톱, 발톱이 길어진다. 피부는 핑크색을 띠고 피하지방이 늘어나 몸의 곡선도 이때 생기고 주름살도 거의 사라지고 태지가 두꺼워진다. 태아 체내의 모든 호르몬 분비선들이 어른과 거의 같은 크기로 자란다. 또한 성인의 부신에서 분비되는 호르몬 양의 약 10배에 가까운 호르몬이 분비되었다가 태어난 직후부터 감소하게 된다.

9개월	키 50.8 cm	몸무게 3.2kg	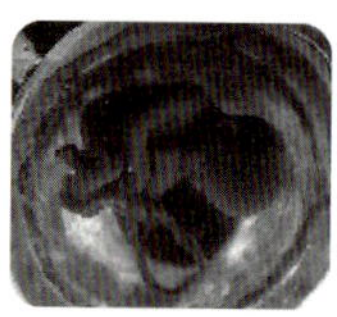	• 근육이 발달하고 뇌의 크기가 커지므로 신경작용이 활발하다. • 피하지방이 늘어나면서 몸 전체가 통통해지고 솜털이 거의 사라진다. • 시신경도 발달한다. • 폐는 공기를 호흡할 수 있고 거의 완전하게 발달한다.

36~39주경에는 지방층이 계속 형성되며, 기관계통이 더 효율적으로 작동하고 심장박동 속도가 빨라지며 노폐물이 많이 배출된다. 모든 기관이 완전한 기능을 수행함으로써 면역성이 높아진다. 피부는 부드럽고 연해지며 태지는 아기가 산

도를 빠져나오기에 필요한 만큼만 조금 남아 있게 된다. 대부분의 태아는 머리가 아래로 간 위치로 정착하게 된다(Moore & Persaud, 1993).

40주경에는 태아의 키는 50cm, 체중은 약 3kg으로 성숙아가 된다. 내장이나 신경은 이미 완성된 상태이며 피하지방이 발달하여 주름이 없고 피부는 연분홍색이다. 모체에서 항체를 받아들여 저항력이 강해진다.

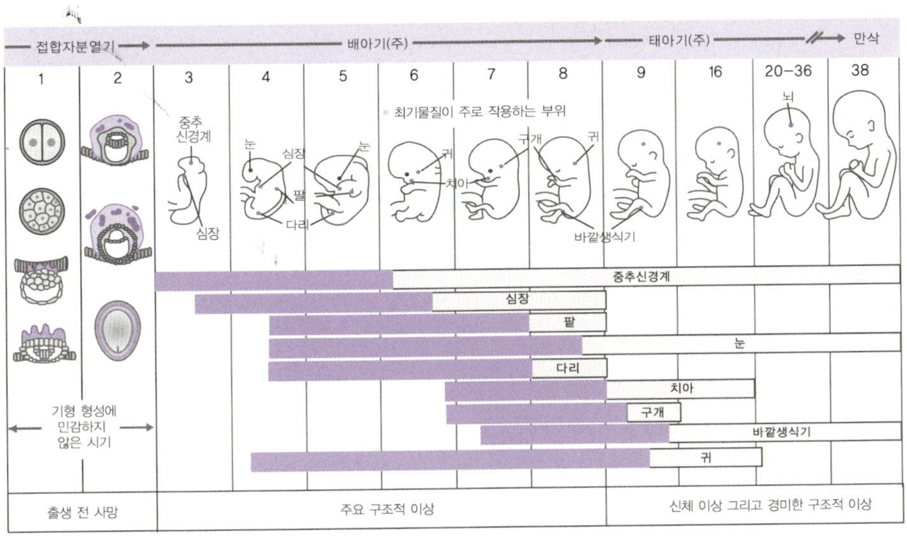

[그림 3-6] 태내발달의 결정적 시기

출처: Muzi(2000).

기형발생물질은 태내발달 단계의 특정 시기에서 보다 큰 피해를 끼칠 수 있다(Brent & Fawcett, 2000). 일반적으로 배아기가 태아기보다 기형발생물질에 더 취약한 시기이다. [그림 3-6]에 나타나 있듯이 임신 3주째부터 기형발생물질에 민감해진다(Santrock, 2001).

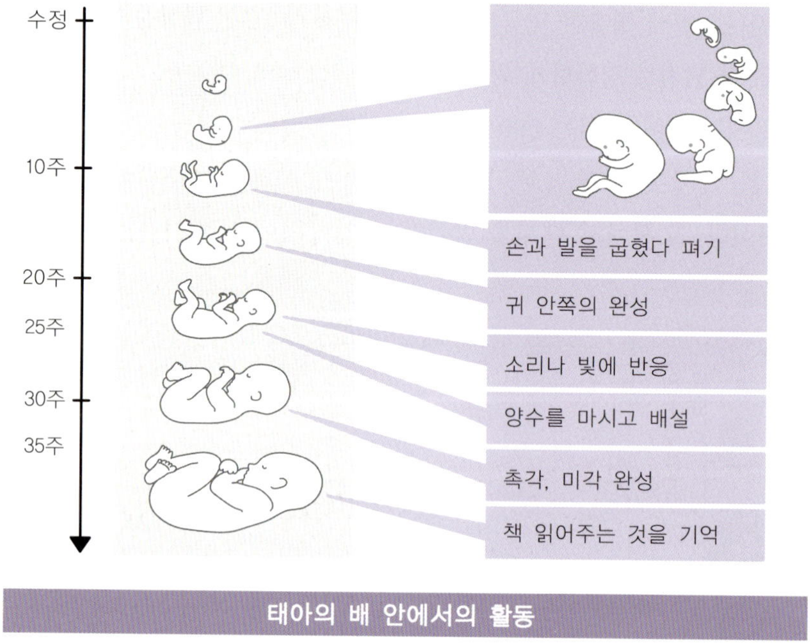

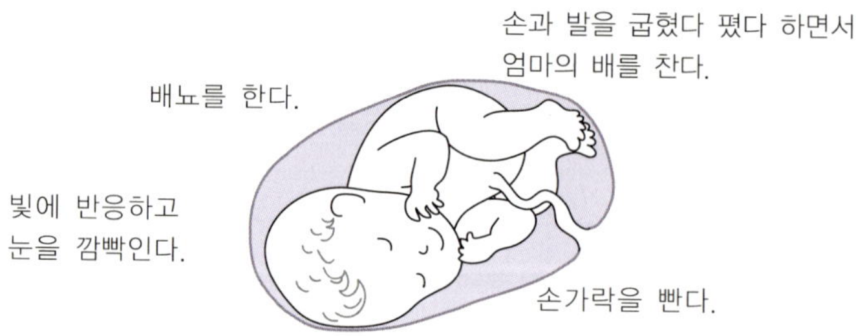

[그림 3-7] 태아기의 감각기관의 발달

출처: 植木(2013).

〈표 3-2〉 배아기와 태아기의 자발(自發)운동의 발달

자발운동의 종류	최초로 관찰된 시기
움찔함	8주
딸꾹질 함	8~9주
전신의 움직임	9주

자발운동의 종류	최초로 관찰된 시기
팔과 다리의 움직임	9주
머리의 움직임	9~10주
손과 얼굴의 접촉/ 하품/ 입의 움직임	10주
혀의 움직임	11주
빨고 마심	12주
눈의 움직임	16~23주

출처: 明和 · 鈴木(2012, Jacque(2004), 재인용).

3. 태내발달에 영향을 미치는 요인

하나의 생명체는 수정되는 순간부터 유전과 환경의 영향을 받게 된다. 수정의 순간에 인간 생명체인 태아는 성의 구분, 유전적 특성, 발달의 여부 등 전 생애에 큰 영향을 미치는 모든 발달 특성을 갖게 된다.

1) 염색체 이상

우리 몸은 23쌍의 염색체를 가지고 있다. 23쌍의 염색체 중 22쌍은 체염색체이며 마지막 23번째의 염색체는 성염색체인데 이 성염색체에 의해 성이 결정된다(그림 3-8). 여성의 성 염색체는 두 개의 X염색체로 되어 있으며 남성의 성염색체는 X염색체 1개와 Y염색체 1개로 이루어져 있다.

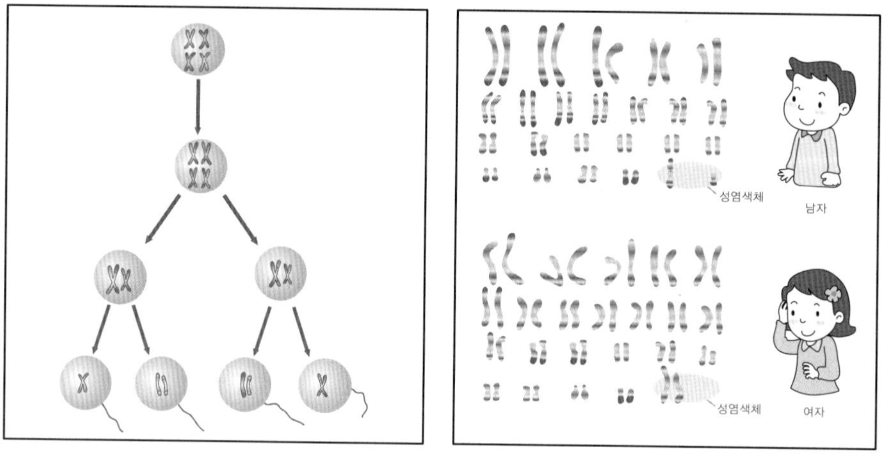

[그림 3-8] 23쌍의 인간 염색체
출처: 보건복지부, 대한의학회(1995).

(1) 다운증후군(Down's syndrome)

다운증후군은 염색체 결함에 의한 대표적인 장애로, 수정란이 감수분열 할 때 21번째 염색체가 제대로 분열되지 못하여 한 개의 염색체가 덧붙여져 46개가 아닌 47개의 염색체를 가지는 경우에 발생한다(그림 3-9). 다운증후군은 산모의 나이가 많을수록 발생 확률이 증가하고, 약 90%는 어머니 쪽이 원인으로 되어 있다. 난자가 노화현상으로 질이 떨어지거나 폐경에 이르면 에스트로겐의 분비가 감소되어 감수분열의 속도가 느려져서 염색체가 정확하게 이분되지 않는다.

특징은 머리는 대체로 정상아보다 작고, 머리 뒤가 납작하며, 낮은 코와 짧은 목, 입을 벌리고 있는 경우가 많으며, 혀를 잘 내미는 특징을 가지고 있다. 다운증후군 영아는 대개 병에 대한 저항력이 약하며 심장질환, 백혈병, 특히 호흡기 질환에 걸리기 쉽고 평균 수명이 짧다. 다운증후군의 영아들은 생후 첫 6개월 동안은 정상적으로 발달하는 것같이 보이나, 2세경이 되면 지적 발달이 떨어져 주위의 복잡한 정보에 주의를 기울이거나 변별하고 해석하는 데 어려움을 겪는다.

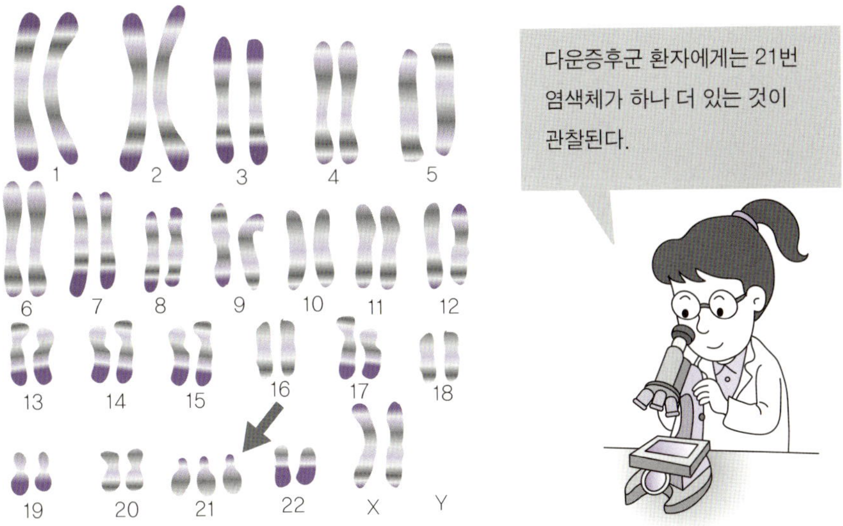

[그림 3-9] 다운증후군 환자의 염색체

출처: 보건복지부, 대한의학회(1995).

(2) 클라인펠터증후군(Kleinfelter's syndrome)

정상 남아의 성염색체 XY에 X염색체가 하나 더 붙은 XXY 패턴으로, 남자이지만 X염색체가 하나 더 있는 것이다. 2차 성징이 나타날 때, 고환이 작고, 턱수염이 적으며 여성처럼 유방이 발달되어 있다. 대개 사춘기 이전에는 진단되지 않으며, 경미한 정신지체가 동반된다.

XYY증후군으로 불리는 XYY 유형의 남아는 키가 매우 크고 2차 성징의 발달은 정상이나 공격성이 강한 것으로 알려져 있다.

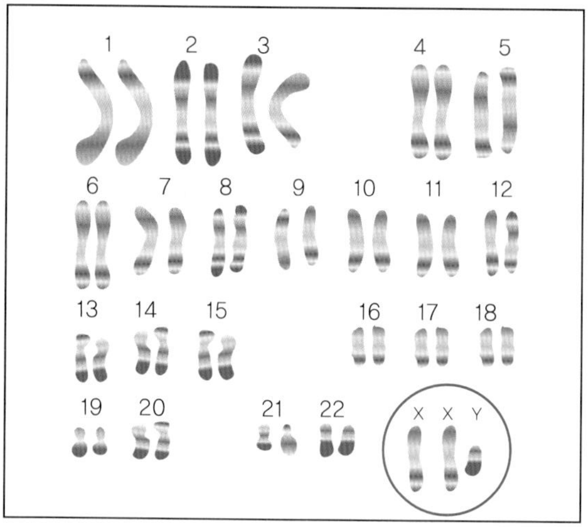

[그림 3-10] 클라인펠터 증후군

(3) 터너증후군(Turner's syndrome)

여자의 X염색체가 하나 모자라서 XX가 아닌 XO가 되거나 두 번째 염색체가 부분적으로 결손되었을 경우 나타나는 질환이다. 이러한 여아의 경우 키가 매우 작고, 익상경(어깨와 목 사이가 날개 모양) 등의 신체적 특성을 보인다. 이들은 여성의 생식기능기관을 가지고 있지만 생식 능력이 결핍되어 난소가 기능하지 못하여 임신하기 힘들다.

트리플 X 증후군으로 불리는 XXX 유형은 X염색체가 하나 더 있어서 일반 46개의 염색체가 아닌 총 47개의 염색체가 있는 경우이다. 어머니의 생식세포 감수분열 시 X염색체의 비분리 현상이 원인이다. 산모가 고령일수록 발생빈도가 높아진다. 키가 평균 이상으로 크고 언어적 지능이 떨어지며 경미한 지능 저하의 특징을 보이나 2차 성장발달과 외형적 성장은 큰 문제가 없다.

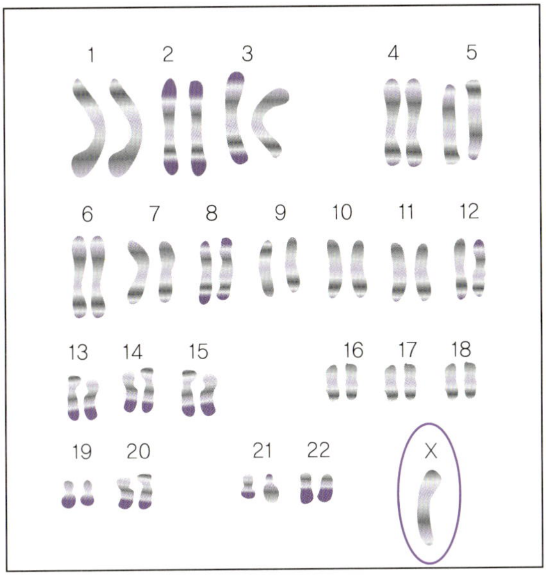

[그림 3-11] 터너 증후군

2) 환경적 요인

임산부가 먹는 음식, 복용하는 약물, 질병, 연령, 정서적 상태는 모두 아기에게 영향을 준다. 이러한 영향은 수많은 사례를 통해 증명된 바 있다. 매년 수천 명의 기형아와 정신지체아가 태어나는 것은 어머니의 삶에 특정한 사건이 발생했기 때문이며, 이러한 사건들은 빠를 경우 임신 한두 달 전에 일어난 것이기도 하다(Bailey, Forget, & Koren, 2002).

(1) 니코틴

어머니가 흡연자인 경우에는 태아 및 신생아 사망률이 높아질 뿐만 아니라 조산아 및 저체중아, 유산, 호흡장애아 출생 빈도도 높아진다(Bush et al., 2001; Larsen et al., 2002). 니코틴은 태반의 움직임을 약하게 하고, 일산화탄소가 적혈구와 결합하기 때문에 태아와 임산부가 이용할 수 있는 산소가 결핍하게 된다. 산소 결핍은 태아의 성장에 악영향을 미치게 된다. 또한 태아의 뇌에 산소공급을 중단시키므로 뇌에 치명적인 결과를 가져온다. 뿐만 아니라 어머니의 흡연은 출생 시 신생아의 체중하고도 관계가 있다. 어머니가 흡연을 안 하는 경우에 신생아의 출생 시 몸무게는 평균 3.4kg, 하루 1~20개 피울 경우 3.2kg, 하루 20개 이상을 흡연할 경우는 3.0kg의 아기가 출생한다고 보고하고 있다(明和 · 鈴木, 2012 재인용). 또한 간접흡연도 태아의 발달에 영향을 미치며 흡연을 하는 임신부의 심리상태도 태아에게 영향을 미치는 요인으로 지적될 수 있다. 임신부가 흡연을 할 경우 태아가 지체를 보일 확률은 2배 정도 높아지며, 음주와 흡연을 모두 할 경우 4배로 증가한다(Dworetzky, 1990). 따라서 임신부는 반드시 흡연을 중단해야 한다.

(2) 음주

임신부가 음주를 할 경우 태아알콜증후군(FAS: Fetal Alcohol Syndrome)이 발생하여 출생 시 저체중아가 되고, 태아의 성장 장애를 일으키며, 심장 및 순환기, 사지, 두부, 안면의 기형을 가져올 수 있다. 이 아이들 대부분의 지능은 평균 이하이고 일부는 정신지체아이다(Bookstein et al., 2002). 알코올은 유산, 조산의 위험을 증가시키므로 임신 중에는 섭취를 중단하는 것이 태아의 뇌 발달을 위해서 꼭 필요하다. 임신 기간 중에 알코올을 섭취한 어머니의 아이는 그렇지 않은 어머니의 아이들에 비하여 IQ가 낮은 비율이 3배 정도 높게 나타났다(Streissguth, Barr, Sampson, Darby, & Martin, 1989).

(3) 약물복용 및 주사 사용의 제한

임신 초기인 3~8주 사이에 복용하는 약물은 기형아의 발생률을 높인다. 마약이나 환각제 복용 등은 심할 경우 태아 사망률도 증가시킨다(Dworetzky, 1990). 수정 후부터 임신 12주 초까지는 태아 내부의 모든 기관이 형성되는 시기이므로 이 시기의 약물은 태반을 통해 태아에게 전달되어 치명적인 영향을 줄 수 있으므로 각별히 조심해야 한다. 태아에게 엄청난 악영향을 미칠 수 있다. 마리화나나 헤로인 같은 환각제나 마약의 복용은 태아의 염색체 이상, 출산 시의 저체중이나 황달, 호흡기 장애를 유발하며 유산의 가능성이 증가하고 짜증이나 수면장애, 한시도 가만히 있지 못하는 등의 금단 증상이 나타날 수 있어 태아에게 좋지 않다(Cook & Cook, 2004). 태내에서 마리화나에 노출된 영아는 11세가 되었을 때 학습과 기억 능력이 떨어진다(Richardson et al., 2002). 또한 헤로인에 중독된 임산부로부터 태어난 영아도 떨림, 짜증, 비정상적인 울음, 수면장애 및 운동능력 조절 장애를 보인다(Hulse et al., 2001). 이러한 결과들 때문에 의사들은 임산부들에게 되도록 약물을 복용하지 않도록 권장하고 있으며 부득이한 경우에만 의사와 상의한 후 약품을 사용하여야 한다.

(4) 임산부의 영양상태

태아는 태반과 탯줄을 통해 모체 혈액 속의 영양분을 공급받아 성장하므로 모체의 영양상태는 태아발달에 영향을 미치는 가장 결정적 요인이다. 임산부가 영양을 잘 섭취하지 못하면 태반이 잘 자라지 못하게 되고 태반이 나빠지면 태아에게 영양공급이 어려워지므로 태아의 뇌 발달에 부정적인 영향을 미칠 수도 있다. 임신 3~4개월까지는 임산부의 영양상태가 태아의 뇌 발달에 미치는 영향은 적다. 그러나 임신 중기부터는 태아는 모체로부터 철분을 흡수해 자신의 혈액을 만들기 시작하므로 산모는 모체와 태아를 위해 철분을 공급하는 것이 좋다. 특히 출산 전 3개월은 태아가 급속한 발달을 하는 시기이므로, 이 시기의 영양결핍은 태아의 발달에 결정적인 영향을 미친다. Korones(1981)는 어머니의 영양이 부족하면 유산과 사산, 저체중 출산아, 심각한 중추신경계 장애나 신체적 기형아를 출산할 가능성이 커진다고 보고하고 있다.

(5) 임산부의 정서상태

모체와 태아는 모든 신체 조직이 서로 연결되어 있으므로 어머니가 경험하는 불안이나 공포 등 부정적 정서는 자율신경계를 자극하여 아드레날린 분비를 촉진해 혈액을 통해 태반으로 들어가게 되어 태아발달에 영향을 주게 된다. 이 밖에 임산부가 임신 중에 큰 충격을 받았거나 좌절을 겪은 경우에도 자연유산이나 조산이 되기 쉽다. 이것은 임신 기간 중에는 정서적 안정이 중요함을 의미하는 것으로 임산부의 건강을 위해 남편과 가족들의 협조가 필요하다.

(6) 어머니의 연령

태아의 정상적인 발달은 어머니의 연령과 관계가 있다. 임신적령기는 대개 20~35세 사이이며 17세 이하 또는 35세 이상인 임산부의 태아는 유전적 이상의 비율이나 신생아 사망률이 높다. 최근 증가추세에 있는 10대 임신은 자궁발달의 미숙, 심리적 불안정의 문제가 있어 조산아 출산율이 높고, 태어난 영아 사망률도 20대 어머니로부터 태어난 영아 사망률의 2배에 가깝다. 이러한 차이는 10대 어머니의 생식 기관이 미성숙하기 때문이기도 하지만, 임신 기간 중 영양부족, 경제적 여건, 주의 부족 때문이기도 하다(Lenders, McElrath, & Scholl, 2000). 한편, 점점 더 많은 여성들이 가정을 이루기 전에 직장 생활을 확고히 하고 싶어 하기 때문에 출산을 30대까지 미루고 있는데 35세 이상의 산모에게는 미숙아의 출생 가능성도 높으며 다운증후군을 가진 아기를 출산할 가능성이 상당히 증가한다(Steinberg & Meyer, 1995).

(7) 환경오염

방사선, 화학 약품 및 기타 우리가 살고 있는 현대 산업사회에서 생성되는 오염 물질들은 태아를 위험에 빠뜨릴 수 있다(Grigorenko, 2001; Hoffman, 2001). 방사선은 난자와 정자의 DNA을 손상시킨다. 임신 중에 방사선을 쬐면 배아나 태아에게 기형이 발생한다.

방사선 외에도 최근에 환경오염 물질과 유독성 폐기물 또한 태아에게 위험한 요인이다. 이러한 위험 물질과 폐기물에는 일산화탄소, 수은, 납 등이 포함된다. 이는 미숙아나 저체중아 출산을 증가시키고 두뇌 손상이나 신체적 기형을 초래할 수 있다.

(8) 아버지의 영향

아버지도 태아에게 영향을 미친다. 아버지가 납 등의 유독물질에 노출된 직업을 가진 경우 저체중아를 출산하는 비율이 높은 것으로 나타났다(Brooks, 1991). 아버지의 연령도 태아와 관련된 중요한 변수로서 고령의 임산부가 그러하듯이 고령의 아버지 또한 자녀에게 출생 시 결함을 유발할 수 있다. 즉, 다운증후군, 머리와 사지에 기형을 초래하는 마판증후군, 왜소증 등은 어느 정도는 아버지의 고연령과 관련이 있다.

〈표 3-3〉 발달 문제와 위험 요인

위험요인		태아에게 일어날 수 있는 결과
생물학적 위험 요인	알코올	저체중, 태아 알코올 증후군
	마리화나	조숙아, 저체중
	코카인	저체중 출산
	흡연/니코틴	낮은 지적 발달, 호흡곤란
	음주	심장결함, 기형아, 정신지체아
환경적 영향	산모의 스트레스	낮은 지적 발달
	납/방사선	지적장애, 기형아
	산모의 영양상태	낮은 지적 발달/학습장애
	고령의 산모	미숙아

4. 태내 진단검사

태내기는 인간발달이 시작되는 중요한 시기로, 태내기 진단을 통해 적절한 분만방법과 태아를 위해 필요한 의학적 준비를 할 수 있다. 최근에 사용되는 태내검사방법으로 양수검사, 초음파검사, 융모막검사가 있다.

1) 양수검사(Amniocentesis)

양수검사는 임신 초기에는 양수가 적어 최소 임신 15~20주 사이에 시행한다. 임신 기간 중 태아의 문제나 염색체 이상을 알아보기 위해 산모의 양막 아랫부분에서 소량의 양수를 채취하여 염색체나 신진대사장애를 알아보는 검사를 양수검사라고 한다(그림 3-12). 대개 한 번의 시술로 끝나고 통증이 심하지 않기 때문에 마취는 시행하지 않는다. 양수검사가 필요한 경우는 임신 중기 혈액검사를 통한 기형아 선별검사에서 양성 소견을 보이는 경우, 초음파 검사에서 비정상 소견이 보이는 경우, 과거 염색체 이상이 있는 태아를 임신한 적이 있는 경우, 산모의 나이가 35세 이상인 경우, 그리고 전문의가 판단하에 검사가 필요한 경우에 시행한다. 양수검사는 99.9% 정도로 기형아 여부를 알 수 있다(한국일보, 2009). 염색체 이상과 관련 있는 기형이 발견되었을 때 유산하기에는 위험이 따른다는 단점

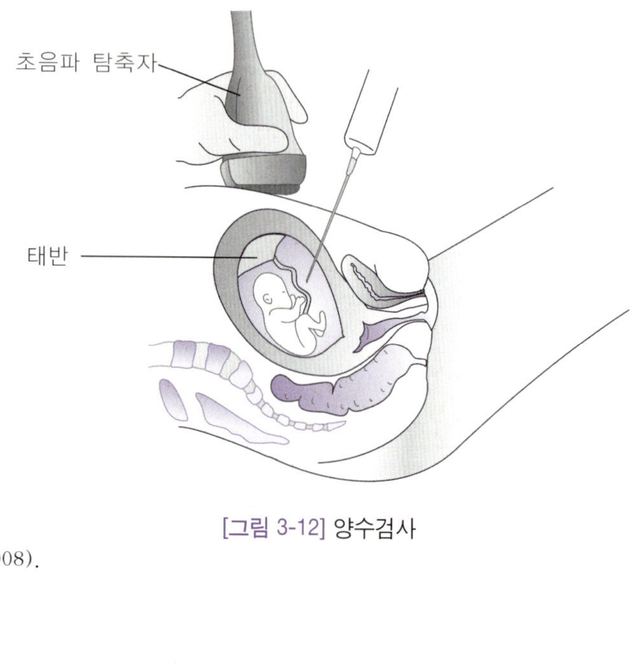

[그림 3-12] 양수검사

출처: Berk(2008).

이 있다. 양수검사는 임신 14주 이전에는 양수를 충분히 얻을 수 없으므로 하지 않는다. 실제 검사시간은 30초 내외이며 검사결과를 알기 위해서는 약 2주 정도가 걸린다(Berk, 2005).

2) 초음파 검사(Ultrasound)

초음파 검사는 임산부의 배에 초음파를 투사해 자궁 내부의 사진을 찍어 자궁과 태아의 상태를 모니터를 통해 태아발달 이상을 하는 것이 간편하고, 검사 시 환자가 편안하며, 인체에 해가 없기 때문에 영상 검사 중 가장 기초가 되는 검사로 임신 11~14주 이후에 가능하다. 자궁 외 임신, 쌍생아 출산 가능성, 난소와 자궁 이상 등을 알 수 있다. 초음파 검사는 80% 정도로 기형아 여부를 알 수 있다(한국일보, 2009).

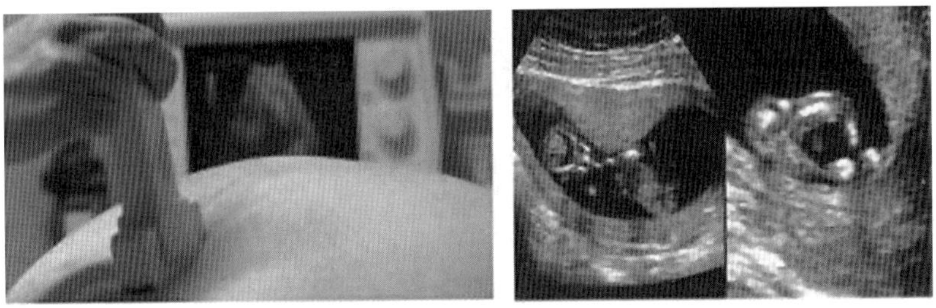

[그림 3-13] 초음파를 통해 본 태아의 모습

3) 융모막검사(Chorionic villus sampling)

융모막검사는 기형아 검사이며 임신 초기(9~14주)에 한다. 임신하고 처음 2개월 동안 태아를 둘러싸고 있는 외부막인 융모막의 표본을 융모(융모막에서 생산하는 머리카락처럼 생긴 조직)와 함께 채취해서 분석하는 것을 말한다. 이 검사에서는 매우 가느다란 관을 넣어 자궁의 태반에서 몇 개의 세포를 떼어내는데 태아와는 접촉하지 않는다. 융모에 있는 유전 물체는 성장하고 있는 태아가 가지고 있는 동일한 유전체이므로 융모를 유전 검사에 사용할 수 있다(UW Medicine, 2009). 융모막검사는 산모의 나이가 35세 이상인 경우, 두 번 이상 연속 자연유산된 경우, 임산부 및 배우자 또는 근친이 염색체 이상이 있는 경우, 초음파상 태아의 기형이 발견된 경우에 필요한 검사이다. 이 검사를 통해 태아의 염색체를 평가해서 유전적인 이상을 알아낼 수 있다. 검사 결과를 알기 위해서는 약 10일 정도가 소요된다.

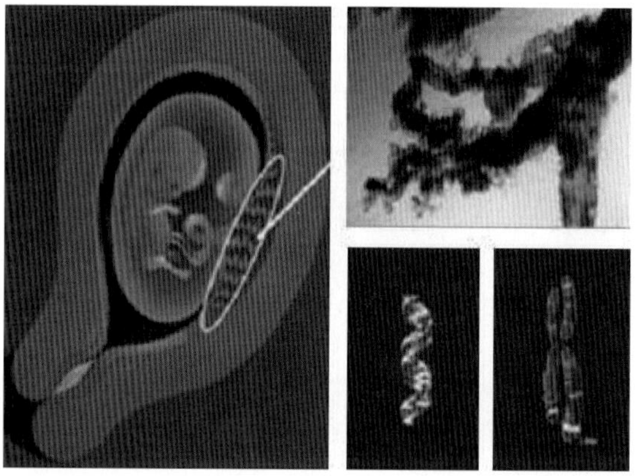

[그림 3-14] 융모막검사

출처: http://www.hamchoon.com

제4장

출산과 신생아

출산이란 모체의 자궁 내 태아와 태반을 포함한 그 부속물이 만출력에 의해 산도를 통과하여 모체 밖으로 배출되는 현상을 말하며 분만이라고도 한다. 출산은 수정으로부터 280일, 약 10개월경에 이루어진다. 예정일에 분만하는 산모는 4~5% 정도이며 분만예정일보다 1~2주 정도 늦게 출산하는 경우가 대부분이다. 예정일을 중심으로 4주 사이에 출산하게 되면 이를 모두 정상 분만으로 간주한다.

10개월을 못 채우고 출산을 하게 되면 조산(早産)이라고 한다. 출산과정은 개인의 인생에서 스트레스를 가장 많이 받는 사건 중 하나이다. 그러므로 건강한 아기의 탄생을 위해 엄마는 출산 전에 미리 몸과 마음의 준비를 해야 한다.

신생아는 출생 후 첫 1개월 동안의 아이를 말한다. 신생아는 작은 생명으로 태어나 외부환경에 적응해야 한다. 외부세계에 적응하느라 일시적인 체중 감소도 있지만, 일반적인 생각과는 달리 상당한 정도의 적응능력을 갖추고 있다. 이 장에서는 출산에서부터 신생아에 대해 살펴보고자 한다.

1. 출산

출산의 시작을 알리는 징후로는 이슬과 진통, 파수이다(그림 4-1). 개인에 따라서 어떤 한 증상이 우선적으로 나타나기도 하고 동시에 복합적으로 출산의 증상을 보이기도 한다.

이슬은 질에서 나오는 혈액이 섞인 점액 덩어리이다. 자궁 경부의 확장으로 양막의 일부가 자궁벽에서 떨어지면서 생기는 혈액이 섞인 분비물이다. 이슬이 비친다는 것은 자궁의 입구가 열리며 출산을 준비하는 표시이다. 그러나 이슬이 보인다고 바로 진통이 시작되는 것은 아니다. 대부분 이슬이 비치고 10시간에서 3일 뒤에 진통이 나타나므로 침착하게 입원준비를 하는 것이 좋다.

진통은 자궁이 수축함으로써 일어나는 현상으로, 처음에는 간헐적이고 미약하나 점차 규칙적으로 되고 시간 간격이 좁아지며 강도가 세어진다. 처음에는 20~30분 간격으로 10~20초간 지속되다가, 점점 진통과 진통 사이의 간격이 짧아져 10분 이내로 오면서 진통 강도가 심해진다. 처음 아기를 낳는 초산부와 출산 경험이 있는 경산부는 진통의 지속 속도와 출산의 진행과정에서 차이가 있을 수 있다.

파수는 자궁 입구가 열리는 순간에 태아와 양수를 싸고 있던 양막이 찢어지면서 양수가 흘러나오는 것으로, 출산이 임박했음을 알리는 신호이다. 대부분은 진통이 시작되고 분만이 진행되면서 파수되는 것이 보통인데, 20~30%는 진통 없이 자궁 입구가 완전히 열리기 전에 양수가 먼저 흐르는 조기 파수를 경험하게 된다. 조기 파수는 쌍생아, 노산 등의 경우에 주로 발생하며 난산이 되는 경우가 많다. 보통 임신 37주 이후 분만하는 경우를 만삭 분만, 임신 37주 이전에 분만하는 경우는 조산 또는 조기 분만이라고 칭한다. 또한 임신 42주 이후에 분만하는 경우는 과숙 분만이다.

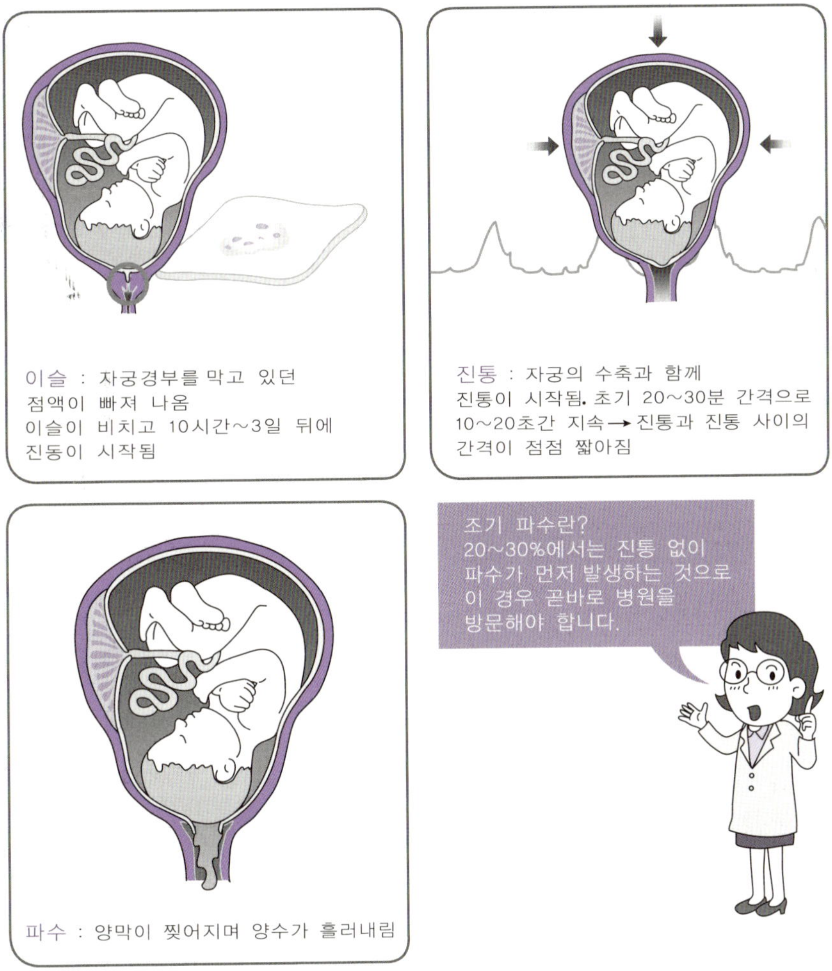

[그림 4-1] 출산 시작 증세

출처: 보건복지부, 대한의학회(1995).

1) 출산의 과정

이슬이 보이고 진통이 오고 자궁구가 전부 열린 다음 양막이 파열되면 양수가 나오는데, 이때부터 바로 분만이 이루어진다. 분만은 개구기, 출산기, 후산기의 3단계로 나누어진다(그림 4-2).

(1) 제1단계: 개구기

출산과정 중 가장 긴 단계로, 진통이 시작되어 자궁경부가 태아의 머리를 통과시킬 수 있을 정도(10~12cm)로 열릴 때까지의 시간을 말한다. 자궁이 규칙적으로 수축하여 태아를 밀어 내리는 작용을 하고 태아가 밀려 내려오면서 자궁경부는 점점 넓어진다. 초산부는 평균 12시간, 경산부는 약 6시간이 걸린다. 출산이 많아질수록 이 시간이 줄어든다. 처음에는 약 20분 간격으로 진통이 약 15초 동안 짧게 일어나다가 점점 더 강하고 빈번하게 일어나서 개구기가 끝날 무렵에는 2~3분 간격으로 60~90초 동안 매우 강하게 나타난다.

(2) 제2단계: 출산기(만출기)

태아 출산기는 자궁 입구가 10cm 이상 완전히 열려 아기가 산도(아이를 낳을 때 태아와 그 부속물이 모체 밖으로 배출되는 통로)를 통해 모체 밖으로 나오는 시기이다. 강한 진통이 아기를 밀어내게도 하지만, 모체가 힘을 주면 태아를 산도 밖으로 밀어내는 데 도움이 된다. 이때는 자궁 수축 간격이 짧아져서 매 2~3분마다 진통이 오며, 초산인 경우에는 약 50~80분, 경산인 경우에는 20~30분 정도 걸린다.

(3) 제3단계: 후산기

아기가 출산 후 자궁이 수축되면서 태반과 탯줄이 자궁벽에서 떨어져 나와 양막과 함께 배출되는 것을 말한다. 아기가 출산된 후 조금 있다가 약한 진통이 오며, 5~15분 정도로 세 단계 중 가장 짧다. 출산이 끝나고 자궁은 임신 이전의 크기로 되돌아가기 위해 또 다시 약간의 진통을 겪게 되는 것이다.

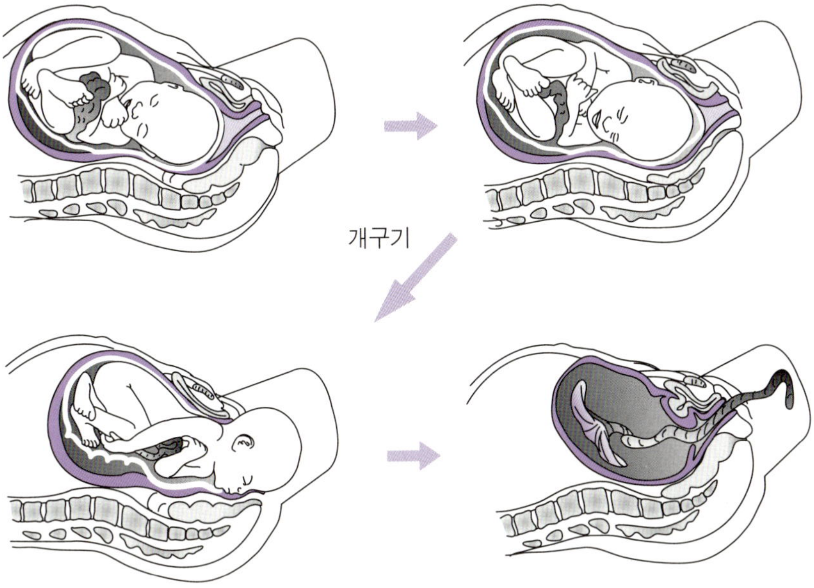

[그림 4-2] 분만과정

위와 같은 출산과정에서 발생할 수 있는 문제들이 있다. 태아가 산도를 통과하는 과정에서 분만이 순조롭게 진행되지 않는 경우 난산의 문제가 생기는데 그 원인은 개별적인 상황에 따라 매우 다양하지만 일반적으로는 전치태반, 조기 파수 등이 있다. 또한 출산 직후의 문제로는 출산과정에서 모체를 통해 산소공급이 중단된 후 아기가 스스로 호흡을 못하거나 탯줄이 꼬여서 산소공급이 원활하게 되지 못하는 경우 산소결핍현상이 발생할 수 있다. 짧은 순간의 가벼운 산소결핍은 별 문제가 되지 않지만 3분 이상 지속되는 산소결핍은 뇌신경세포를 손상해서 뇌성마비나 정신지체 등의 치명적인 결과를 초래할 수 있다(Nelson & Ross, 1980).

2) 분만법

분만은 의학의 기술이 발전하면서 더욱 다양해지고 있다. 분만방법의 유형에 대해 살펴보고자 한다.

(1) 유도분만

출산 예정일이 1~2주 이상 지났는데도 진통이 오지 않으면 담당 의사는 유도분만을 권하게 된다. 유도분만은 약물을 사용해 강제로 자궁을 열어 출산하는 것이다. 유도분만의 방법으로는 먼저 태아를 둘러싸고 있는 양수막을 인위적으로 터지게 하는 방법, 또는 옥시토신이라는 호르몬을 정맥에 주사하여 분만을 유도하는 방법 등이 있다(Berk, 2005). 옥시토신은 혈관주사를 통해 주입하며 규칙적으로 진통을 유발시켜 자궁경부를 확장시키고, 태아가 하강하도록 도와주는 역할을 한다. 자연 진통이 있는 임신부는 촉진제를 쓰더라도 유도분만이라고 하지 않고 촉진을 시킨다고 말한다.

(2) 자연분만

자연분만은 말 그대로 자연의 섭리대로 아기를 낳는 방법을 말한다. 많은 문화권에서 자연분만은 산모가 누워 있는 상태에서 출산하였으나 앉아서 출산하는 문화도 있다. 진통의 고통을 이겨내고 처음부터 끝까지 엄마와 태아의 힘으로 치러낸다는 점에서 가장 완벽하며 이상적이다. 아기를 밀어내기 위해서 산모는 복부 근육을 사용하므로 체력이 좋은 산모라면 더 쉽게 분만할 수 있다. 하지만 긴 시간 지속되는 분만으로 인해 산모가 지쳤다면 아기를 밀어내는 힘의 효과가 덜할 것이다. 또한 제왕절개보다 출혈이 적고 질을 통해 분만하므로 산욕기 감염도 적다. 산모와 태아가 건강하고 산도, 만출력(아기를 밀어내는 힘), 태아의 힘, 이 세 요소가 잘 조화되면 누구나 순산할 수 있다.

(3) 라마즈 분만법

라마즈 분만법은 파블로프의 고전적 조건화 이론을 토대로 프랑스의 의사인 라마즈(Femand Lamaze)가 1970년대 개발한 분만법으로, 출산 시 고통을 줄여주는 정신 예방적 분만법이다. 라마즈 분만은 연상법, 이완법, 호흡법을 반복적으로 훈련하여 출산 시 진통을 완화하면서 출산을 빠르게 진행시킨다. 진통이 시작되면 산모에게 기분 좋은 일이나 즐거웠던 일을 생각하게 하여 고통을 분산시킨다. 또 출산 시에 적절한 호흡법을 적용하여 산모와 태아에게 충분한 산소를 공급한다. 훈련을 통해 산모의 진통을 감소시켜 출산 진행을 빠르게 유도한다(임신출산육아대백과, 2006). 출산 전에 산모는 출산 시 이 방법들을 자연스럽게 적용할 수 있도록 꾸준히 연습해야 한다. 이 분만법은 남편의 적극적인 참여가 중요한데, 임신 28~34주의 산모 남편을 대상으로 4~6주에 걸쳐 체계적인 교육이 필요한 분만법이다.

(4) 그네분만

1995년 스웨덴에서 처음 시작된 분만법이다. 그네분만은 '로마분만대'라는 특수한 기구를 이용하는데, 우리나라에서는 이 분만대가 그네처럼 움직인다고 해서 그네분만이라고 불린다. 그네분만은 산모가 출산하기 편하게 다양한 자세를 취할 수 있어서 근래에 인기를 얻고 있다. 진통 중인 산모는 그네에 앉아서 골반을 전후, 좌우로 흔들 수 있고 좌식 분만 자세를 취할 수 있어 고통이 훨씬 줄어든다. 근육의 이완에도 도움이 된다. 산모가 능동적으로 분만에 참여할 수 있어 진통 시간을 줄이고 제왕절개의 빈도를 줄일 수 있다.

[그림 4-3] 그네분만
출처: http://parckyoung78.blog.me/100136219649

(5) 수중분만

고대로부터 내려오던 자연분만법 중 하나이다. 수중분만은 양수와 똑같은 조건으로 만들어진 35~37℃의 물속에서 아기를 분만하는 방법이다. 무엇보다 남편과 함께 물속에서 출산과정을 같이하기 때문에 산모에게 큰 안정감을 줄 수 있다. 누운 자세가 아닌 앉은 자세로 분만하는데, 앉은 자세에서 골반이 가장 잘 벌어지고 힘을 주기도 쉽기 때문이다. 양수와 비슷한 환경이므로 출산 시 태아의 상태가 편안하며, 산모 역시 진통에 대한 두려움과 긴장이 줄어들고 자궁 수축으로 인한 통증과 불편함도 줄일 수 있다. 그러나 태아감염 및 모성 감염의 위험이 있고 수중 진통 시 태아에 대한 지속적인 감시가 어렵다는 단점이 있다.

(6) 르부아에 분만법

프랑스 산부인과 의사인 프레드릭 르부아예(Frederik Leboyer)에 의해 고안된 것으로, 『폭력없는 탄생』이라는 저서를 통해 산모의 고통뿐만 아니라 산도를 통해 밖으로 나오는 태아의 고통에 대해서 관심을 가져야 한다고 주장하는, 태아를 배려한 출산방법이다(임신출산육아대백과, 2006). 우선 태아의 감각 중 가장 발달한 감각이 청각이므로 출생 시 주변 환경을 조용하게 한다. 분만실의 의료진은 침묵을 지켜야 하고 산모도 아기가 태어나는 순간만큼은 고통스러워도 소리 지르지 않고 참아내야 한다. 아기가 태어나면서 받을 수 있는 스트레스를 최소한으로 하기 위해 그리고 어두운 자궁 안에서 나온 태아의 시력을 보호하고 안정감을 주기 위하여 아기의 형태만 알아볼 수 있을 정도로 분만실의 조명을 어둡게 한다. 또 출산 후 탯줄을 자르지 않은 상태에서 산모의 품에 안도록 하여 모자(母子) 간의 유대감을 형성한다(Leboyer, 1994). 아기에게 최고의 휴식처를 제공하는 것이다. 탯줄 호흡에서 폐호흡으로 원활하게 전환되도록 분만 5분 후에 탯줄의 박동이 그친 후 탯줄을 자른다. 출산 후 태아를 자궁과 같은 따뜻한 온도의 물에서 목욕시키며 중력에 적응할 수 있도록 욕조

안에서 잠시 놀게 하는 방법이다. 그러나 이 분만법의 단점은 어두운 불빛 때문에 의료진이 분만 시 발생하는 위험에 민감하게 대처하지 못하거나 신생아가 물에 들어감으로써 감염의 위험이 커진다는 점과 산모는 출산의 고통을 마음껏 표현할 수 없다는 것이다(Chon, 1975).

(7) 제왕절개

제왕절개수술은 외과수술에 의한 자연분만에 대응되는 것으로, 임신부의 복부를 절개하여 태아를 출산하는 것이다. 자연분만에 비해 산모와 태아에게 미치는 위험은 더 큰 것으로 알려졌다. 제왕절개가 필요한 경우는 골반이 좁아 태아의 머리보다 골반 크기가 작을 때, 임신중독증일 때, 출산 전에 양수가 터져 탯줄이 밖으로 나왔을 때, 그리고 유도분만에 실패했을 경우이다(추영국 외, 2000).

제왕절개술을 받은 임산부와 아기에게는 수술 후 회복하는 데 시간이 오래 걸린다. 마취약이 태반까지 투여될 수 있으므로 제왕절개로 태어난 아기는 반응을 잘 하지 못하고 호흡곤란을 겪을 수 있다(Cox & Schwartz, 1990).

2. 신생아(newborn, 출생~1개월)

출생 후 약 4주 동안의 아기를 신생아(라틴어로 neonatus)라고 부르고, 이 기간을 신생아기라 한다. 즉, 탯줄을 끊은 이후부터 배꼽이 아물 때까지이다. 학자에 따라서 신생아기를 생후 약 2주로 보는 경우도 있으나(Snow, 1998), 아기가 새로운 환경에 적응하는 데 걸리는 시간을 고려하여 생후 약 4주를 잡는 것이 일반적이다.

이 시기는 태아가 자궁 속에서 의존적으로 보호받던 생활에서 벗어나 독립적으로 바깥세상에 적응해 나가는 전환기로, 호흡이나 영양을 섭취하게 되어 급격한 변화가 일어나고, 이에 따라서 생리적 체중의 감소, 피부의 낙설(落

屑), 신생아 황달 등의 여러 현상이 일어난다.

출생 후 2~3시간 지나면 대상을 가만히 쳐다보는 행동(응시)이 나타난다. 눈의 구조는 신생아라도 성인과 거의 다르지 않지만, 성인과 같은 빛에 대한 감수성이 성숙하는 것은 만 1세 전후이다. 출생 후 2, 3주일은 모유나 목욕 시의 물의 온도, 의복 등의 피부감촉, 공복이나 만복, 신체의 안정 · 불안정 등의 상태를 느끼며 유쾌할 때는 잠을 자고, 불쾌할 때는 눈을 뜨고 운다.

1) 신체적 특징

신생아의 신장은 평균 51cm, 체중은 평균 3.3kg으로 머리가 크고 동체가 길며 하지가 짧고 팔이 다리보다 긴 것이 특징이다(그림 4-4). 출생 후 2~4일경까지는 신생아의 몸 표면에서 수분이 증발되고 섭취하는 수분양보다도 태변이나 소변으로 배설하는 수분량이 많으므로 체중은 출생 시의 약 5~10% 정도 감소한다. 이것을 신생아의 생리적 체중감소라 한다. 그러나 아이의 포유량이 점점 증가하고 어머니의 모유 분비도 순조롭게 증가하면 출생 후 7~10일이 경과하면 출생 시의 체중으로 돌아오고, 그 후 체중 증가는 순조롭게 늘어간다.

신생아의 머리 크기는 신체에 비해 크다. 머리 길이는 신장의 1/4 정도가 된다. 출생 직후의 아기들은 모체의 자궁 안에서 팔과 다리를 구부리고 있던 자세를 그대로 유지하기 때문에 신장에 비해 머리의 비율이 훨씬 크게 보이기도 한다. 출생 시의 머리둘레(34cm)는 가슴둘레(33cm)보다 1~3cm 크다. 그 후 머리 크기보다 가슴둘레의 성장이 커지고 생후 2~3개월경에는 가슴둘레는 머리둘레와 같은 크기가 되고 생후 1년이 지날 즈음이 되면 가슴둘레가 머리둘레보다 커지고 그 차이는 서서히 벌어지기 시작한다.

신생아의 머리 모양이 가끔 기형적이게 보이는 경우도 있으나 출산 시의 압박 때문이며 보통 3주 이내에 제 모양을 찾게 된다. 두개골을 이루고 있는 뼈는 아직 완전히 봉합되지 않아 완전히 결합하지 않은 머리뼈의 틈을 천문(숫구멍)이라고 불리는 연한 부분이 만져진다. 이로 인해 머리가 산도를 쉽게 빠져나올 수 있으며 뇌가 자라는 동안 머리도 함께 자랄 수 있게 해준다. 신생아의 머리뼈는 여러 조각으로 나누어져 있고 그 뼈들이 맞닿는 부분에 대천문과 소천문 각 1개씩, 전측 두천문과 후측 두천문 각 2개씩 해서 신생아의 머리에는 여섯 개의 천문이 있다. 정수리 앞쪽 마름모꼴 부분을 대천문(앞숫구멍, anterior fontanelle)이라 하고, 뒷부분을 소천문(뒤숫구멍, posterior fontanelle)이라고 한다. 대천문은 12~18개월 정도가 되면 닫히고 소천문은 생후 6~8주 정도가 되면 닫힌다. 그러나 영양상태가 좋지 못하면 더 늦게 닫히게 된다.

신생아의 뇌의 무게는 출생 시에는 어른의 25% 정도인 350~400g이다. 뇌의 발달은 영아기에 급속도로 이루어지므로 뇌 발달을 위해 신생아에게는 적절한 영양 공급이 이루어져야 한다.

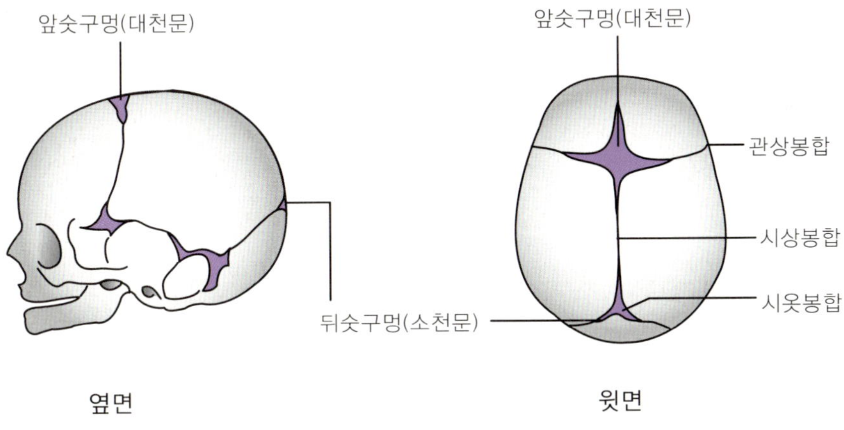

[그림 4-4] 뇌의 구조

출처: cstkorea.com

신생아의 골격은 성인의 연골 206개보다 훨씬 많은 약 270개의 연골을 가지고 있다. 신생아의 골격은 부드러워서 출생과정에서 일어날 수 있는 마찰을 방지해 준다. 뼈의 화골화 과정은 생후 첫 1년 동안에 매우 빠르게 진행된다. 예를 들어, 출생 시 코는 주로 연골이기 때문에 분만압박에 의해 흔히 납작하게 된다.

신생아의 근육조직은 태내에서부터 발달된 것이기 때문에 출생 시 거의 완전하게 형성되어 있다. 팔과 손의 근육이 목과 다리의 근육보다 조금 더 발달되어 있다. 근육계는 근육조직의 크기와 성장은 세포의 수 증식보다는 근육의 크기가 커지는 비후(hypertrophy)현상에 의해 발달한다.

신생아의 피부는 붉은 빛을 띠고 있고 주름이 많으며 끈적끈적한 태지와 솜털로 덮여 있다.

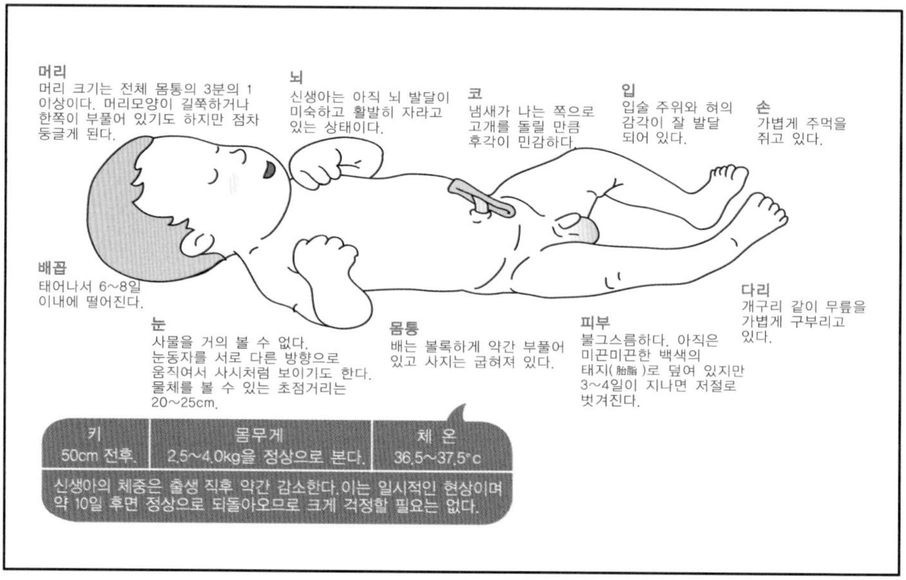

[그림 4-5] 신생아의 신체특징

출처: 신생아의 육아상식(http://blog.naver.com).

태지는 감염으로부터 태아를 보호하는 역할을 한다. 며칠이 경과하면 태지는 건조되어 사라지고 솜털은 빠진다(그림 4-5).

저체중 출생아 (Low birth weight infant) - 저체중아, 미숙아, 조산아

미숙아란 '조산아'라고도 하는데 재태주수(在胎周數) 37주에 태어난 아이를 말한다. 저체중 출생아(저체중아)란 재태주수에 상관없이 태어날 때의 몸무게가 2.5kg 이하인 아기를 말한다. 1.5kg 미만인 아기는 극소 저체중 출생아, 1kg 미만인 아기는 초극소 저체중 출생아라 한다. 체중 미달아가 출생하는 주요 원인으로는 어머니의 영양 부족 또는 흡연을 꼽을 수 있다(Chan, Keane, & Robinson, 2001; England et al., 2001).

저체중아, 미숙아는 정상 신생아들보다 성장·발달이 느린 것이 특징이다. 폐가 미숙하고 호흡에 관여하는 근육의 힘이 부족하므로 호흡보조 장치가 필요하다. 미숙아, 저체중아는 출생하기에 영양섭취가 불충분하고 갈색지방 부족으로 열 생산이잘 안 되어 저체온에 빠지기 쉽다. 모체로부터 철분, 칼슘, 인, 비타민 등을 충분히 받지 못했기 때문에 영양공급이 잘 안 되어 체내저장이 부족하다(최영균, 2008). 당장에 모유나 인공영양 섭취가 어려울 뿐 아니라 스스로 체온 조절을 못하는 경우가 대부분이고 질병 노출 위험도 높아 가벼운 질병에도 심하게 앓을 수 있다. 저체중 출생아는 성장기 동안 과체중이나 비만 상태가 될 경우 정상적으로 출생한 아이에 비해 고지혈증, 당뇨병, 고혈압, 심장혈관질환 등 대사증후군 위험성이 커진다. 또한 성조숙증, 주의력결핍과잉행동장애(ADHD)와 같은 신경·인지기능, 신기능, 폐기능, 청력 저하 등의 다양한 위험에 노출될 수 있다(김호성, 2015).

2) 생리적 기능

(1) 호흡 · 맥박 · 체온

호흡은 신생아가 공기를 접하자마자 나타나는 반사적인 것으로, 출생 후 약 20~30초 이내에 시작하게 된다. 생후 1주일 동안은 불규칙한 호흡을 하고 1분에 40~50회 정도 호흡한다. 출생 후 5분 이내에 이루어지지 않으면 아기는 영구적인 뇌손상을 입는다.

맥박은 출생 당시에는 1분에 120~140회 정도로 빠르게 뛰며 수일이 지난 후 120회 정도로 줄어든다.

체온은 성인보다 다소 높은 37~37.5℃이다. 출생 직후에 체온은 급격히 떨어지고 떨어진 상태로 약 8시간 지속되다가 다시 정상으로 돌아온다. 아직은 체온 조절 기능이 미숙한 상태에 있으므로 의복으로 조절해 주어야 한다. 체중이 미달된 신생아의 경우 태내기의 마지막 2개월 동안에 집중적으로 발달되는 지방이 부족하여 체온 유지가 어려우므로 각별히 신경 써야 한다.

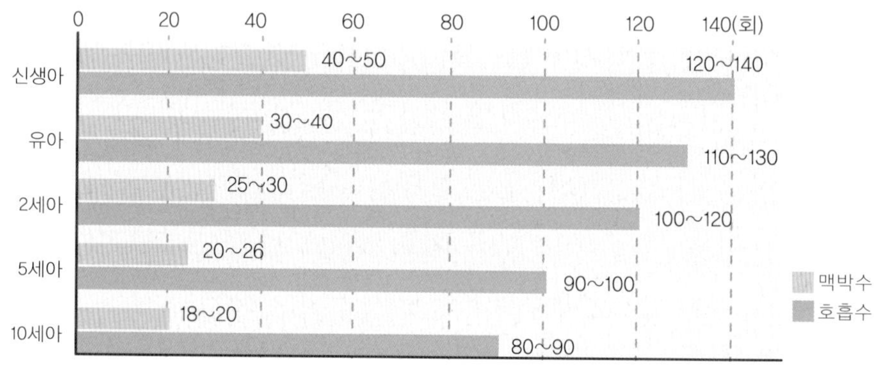

[그림 4-6] 1분간의 호흡수와 맥박수

(2) 수유

모유는 신생아에게 가장 이상적인 음식이다. 출산 후 1~2일 사이에 젖이 나오기 시작하는데, 이를 초유라고 한다. 초유는 색깔이 진하고 단백질과 무기질이 많고 탄수화물과 지방은 적으며 질병에 대한 면역체를 다량 함유하고 있으므로 가급적 먹이는 것이 좋다. 신생아는 출생 직후부터 배고픔을 나타내거나 젖을 먹기 위해 빨기반사와 삼키기반사 행동을 한다. 신생아의 수유는 한꺼번에 많이 먹지 못하므로 보통 2~3시간 간격으로 하루에 적어도 7~8회 이상 하고 위는 식도와 연결하는 위의 주변 근육이 아직 미숙하고 위 모양이 어른과 달리 수직이어서 젖을 먹인 후 트림을 시켜줘야 한다.

수유는 단순하게 아기의 공복을 채워준다거나 피부 접촉을 하는 것뿐 아니라 의사소통의 기초를 이루는 중요한 의미를 지니고 있다(그림 4-8).

[그림 4-7] 트림 시키기

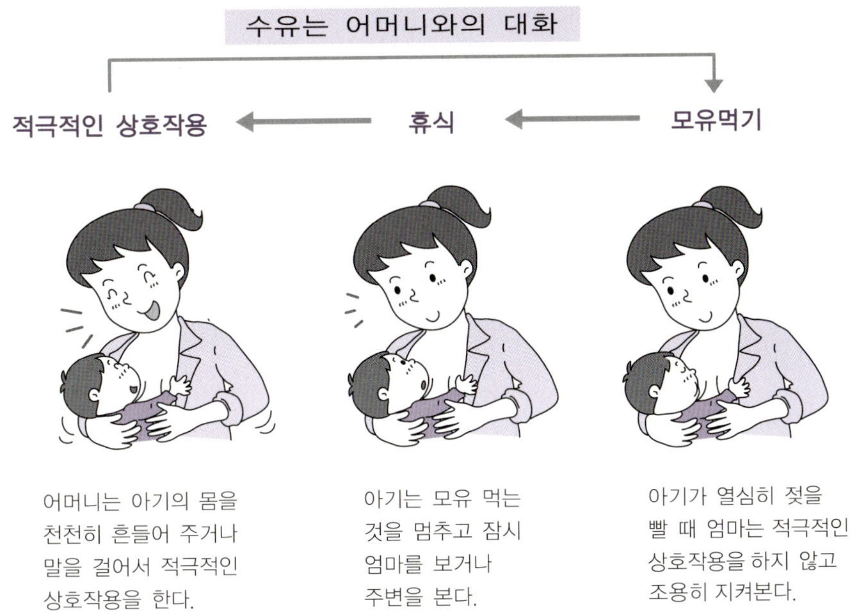

[그림 4-8] 수유는 어머니와의 대화

출처: 林(2012).

모유와 우유

모유는 우유에 비해 영양학적으로 매우 우수하다. 모유는 아기의 성장발육에 필요한 물질을 모두 포함하고 있다. 모유의 면역성분은 신생아의 호흡기와 위장감염을 예방하며, 우수한 단백질과 각종 영양성분은 두뇌 신경의 발달을 돕는다. 아기에게서 나타날 수 있는 알레르기를 예방할 수 있으며, 젖을 빠는 힘과 근육운동은 신생아 턱 근육의 발달과 치아배열에도 도움을 준다.

우유는 모유보다 칼슘과 단백질이 많아서 소화가 잘 안 되며, 또한 지방은 입자가 커서 위에 부담을 주는 동시에, 소화장애로 80% 정도만 흡수될 수 있다.

생후 3~4일이 지나면 신생아 황달이 나타난다. 신생아의 황달은 태아형 헤모글로빈이 파괴되면서 생산된 다량의 빌리루빈 색소가 간에서 담관으로 배출되어야 하는데 신생아는 간의 대사 능력이 아직 미숙하여 혈액 및 간세포에 빌리루빈이 축적되어 피부와 눈동자가 노랗게 나타나는 것이다. 보통 태어난 지 24시간이 지난 후에 생기며, 3일째에 심하고 대개 출생 후 1~2주 정도 지나면 간 기능이 원활해지면서 황달은 자연스럽게 사라진다. 대부분 큰 문제 없이 좋아지지만 심한 황달을 치료하지 않는 경우 신경계에 손상을 줄 수 있다. 그러므로 회복이 잘 안 되는 경우는 의사에게 보이는 것이 좋다.

(3) 배설

대변은 태아가 태중에서 손가락을 빨 때 마신 양수인데 출생 후 1~2일경에 검고 끈적끈적한 배변을 말하며 생후 1시간 이내에 나올 수도 있으나, 보통은 생후 10시간이 경과한 후에 배설하게 된다. 태변의 성분은 주로 섬유질이며, 색깔은 암녹색으로 생후 4일부터 없어지게 된다. 모유냐 우유냐에 따라 변의 색깔이 조금 다르고 횟수도 다르다. 모유를 수유하는 신생아는 누른색의 부드러운 변으로 하루 3~4회, 인공유를 수유하는 신생아는 엷은 노란색의 단단한 변으로 하루 1~2회 변을 보게 된다. 태변이 배출되고 몸의 수분이 증발함에 따라 일시적으로 약 5% 정도 체중이 감소하지만, 어머니의 젖을 먹으면서 체중은 다시 늘어나기 시작한다. 만약 젖이 충분하지 않아 아기의 체중이 늘어나지 않으면 아기는 황달에 걸릴 위험이 높아진다.

소변은 색깔도 엷고 냄새가 거의 없다. 출생 후 첫날의 소변량은 약 15mL이며, 때로는 생후 24시간 동안 소변이 나오지 않는 경우도 있다. 만일 생후 2일이 경과해도 소변을 보지 않으면 이때는 신속한 조치가 요구된다. 하루에 10~18회 정도로 자주 소변을 보는데, 개월이 증가할수록 소변의 양은 증가하고 횟수는 점차 줄어든다.

(4) 수면

신생아들은 하루의 대부분을 잠으로 보내며, 평균 15~20시간 동안 잠을 잔다(그림 4-11). 수면에는 불규칙한 수면인 REM 수면(Rapid Eye Movement sleep, 활성 수면)과 비 REM 수면(Non-Rapid Eye Movement sleep: 조용한 수면)으로 구별된다. REM 수면은 얕게 꿈을 꾸는 듯한 불규칙한 수면으로 눈꺼풀 아래의 눈동자가 움직이고 심장박동수와 혈압, 호흡이 매우 불규칙한 것이 특징이다. 비 REM 수면은 거의 미동도 없고 심장박동수가 안정적이다. 눈동자가 거의 움직이지 않으며 안락한 얼굴표정과 함께 호흡이 느리면서 규칙적으로 나타난다. 잠을 자는 동안에는 비 REM 수면과 REM 수면 활동이 계속 번갈아 나타나지만, 나이가 들수록 REM 수면의 비율이 점차 줄어든다(de Weed & van den Bossche, 2003). 즉, REM 수면과 비 REM 수면이 거의 50%씩 나타나는 것을 알 수 있다(그림 4-9). 대체로 6~8주가 되면 수면시간은 현저하게 줄어든다. 24개월경에는 12시간 정도로 감소한다. 점차 하루에 잠자는 시간은 감소하지만, 그것과 함께 수면시간에서 차지하는 REM 수면량도 감소한다. 신생아는 3~4시간 자고 나서 조금 깨어 있다가 다시 자는 것을 반복한다. [그림 4-10]에서 보듯이 수면패턴도 연령에 따라 변화한다. 연령이 증가할수록 낮 동안의 수면시간이 짧아지고 밤의 수면시간은 길어진다.

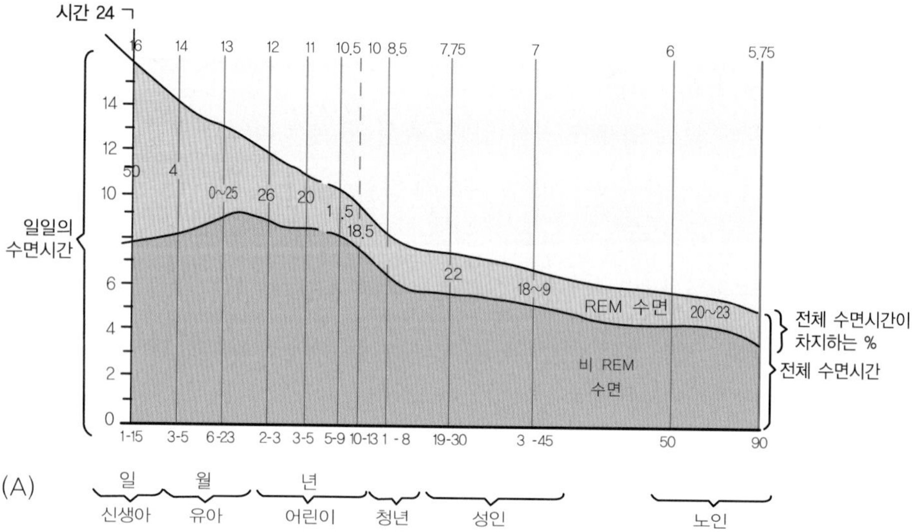

[그림 4-9] REM 수면과 비 REM 수면의 출현율 추이

출처: Santrock(2004).

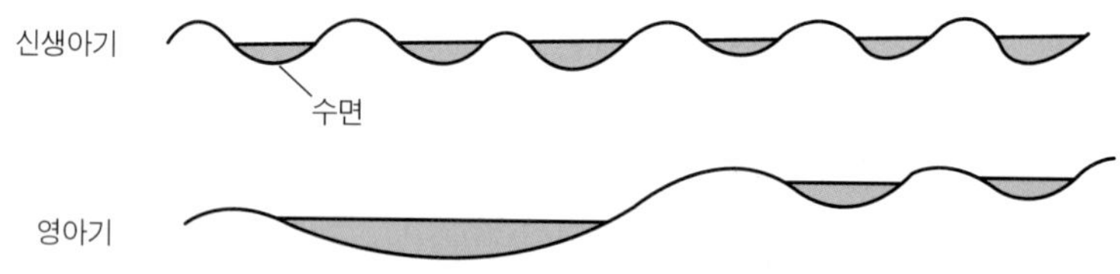

[그림 4-10] 수면패턴의 변화

출처: 大阪保育研究所(2005).

신생아의 수면

미국수면재단(NSF: National Sleep Foundation)이 NSF의 학술지 '수면 건강(Sleep Health)' 최신호에 주요연령대별 권장 수면시간을 수정했는데, 신생아의 수면 권장 시간은 14~17시간(종전 12~18시간)/ 적당 11~13시간 또는 18~19시간/ 부적당 11시간 이하 또는 19시간 이상으로 발표했다(TV리포트, 2015. 2. 4).

신생아의 수면을 위해서는 실온, 환기, 채광, 소음, 침구 등에 유의한다. 수면 중에는 아이의 상태를 자주 확인한다. 얼굴에 모포, 수건 등이 덮어져 있지 않은지, 젖을 먹은 뒤에 토하는 일은 없는지에 대해 살펴야 한다.

신생아가 목을 가눌 수 없는 상태에서 엎드린 잠은 질식의 우려가 있기 때문에 침구는 요가 너무 부드럽지 않은 것을 사용한다.

(5) 울음

신생아의 첫 울음은 첫 호흡을 의미한다. 만일 울지 않은 상태로 방치하면 산소 부족으로 심각한 뇌 손상이 유발될 수 있다. 정상아의 경우 하루 중 2~11% 정도 울며, 출생 후 첫 6주 동안은 울음이 계속 증가하다가 그 후 차차 감소한다. 울음은 신체발달에 있어 폐의 용량을 증가시키고, 심장과 호흡체계의 활동을 조직하고 활성화하는 매우 중요한 기능을 한다. 또한 울음은 배고픔, 불편함, 분노 등 양육자에게 주는 신생아의 욕구 표현이기 때문에 양육자는 신속히 그 원인을 잘 식별할 수 있어야 한다. 특히 신체적 질병이 있는 신생아나 조산아 또는 분만 시 문제를 경험한 아기 등은 정상적인 아기들에 비해 더 많이 울며, 또한 신경에 거슬리는 불쾌한 울음을 울게 된다(그림 4-11).

울음의 차이는 소리의 높이, 크기(퍼지는 정도), 리듬으로 보여지는데, 첫째, 고통스러울 때는 산소를 들여 마시고자 숨차 하는 것부터 시작되어 다음에 길게, 높게, 소리가 올라가고 그 후 한순간의 휴식이 있고, 다시 처음부터 반복된다. 둘째, 기본적인 울음은 리듬적으로 올라갔다가 내려가고 호흡할 때 중간에

끊어진다. 아이가 공복이거나 관심을 받고 싶을 때 이와 같은 울음소리를 낸다. 셋째, 불만을 호소할 때는 저음으로 울리고, 훌쩍훌쩍거리는 것과 같이 들린다. 이와 같이 아기의 울음소리는 우리에게 주는 신호이다(羽仁 · サライ, 2000).

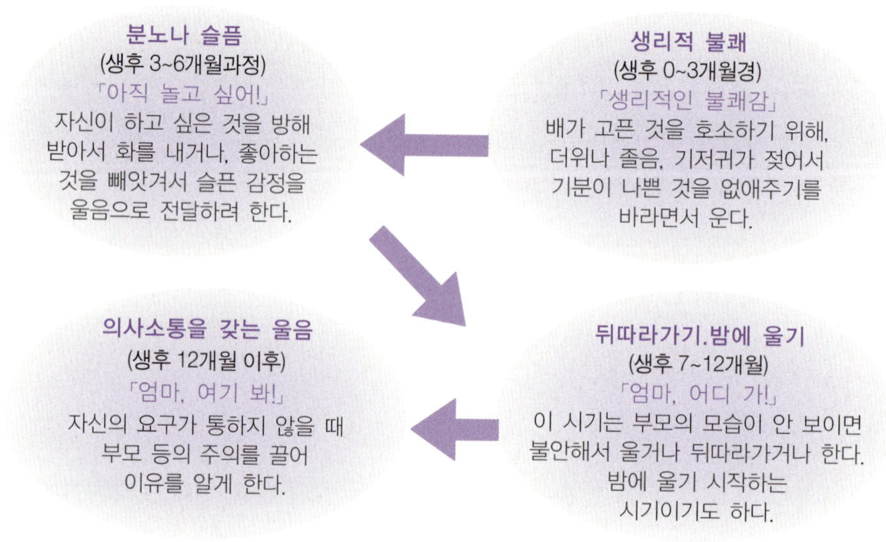

[그림 4-11] 울음 방식의 발달

출처: 林(2012).

3) 감각기능

감각이란 주위 환경으로부터 주어지는 여러 가지 자극을 오관을 통해 받아들이는 것을 말한다. 신생아의 감각기관은 태어날 때부터 비교적 잘 발달되어 있으며, 감각기능을 통하여 자신의 환경을 탐색하며, 이러한 감각적 경험을 통해 적응능력이 발달해 간다. 감각능력의 발달은 아기의 인지적 발달이나 운동능력 발달에 직접, 간접으로 영향을 미치게 된다. 신생아의 감각은 촉각, 미각, 후각, 청각, 시각 순서로, 그 시기에 꼭 필요한 만큼 발달한다.

신생아는 주로 감각을 통해서 대상의 성질을 인지하고 환경의 자극에 반응한다. 그러므로 감각기관의 발달은 신생아 지각발달의 기초가 되며, 아기의 인지 발달과 운동능력 발달에 큰 영향을 미친다.

(1) 촉각

신생아는 주로 촉각에 의존하여 주변 환경을 인지한다. 촉각은 태내기 중 가장 먼저 발달하는 감각이며 특히 입이나 손이 민감하다. 물건이 갖고 있는 감촉의 다름에 따라 반응하게 되는데 손에 부드러운 물건을 주면 손에 힘을 주어 꽉 잡고, 까실까실한 물건은 힘을 느슨한 채로 갖고 있다. 그리고 부모가 아기를 안아주거나 등을 토닥거려주거나 배를 가볍게 어루만져주거나 팔다리 등을 잡아주는 것과 같은 피부접촉을 통하여 부모와 자녀 간의 애착을 형성하며, 정서적 안정감을 얻는다. 또한 움직임에도 민감해서 천천히 흔들어주거나 안아주면 울음을 멈추거나 잠이 들게 된다(Field, 1990).

(2) 미각

신생아의 감각 중에서 미각은 거의 완전히 발달되어 있어 출생 시에도 여러 가지 맛에 대한 선호 반응이 나타난다. 생후 1일부터 젖의 냄새나 맛을 구별한다. 신생아는 단맛은 입맛을 다시며 긴 시간 동안 빨아먹으나 짠맛이나 신맛은 얼굴을 찡그리고 빨려고 하지 않는 경향을 보인다. 설탕물의 농도를 5%, 10%, 15%로 변화시키면 신생아는 단맛이 강한 쪽을 빠는 빈도가 높게 나타나는 것을 알 수 있다(大薮 薮, 2013).

(3) 시각과 모방

한 연구(Meltzoff & Moore, 1977)는 신생아가 출생 직후 성인의 얼굴표정을 따라 할 수 있는지를 실험하였다. 아래 왼쪽 그림 (a) 혀 내밀기, (b) 입 벌리기를 모방한 2~3주 된 신생아의 모습이다. 오른쪽 그림 (c) 성인의 표정을 모방한 2세 된 영아의 모습이다. 실험 결과 신생아들은 성인이 입을 벌리거나 혀를 내밀면 모방 능력을 보여주었다. 이처럼 신생아는 자신들이 느낀 것과 본 것을 신체의 움직임과 짝지으려고 능동적으로 시도함으로써 성인의 한 방식과 같은 방식대로 대부분 모방한다는 것이다(Meltzoff & Decety, 2003).

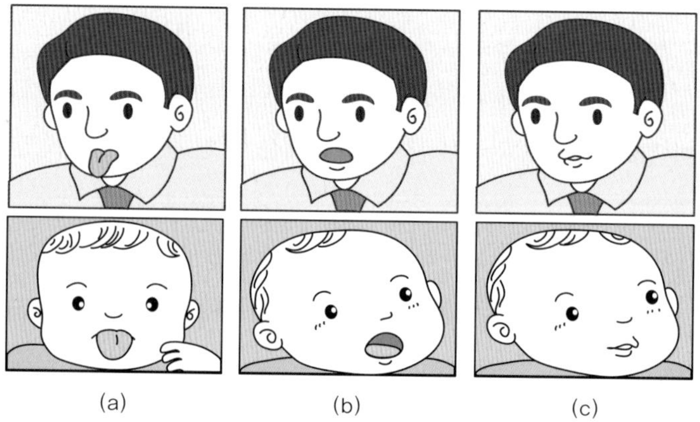

[그림 4-12] 모방능력

출처: Meltzoff & Moore(1977).

(4) 후각

출생 초기부터 발달되어 있으나 아직 다양한 냄새를 구별할 만큼 완전하게 발달되어 있지 않지만 불과 몇 주 이내에 여러 가지 다른 냄새를 구별할 수 있을 정도로 빠르게 발달한다. 신생아는 부패된 삶은 계란 같은 강한 자극적인 냄새에 얼굴을 찡그리고 고개를 돌리며 맥박과 호흡이 빨라진다. 반면, 단 냄새가 나면 냄새나는 방향으로 얼굴을 돌리며 맥박과 호흡이 느려진다. 한 실험(Macfarlane, 1975)(그림 4-13)에서 생후 6일이 된 신생아에게 엄마 젖 냄새를 묻힌 솜(a)와 한 번도 사용하지 않은 깨끗한 솜(b)를 제시했더니 신생아는 엄마 젖을 묻힌 솜 냄새를 선호하는 것으로 나타났다. 즉, 신생아는 냄새를 민감하게 변별하는 능력과 엄마의 젖 냄새를 인식하는 데 며칠간의 경험이 필요한 것이다.

(a)
엄마 젖 냄새를
묻힌 솜

(b)
한 번도 사용하지 않은
깨끗한 솜

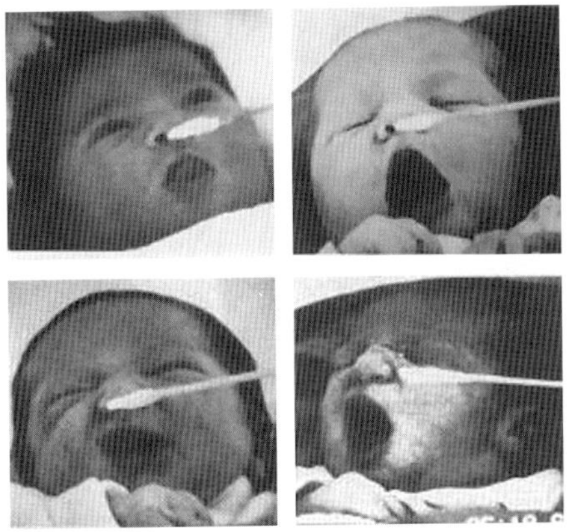

[그림 4-13] 엄마의 젖을 묻힌 솜 냄새에 대한 신생아의 선호

출처: Berk(2008).

(5) 청각

신생아의 청각은 태어나기 전부터 가능하다. 태내기 동안 엄마의 혈액이 흐르는 소리나 자궁을 통해 들려오는 외부 소리를 듣고 기억한다. 출생 후에는 사람의 음성이 영아의 감정을 움직이고 언어와 관련된 정보를 전달하기 시작한다. 소리가 나는 근원을 찾으려는 반응처럼 영아의 듣는 능력은 보는 능력과 동시에 발달하여 양자를 협응시키려는 반응을 보인다. 많은 연구결과에서 영아는 낯선 여자의 목소리보다 어머니 목소리를 들었을 때 그리고 외국어보다는 모국어를 듣고서 젖꼭지를 더 많이 빠는 것으로 나타났다(DeCasper & Fifer, 1980; Spence & Decasper, 1987). 이러한 결과는 태내에서의 청각적 경험이 출생 후 영아의 듣기 선호에 영향을 준다는 것이다. 임신 7개월경에 청각기능이 거의 완성되어 외부소리를 듣는 것이 가능하다. 그러나 출생 직후는 낮고 약한 소리에 반응을 잘 못하는 것처럼 보이는데, 이것은 귓속에 아직 양수 등의 점액이 차 있기 때문이다. 출생 2~4일 후에는 소리가 나는 방향으로 머리를 돌리는 등 위치를 알아낼 수 있다. 브래즐턴 박사는 신생아 건강의 기초가 되는 신생아 행동발달 검사법을 통해 신생아의 귀로부터 20cm 정도 떨어진 곳에서 종소리나 목소

리를 들려주면 아기의 눈동자와 고개가 소리가 들리는 쪽으로 향한다고 했다. 그 예로 생후 3일 된 신생아는 어머니의 음성과 다른 여성의 음성을 구별할 수 있으며, 생후 2주 된 신생아는 울음을 멈추고 어머니의 목소리를 듣고, 3주경에는 낯선 사람이나 아버지의 목소리보다 어머니의 목소리에 민감하게 반응한다. 4주가 되면 어머니의 음성을 완전히 식별할 수 있다고 보고하였다(Morse & Cowan, 1982).

(6) 시각

신생아의 시력은 0.03으로 비교적 덜 발달되어 태어나지만 양육자와 기본적인 상호작용을 할 수 있을 정도의 기초적인 시각능력은 가지고 있다. 그 초점거리는 눈으로부터 약 21cm 라고 말하고 있다. 이 초점거리는 신생아를 안았을 때 신생아의 눈으로부터 어른의 얼굴까지의 거리이다. 이처럼 신생아가 얼굴의 모형을 좋아한다는 것은 양육자에 있어서 큰 의미가 있는 것이다. 신생아는 출생 직후의 사람의 얼굴 보기를 좋아한다(Fantz, 1961; Freedman, 1974). 예를 들어, 최근의 한 연구에서, 출생한 지 10분 된 아기가 다른 시각적 자극들보다 사람 얼굴을 더 좋아한다는 것이 밝혀졌다. 신생아는 흐트러진 얼굴이나 빈 종이보다는 정확한 얼굴 쪽을 따라 그의 머리를 움직였다. 또한 신생아는 출생 직후 몇 시간 후부터 물체를 따라 눈을 움직일 수 있으나 눈의 구조나 시신경이 아직 미성숙하여 한 물체에 시선을 고정시키거나 초점을 맞추지 못한다. 가까이에서 돌봐주는 사람의 얼굴을 인식할 수 있는 정도이다. 출생 1~2주 후에는 물체에 시선을 고정시킬 수 있게 되고 형태 식별은 어려우나 색체 식별이 가능하여 명암과 색 차이를 구별할 수 있다. 출생 초기의 신생아의 눈은 사시경향이 있으나 점차적으로 눈의 협응 기능이 완성되면서 생후 1개월 이후부터는 사라진다.

(7) 통각

신생아의 통각에 대한 것은 별로 밝혀진 것이 없지만, 출생 후 3~4일이 지나면 급격히 발달한다. 신체 부위에 따라 통각을 느끼는 정도가 다르다는 것을 알 수 있다. 예를 들어, 신생아는 배가 고프면 소화기관에서 오는 위의 통증은 참기 어려워 울어대지만 다른 신체 부위의 통증에 대해서는 무감각함을 보이기도 한다. 그러한 점을 이용하여 남아의 경우 태어난 직후 포경수술을 해주는 경우를 많이 보게 된다.

4) 정서발달

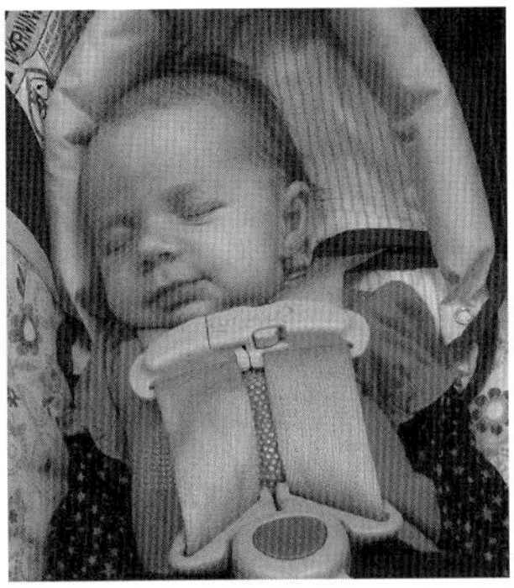

[그림 4-14] 자발적 미소

갓 태어난 신생아는 얼굴에 만족감과 괴로움을 나타내며 반사적으로 배냇미소를 짓는다. 출생 직후부터 미소가 나타나는데 처음 3주 동안, 아기는 보통 잠이 들려고 할 때 때때로 눈을 감은 채 미소 짓는다.이러한 미소를 자발적 미소(생득적 미소)라고 한다(그림 4-14). 사람을 향해하는 것이 아닌 이런 미소는 아직 사회적인 것은 아니다. 선천적, 반사적인 것으로 사회성이 포함되지 않는 미소로 아이가 램 수면일 때 나타나기도 한다.

약 3주경에는 사람의 목소리를 듣고 미소 짓기 시작한다. 이를 사회적 미소라고 할 수 있지만 아직 뚜렷한 것은 아니다(Freedman, 1974). 4주쯤에 신생아는 탐색하듯 의도적으로 얼굴을 빤히 쳐다보기 시작한다. 그리고 이 시기 신생아는 부드러운 감각적 자극에 움직이는 물체와 외부자극에 미소를 보이고 여러 가지 표정(기쁨, 분노, 무표정)의 얼굴사진을 보여주면 기쁜 표정의 얼굴을 더 오래 응시하는 경향을 보인다. 한편, 불쾌한 자극에 대해서는 울음으로 반응한다.

이상으로 신생아에게도 유쾌와 불쾌의 감정이 있는 것이다.

5) 반사운동

신생아는 손과 발 등의 신체 부위의 움직임을 할 수 있는데 이 움직임을 신생아 반사(newborn reflex)라 한다. 반사(reflex)는 우리 눈에 이물질이 들어가면 눈을 깜박거리는 것과 같이 외부의 자극에 대해 무의식적이고 자동적으로 보이는 반응을 말한다. 신생아기의 반사운동은 어떤 특수한 자극에 대해 일어나는 자율적인 반응을 의미한다. 대부분 생득적으로 가지고 태어나며, 몇 주 또는 몇 달 이내에 반사운동이 없어지는데 이것은 신경 조직이 발달되기 때문이다(Schaffer, 1993).

신생아 반사는 다양한 신생아 검사의 도구로 사용되며, 중추신경계 이상에 대한 중요한 행동적 자료를 제공한다. 신생아는 외부 자극에 여러 가지 반사 행동을 보이는데, 신생아의 반사운동에는 생존반사와 원시반사의 두 종류가 있다.

생존반사(survival reflexes)는 신생아의 생존에 필요한 것으로 근원반사(Rooting reflex), 빨기반사(sucking reflex), 눈 깜박거리기 반사(eye-blink reflex), 삼키기반사(swallowing reflex) 등이 있다. 그 밖에 생명을 유지하는 데 중요한 역할을 하는 반사로 구토, 재채기, 딸꾹질, 하품 등이 있다.

원시반사(Primitive reflexes)는 생존과는 무관하지만, 아기의 정상성 여부를 판단하는 데 중요하다. 원시반사는 대부분 4~6개월경에 사라지며 그 예로는 파악반사(grasping reflex), 모로반사(moro reflex), 바빈스키반사(babinski reflex), 수영반사(swimming reflex), 걷기반사(stepping reflex) 등이 있다.

(1) 근원 반사(먹이 찾기반사)

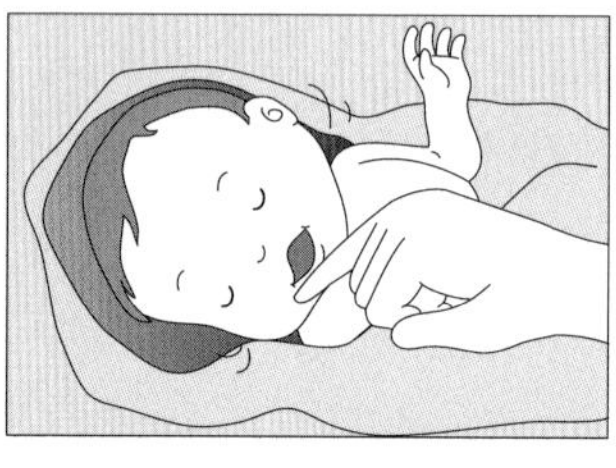

[그림 4-15] 근원반사

신생아는 입 주위에 자극을 주면 그 자극을 향해 고개를 돌리고, 입을 벌려 이것을 빨려고 한다. 이를 근원반사라고 한다. 신생아가 배가 고플수록, 또 입과 가까운 부분을 자극할수록 민감한 반응을 보인다. 이러한 근원반사는 음식물 섭취를 위한 생존적 행동으로 대개 생후 3~4개월경이면 사라진다.

(2) 빨기반사(흡입반사)

신생아는 입에 닿는 것은 무엇이든지 무의식적으로 빨려고 하는데 이와 같은 빨기반사는 먹이 찾기 반사와 마찬가지로 생존을 위해 타고난 반사이다. 모유를 먹기 위해 필요한 반사이다. 생후 얼마 동안에는 빨기반사로 젖을 찾아 먹는다. 빨기반사는 출생 직후 나타나서 3~4개월 이후 사라진다. 생후 1년경 이후부터는 의식적으로 빨게 된다(표 4-1).

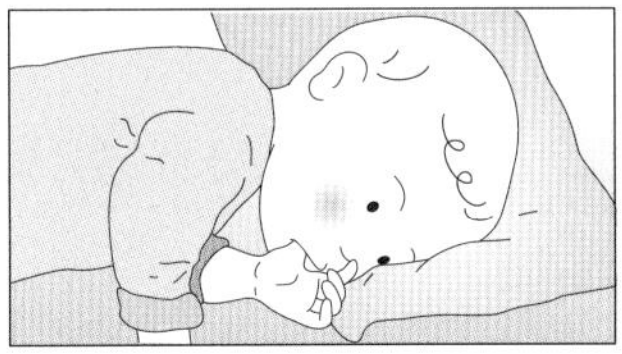

[그림 4-16] 빨기반사

(3) 눈 깜박거리기 반사

눈 깜박거리기 반사는 갑작스러운 밝은 빛에 노출되거나 각막 근처로 물체가 접근하면 눈을 깜박이는 것으로 일생 동안 지속된다.

(4) 삼키기 반사

삼키기 반사는 음식물이 구강후부에 닿으면 삼키는 반사운동이다. 일생동안 소실되지 않는다.

(5) 파악 반사

신생아의 손바닥에 어떤 물건을 쥐어주면 그것을 빼내기 힘들 정도로 꽉 쥐고 놓지 않는 현상을 파악반사라 한다. 이 행동은 의식적인 쥐기 행동이라기보다는 반사 행동이다. 손가락을 꽉 쥔 힘은 자신의 체중을 실어도 괜찮을 정도로 강하다.

[그림 4-17] 파악반사

그러나 아이가 알림 없이 압력을 해제할 수도 있으므로 주의를 해야 한다. 생후 3~4개월이 되면 의도적인 행동으로 대체되며 점차 사라진다.

(6) 모로반사

모로반사라는 이름은 이 반사를 발견한 오스트리아 소아학자 언스트 모로(Ernst Moro; 1874~1951)의 이름을 딴 것이다. 아기를 놀라게 하면 나타나는 현상으로 갑자기 큰 소리를 내거나 신생아를 안고 있다가 갑자기 2~3인치 아래로 내려놓으면 팔을 활모양으로 휜다. 또한 신생아를 똑바로 눕힌 채 누운 자리 근처를 양쪽에서 세게 두드리면 양팔을 쭉 벌리면서 무엇인가를 안으려고 하는 것 같은 자세를 취한다. 그 모습이 마치 아기가 앞에 있는 사람을 껴안으려고 하는 것 같다고 하여 껴안기 반사(embracing reflex)라 부르기도 하며, 아기가 놀라는 반응이라고 하여 놀람 반사(startle reflex)라 하기도 한다(Snow & McGaha, 2003). 생후 2개월 동안 가장 강하게 나타나고, 출생 후 3개월에서 4개월 정도가 되면 자연스럽게 사라진다. 생후 6~7개월이면 완전히 소실되며, 일생 동안 다시 나타나지 않는 반사이다. 특히 출생 시 뇌 손상 또는 두개골 내에 이상이 있으면 모로반사가 나타나지 않기 때문에 정상아 판별에 기준이 된다.

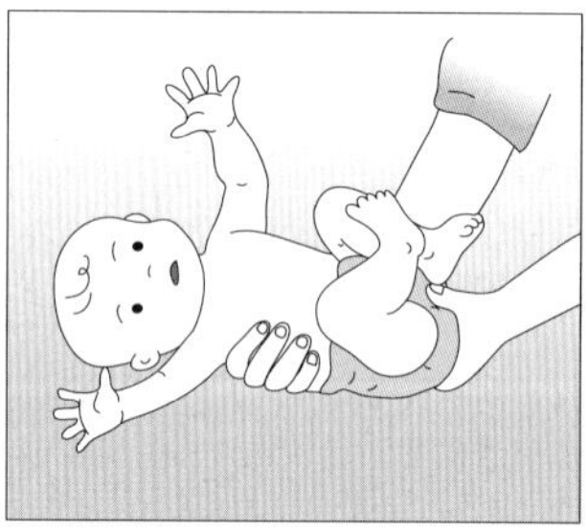
[그림 4-18] 모로반사

(7) 바빈스키반사

이 반사는 프랑스의 생리학자 조제프 바빈스키(Joseph Babinski; 1857~1932)가 발견하여 그의 이름을 따서 부른 반사이다. 바빈스키반사는 아기의 출생 직전에 발달하며 다른 신생아 반사에 비해 상대적으로 오래 유지된다. 신생아의 발

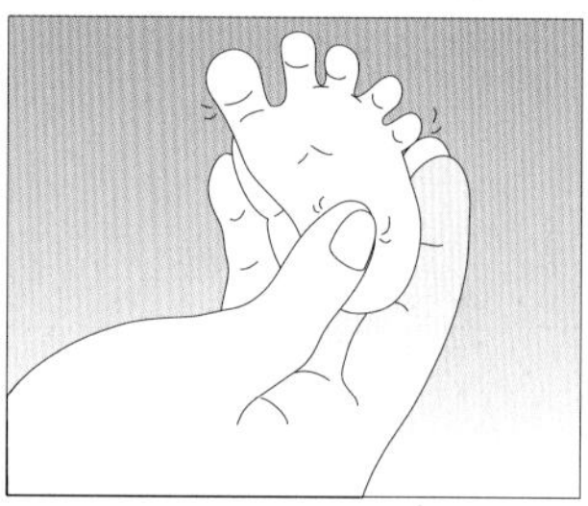
[그림 4-19] 바빈스키반사

바닥을 간질이면 발가락을 발등을 향하여 부채 모양으로 펼치는 반사이다. 보통 이 반사는 생후 9개월~1년 사이에 사라진다. 이 경로에 위치한 신경세포의 수초(myelin)가 성숙하는 시기가 약 생후 1년 정도이기 때문에 그전까지 이 반사가 관찰된다. 바빈스키반사는 척수와 피질을 잇는 신경계의 미성숙에 기인한다. 만약 성인에게서 바빈스키반사가 관찰될 경우 신경계 관련 장애가 의심된다.

(8) 수영반사

아기를 물속에 넣으면 물 위에 뜨기 위해 적절한 팔다리 운동과 호흡을 한다. 신생아의 배 부분을 수평으로 받쳐 주면 아기는 팔과 다리를 교대로 움직이며 입으로 숨을 쉬는 동시에 마치 수영하는 자세가 나타나는 것이다. 이 반사는 생후 4~6개월이면 사라진다.

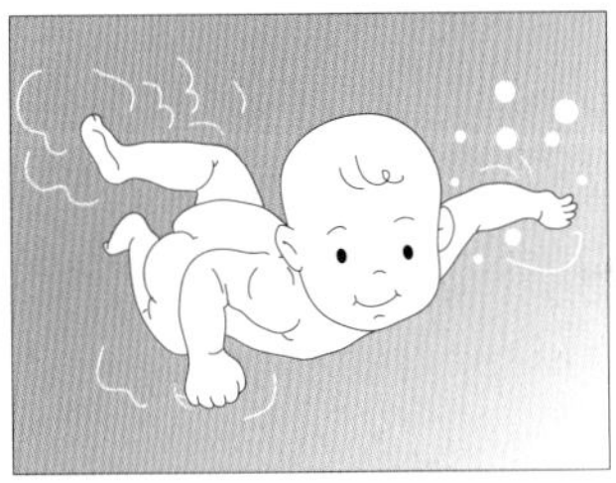

[그림 4-20] 수영반사

(9) 걸음마 반사

걷기 반사(stepping reflex)는 신생아가 출생 직후에 보이는 발 움직임 반사 행동 중 하나이다. 아이의 겨드랑이를 잡고 들어 올려 발바닥을 평평한 바닥에 닿게 하면 이들은 마치 걷는 것처럼 무릎을 구부려 발을 번갈아 짚으며 마치 걸음마 같은 동작을 하는 것으로 한쪽 발을 하나씩 떼는 행동을 보인다. 일반적으로 이 반사 행동은 뇌의 피질이 성숙하게 되면서 약 4개월 정도에 사라진다. 이 반사는 성숙해지면서 보행 동작을 하게 된다.

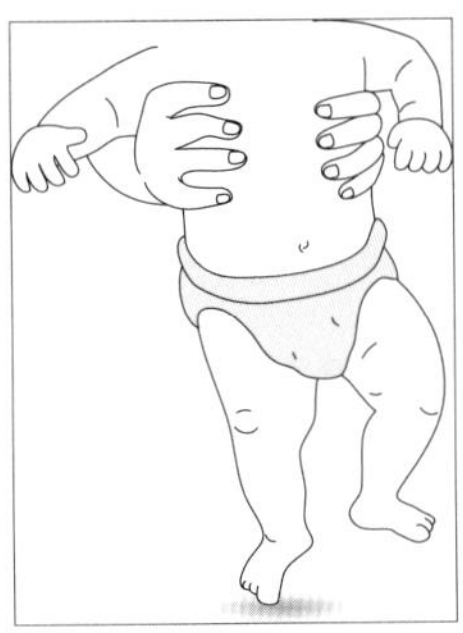

[그림 4-21] 걸음마 반사

(10) 토닉넥 반사(tonic neck reflex)

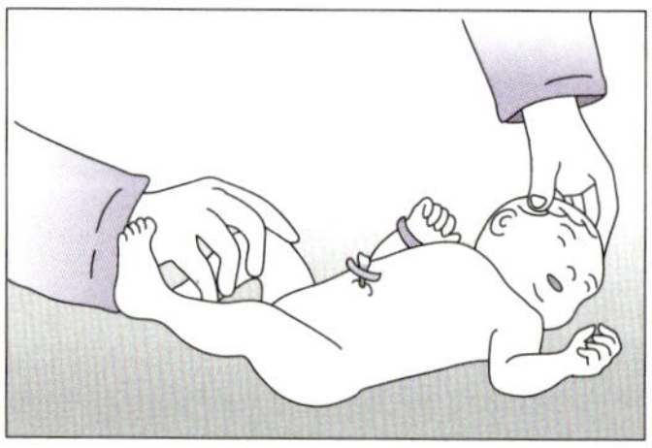

[그림 4-22] 토닉넥 반사
출처: Stven & Robert (2003).

토닉넥 반사(tonic neck reflex), 혹은 비대칭성 긴장성 목반사는 신생아의 등을 바닥에 닿도록 뉘어 놓은 상태에서 아기의 머리를 한쪽으로 돌리면 발생한다. 예를 들어, 만약에 아기의 머리를 왼쪽으로 살짝 돌리면 아기는 머리가 향한 방향의 팔과 다리는 곧게 펴고, 반면에 다른 쪽 팔은 머리를 향해 굽힌다. 이 모습이 펜싱을 하는 모습과 유사하다 하여 펜싱 반사(fencing position reflex)라 부르기도 한다. 토닉넥 반사는 대체로 4~6개월경에 서서히 사라진다(Snow & McGaha, 2003).

〈표 4-1〉 원시반사와 후의 적응행동

반사	적응행동
• 흡입반사 • 근원반사	우유를 먹는 행동
• 모로반사	껴안는 행동
• 파악반사	물건을 잡는 행동
• 보행반사	걷는 행동
• 수영반사	수영하는 행동

5) 신생아의 의학적 행동 측정

(1) Apgar 검사

아프가 척도는 첫 한 달 동안의 생존을 예측하는 데 신뢰성 있는 척도(Casey, McIntire, & Leveno, 2001)로, Virginia Apgar 박사(1953)가 신생아의 건강상태를 평가하기 위해 개발하여 현재까지 가장 널리 사용되는 신생아 검사도구이다. 출산 직후 대부분의 아기는 아프가 척도를 이용하여 평가를 받는다. Apgar 척도는 5개의 하위척도, 즉 외모(appearance), 맥박(pulse), 반사 민감성(grimace), 활동성(activity), 호흡(respiration)을 관찰한 점수로 평가하게 된다. 채점은 각 기준마다 0, 1, 2점이 매겨지며 최대 10점을 받는다. 신생아는 생후 1분 후와 5분 후, 총 2회에 걸쳐 검사를 받게 된다. 예를 들어, Apgar 9/10이란 출생 후 1분에 9점, 그리고 출생 후 5분에 10점임을 의미한다. 정상적으로는 출생 후 5분의 점수가 1분의 점수보다 높은데 점수가 높아지지 않고 계속해서 낮은 점수로 남아 있다면 의학적인 빠른 조치가 요구된다. 총 10점 중 7점 이상은 신생아의 상태가 건강한 것이고, 7점 미만은 호흡하는 데 도움이 필요하고, 4점 미만은 심하게 기능이 떨어진 상태이므로 생존을 위한 즉각적인 처치가 필요하다는 것을 의미한다. 즉, 0~3점은 위험한 상태로 즉각적인 조치가 필요함을 뜻한다(Apgar, 1953). 미숙아들은 그들의 생리적 미성숙 때문에 매우 낮은 점수를 받을 수 있다. 대부분의 경우 신생아의 아프가 점수가 낮다고 해도 발달을 자주 하는 지지적인 환경에서 자라면 정상적으로 잘 자랄 수 있다.

〈표 4-2〉 APGAR 척도의 내용과 평가방법

하위척도	점수		
	0	1	2
A(Appearance): 외모(피부색)	몸 전체가 푸르고 창백하거나 청색이다	몸은 분홍색이나 손끝과 발끝 등은 청색이다	몸 전체가 분홍색
P(Pulse): 맥박(심장박동률)	심장이 안 뜀	느림(1초당 100비트)	빠름(1초당 100~140비트)
G(Grimace): 반사자극 민감성 (얼굴표정)	자극에 반응이 없다	약한 반사반응으로 얼굴을 찡그린다	강한 반사반응으로 울거나 기침을 하거나 재채기를 한다
A(Activity): 활동성(근육상태)	축 늘어져 있음	약하고 비활동적	활발하게 움직인다
R(Respiration): 호흡(울음)없음	60초 동안 호흡 안 함	불규칙하고 느리다	양호하다·운다

(2) Brazelton 신생아 행동평가 검사

Brazelton 신생아 행동평가 척도는 신생아가 주위환경에 반응하는 방식을 알아보기 위해 소아과 의사인 브레즐튼 박사가 1973년에 개발한 검사이다. 신생아 행동검사법은 신생아가 출생할 때부터 이미 대부분의 생리 기능은 물론 상당히 성숙한 인지능력을 갖추고 있으며, 양육자와 상호작용을 할 수 있음을 보여주는 평가방법이다.

생후 5일이 채 안 된 신생아를 대상으로 감각반응(시각적 · 청각적 자극에 놀라거나 이에 적응하는 능력), 반사와 운동수준(반사 능력과 근육 상태, 손과 입의 협응 능력), 달래지는 정도(화가 난 후 진정할 수 있는 능력이나 현재의 각성 상태에서 다른 상태로 변화시킬 수 있는 조절 성향), 사회적 상호작용(사람과 환경에 대한 민감성과 귀엽게 구는 행동)의 4개 하위 영역의 총 27개 항목에 대한 신생아의 개별적인 행동의 차이를 평가한다. 검사 시기는 생후 2~3일째에 처음 실행하고 두 번째 검사는 7~10일경, 세 번째 검사는 14일 또는 한 달 내에 실행한다. 신생아를 대상으로 1회 검사하는 데 적어도 30분 정도 소요되기 때문에 모든 신생아를 대상으로 간단히 실행할 수 있는 검사가 아니다.

이 척도는 신생아의 발달적 이상과 함께 개인차를 알 수 있으므로 앞으로의 발달을 예측하는 데 있어 아프가 척도보다 신생아의 미래 발달을 더 잘 예측할 수 있는 지표로 평가되어 발달연구자들에 의해 많이 사용된다(Coles, Smith, & Falek, 1987; Morrow et al., 2001).

제 3 부

영아기 발달

제5장

영아기의 신체발달

영아기(infancy)는 생후 4주에서 24개월까지를 말한다. 영아기는 인간의 일생에서 신체적 성장이 가장 빠른 속도로 이루어지는 시기이므로 생후 1년까지를 제1성장 급등기라 하며 사춘기를 제2성장 급등기라 한다. 출생 시 신생아는 머리가 매우 커서 스스로 가누지를 못하지만, 출생 후 12개월이 되는 동안에 앉고, 기고, 서고, 걸음마가 시작될 정도로 발달한다. 생후 2년째 들어서면 성장률은 다소 감소하나 오르기나 뛰기와 같은 활동은 빠른 성장을 보인다.

1. 신체발달

영아의 신장은 생후 1년이 되면 출생 시 키(남아 51.4cm, 여아 50.5cm)의 1.5배인 75cm 정도 되며, 2년이 되면 출생 시 키의 1.7배인 약 87~88cm가 된다(그림 5-1, 그림 5-2). 몸무게는 생후 1년이 되면 출생 시 체중(남아 3.36kg, 여아 3.26kg)의 3배인 9~10kg이 되고 만2세가 되면 출생 시 체중의 4배인 11~12kg으로 성인 몸무게의 20% 정도가 된다(그림 5-3).

신장의 급등현상은 머리 부분이 가장 빠른 속도로 성장한다. 신생아의 머리 크기는 신장의 약 1/4 정도에 이르고 출생 후 18개월이 되면 머리는 신장이

1/5 정도에 이른다. 성인이 되면 머리의 크기가 키의 약 1/8이 된다. 출생 시에 신체에 비해 머리가 큰 것은 두미 발달의 원칙 때문이다. 이와 함께 가슴도 출생 시에는 머리보다 작으나 생후 1년경이 되면 더 커진다. 출생 후 첫 1년간은 몸통이 빠른 성장을 보이는데 출생 시 1/3을 차지했던 다리는 점차 증가하여 영아기 말기에는 성인과 비슷한 1/2에 육박한다.

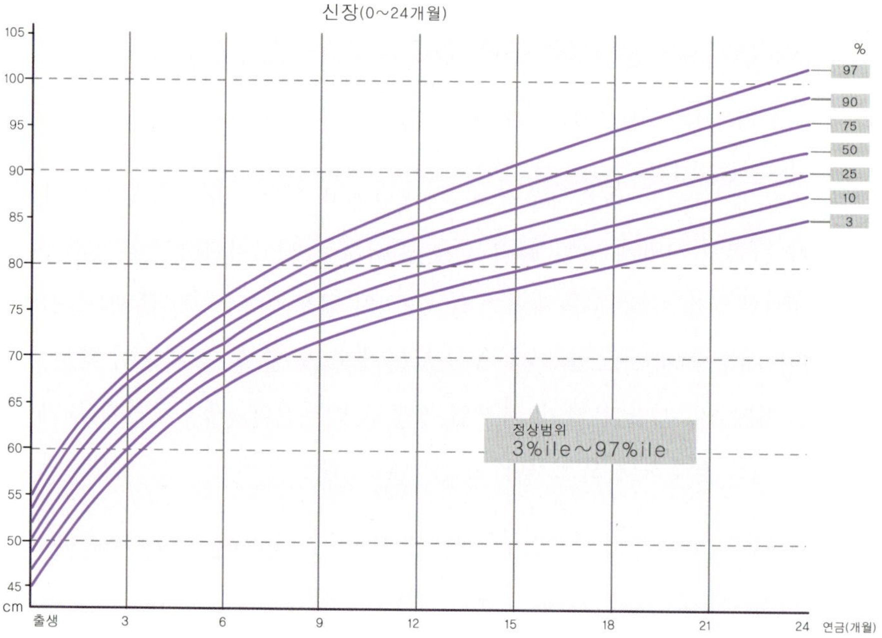

[그림 5-1] 신장 성장 곡선

출처: 홍창의(2003).

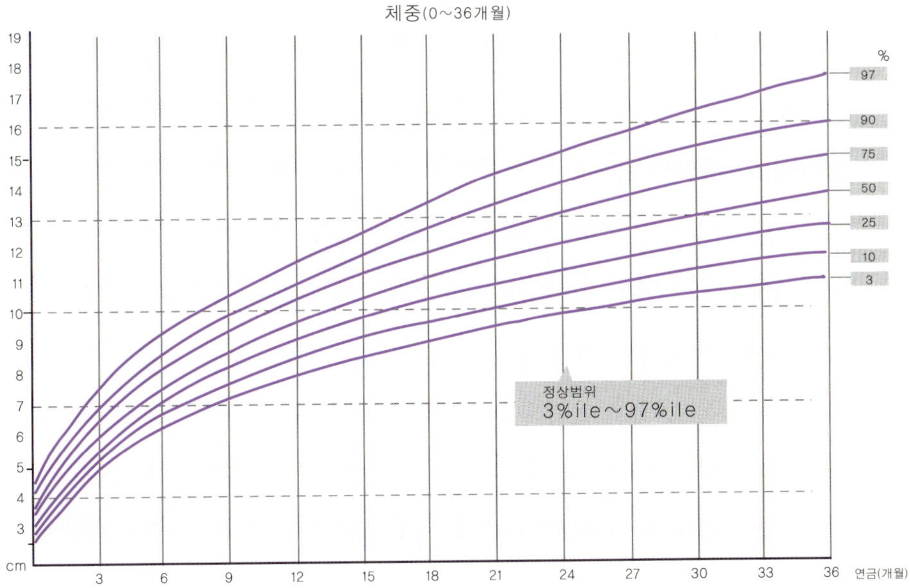

[그림 5-2] 체중 성장 곡선

출처: 홍창의(2003).

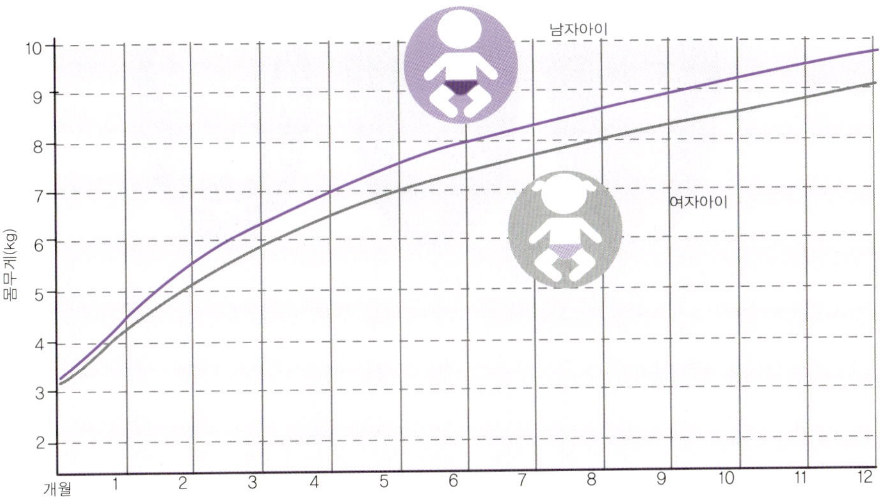

[그림 5-3] 성별에 따른 체중 곡선

출처: Dorling Kindersley, Inc. (2015).

2. 골격과 근육의 발달

1) 골격의 발달

영아의 골격은 성인의 골격보다 크기가 작으며 뼈의 수도 적고, 뼈는 매우 유연하고 부드럽다. 부드러운 뼈가 단단해지는 과정을 경화(硬化) 또는 골화(骨化)라고 한다. 경화되는 과정은 청년기까지 계속된다. 손목뼈의 경우 성인은 9개이고 첫돌 무렵의 영아는 3개뿐이다. 나머지 6개는 아동기에 계속 발달하여 청년기에 완성된다. 발달은 두미발달과 근원발달의 원칙을 따른다. 순서는 손이나 손목의 뼈가 먼저 경화되며 다음으로 다리와 발로 진행된다 (Tanner, 1990).

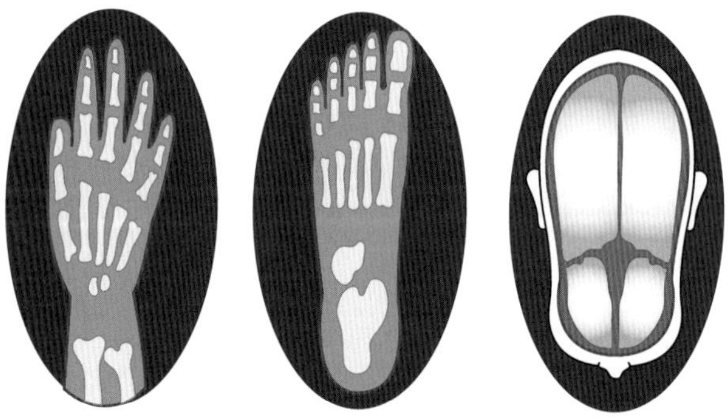

[그림 5-4] 영아의 골격

2) 근육의 발달

영아의 근육은 골격과 마찬가지로 작고 약하다. 그러나 섬유의 수는 성인과 비슷하다. 근육의 조직은 35%가 수분으로 구성되어 있으며 청년기까지 꾸준히 발달한다. 근육의 발달도 두미발달의 원칙을 따라 머리와 목의 근육이 다리

근육보다 빨리 발달하고, 대근육이 소근육보다 빨리 발달한다. 이것은 점차 목을 가누지 못하던 아기가 4개월이 지나면 머리를 들게 되나 첫돌이 가깝도록 다리 근육에는 충분한 힘이 없어 걷지 못하는 현상을 보여준다. 걷게 되는 운동신경의 발달과도 밀접한 관련을 맺고 있다. 출생 후 2년쯤 되면 근육이 더욱 발달하여 근육운동의 발달도 뇌의 발달과 연합되어 자발적 운동을 증가시킨다. 근육의 발달은 개인차와 성별의 차이가 있는데 여아의 근육이 남아에 비해 적고, 가벼우며 비율도 작다.

3) 치아의 발달

영아기 동안에 이루어지는 골격의 변화 중 눈에 띄는 발달은 치아발달이다. 유치는 모두 20개이고 영구치는 모두 32개인데 유치가 나오는 시기는 개인마다 큰 차이가 있으며 2,000명에 1명 정도는 이미 태어날 때 유치가 나와 있는 경우가 있고, 만1세가 되어서야 비로소 이가 나오는 영아도 있다.

치아는 태아기 때 이미 형태가 형성된다. 보통 영아는 생후 6~8개월에 가운데 아랫니부터 제 1유치가 나오고 1년이 되면 6~8개의 앞니가 난다. 유치가 나는 순서는 가운데 아랫니 2개가 나오고, 약 2개월 간격으로 첫째 어금니, 송곳니, 둘째 어금니 순서로 나온다. 만2세 반경에 20개의 유치가 모두 나오며 이때 비로소 성인이 먹는 음식을 먹을 수 있게 된다(그림 5-5). 유치는 대개 5~6세 사이에 빠지면서 영구치로 대치된다. 빠지는 순서는 나오는 순서와 같다.

연령	유치가 나오는 순서
6~8개월(2개)	
8~9개월(4개)	
10~12개월(6개)	
12~14개월(8개)	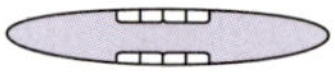
14~16개월(12개)	
16~18개월(14개)	
19~20개월(16개)	
18~30개월(20개)	

[그림 5-5] 유치가 나는 순서

3. 생리기능의 발달

1) 수면

하루 24시간을 구별 없이 자고 깨고 하던 신생아는 하루에 필요한 수면시간은 16시간으로 생후 1개월이 되면 낮보다 밤에 보다 오랫동안 잠을 자기 시작하고, 4개월이 되면 성인처럼 밤 시간 대부분 잠을 자고 낮에는 깨어 있게 된다(Daws, 2000). 1~2세에는 12~14시간으로 수면시간이 줄어든다. 성장에 따른 수면의 감소는 뇌가 성장하면서 뇌가 활동하기 위해 깨어있기 때문이다. 그리고 뇌 성장으로 인해 REM(Rapid Eye Movement) 수면의 비율이 감소하게 된다. 신생아기 때 50%이던 REM 수면이 점차 감소하여 2세경에는 30%, 성인이 되면 20%가 된다.

영아의 수면 주기가 바뀌었을 때에는 낮에 잠을 자지 않도록 하고, 밤에는 목욕과 수유를 통해 수면을 유도한다. 또한 영아가 잠을 자지 않고 보챌 때는 공복감, 복통, 질병, 기저귀가 젖었을 때와 같이 신체적으로 불편한 경우가 많으므로 그 원인이 무엇인지를 빨리 알아보고 대처하도록 해야 한다.

주의할 점은 낮보다는 부모가 상대적으로 신경을 덜 쓰는 밤에 영아수면돌연사 증후군이 더 자주 발생한다. 영아수면돌연사 증후군은 생후 1년이 지나지 않은 영아에게서 발생하는 증후군으로 평소에는 별다른 이상이 없다가 수면 중에 갑자기 영아가 사망하는 것을 말한다. 대체로 영아수면돌연사 증후군으로 사망한 영아들은 조산아나 저체중 영아가 많고 수면 시 비정상적인 심장박동과 불규칙한 호흡 그리고 비정상적인 REM 수면 상태를 보였다. 환경적 요인으로는 어머니의 임신 중 또는 출산 후 흡연, 약물과다 복용 등이 있다 (Berk, 2008).

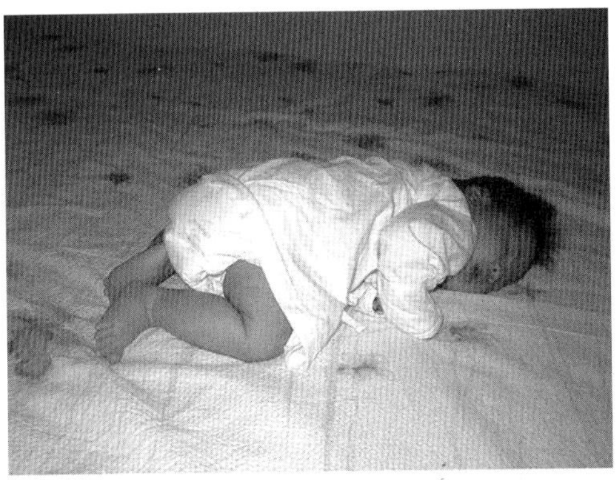

[그림 5-6] 영아의 수면

영아돌연사 증후군

생후 12개월 미만 사망 원인 중 3위로 생후 12개월 미만의 영아가 수면 중 갑자기 사망할 수 있다. 영아돌연사증후군이다. 부검에서도 원인을 알 수 없다. 통계청의 사망 원인 통계에 따르면 2010년 기준 영아돌연사 증후군은 영아 사망 원인 3위이다(1위는 임신 기간이나 태아 발육과 관련된 장애, 2위는 심장병 등 선천성 기형). 지난해 총 92명의 영아가 돌연사했다. 1000명당 0.2명꼴이다. 미국은 1.3명이다. 아기를 엎드려 재우면 사망 위험이 높아진다는 게 전문가들의 공통된 의견이다. 엎드려 재우는 것과 영아돌연사증후군의 직접적인 연관성은 밝혀지지 않았다"며 "하지만 호흡기를 막아 질식사할 수 있는 것으로 추측한다. 무의식중에 이불 같은 침구류를 아기의 얼굴에 덮을 수도 있다. 많은 연구 결과 영아돌연사 증후군 중 50% 이상이 부모와 함께 잘 때 발생한다. 1991~2000년 미국에서 영아돌연사 증후군으로 사망한 508명을 분석한 결과 3.3%는 자동차 안전 시트에서 발생했다(『소아질병저널』 2007년).

영아돌연사증후군을 예방하려면

- 아기가 천장을 바라보게 눕혀서 재운다.
- 표면이 딱딱한 침구를 사용한다.
- 부모와 아기가 한 방에서 잘 때는 다른 침대와 잠자리를 쓴다.
- 푹신한 침구는 아기 옆에 두지 않는다.
- 모유 수유를 한다.
- 실내 온도는 22~23도를 유지한다.
- 성장주기별 예방접종을 챙긴다.
- 임신 중이나 출산 후 흡연·음주·불법약물 복용을 삼간다.
- 잠잘 때 공갈 젖꼭지를 물린다.

『미국소아협회』 자료.

출처: 중앙일보(2011. 10. 31.).

2) 섭식

영아기는 신체적 성장이 빠른 시기이므로 섭식이 매우 중요하다. 영아기에 영양공급이 적절히 이루어지지 않으면 영아의 신체적, 인지적, 정서적 발달에 악영향을 미치게 된다. 이 시기에는 모유나 우유를 섭취하게 되는데 모유 수유는 영양소를 공급하는 데 완전한 영양식품으로 알려져 있다. 모유는 우유보다 흡수가 잘 되어 소화력이 높고, 알레르기 반응도 거의 없으며, 질환에 방어할 수 있는 면역 성분도 갖추고 있다. 또한 모유 수유를 하면 엄마의 심장박동을 들을 수 있고 부모와의 따뜻한 접촉은 심리적으로 친밀한 유대관계를 형성하여 영아에게 안정감을 줄 수 있다.

6개월까지 모유 수유만으로도 충분한 영양소 섭취가 가능하므로 본격적 이유식은 생후 6개월 정도 지나서 한다. 그러나 6개월이 지나서 식품을 처음 주면 새로운 음식에 대한 거부감이 커진다. 이때 주의할 점은 첫째, 적은 양의 유동식을 주고 점차 반고형식에서 고형식으로 전환해야 한다. 생후 1년이 지난 후에 고체를 소화할 수 있기 때문에 영아의 발달에 맞추어 먹여야 한다. 둘째, 새로운 식품을 한 번에 한가지씩만, 그리고 한 숟가락씩 늘려간다. 첫 숟가락에 대한 아기의 '밀어내기 반사'는 먹기 싫어서가 아니라 자연적인 반응이다. 셋째, 이유 보충식은 숟가락으로 먹인다. 또한 엄마는 아이가 배가 고픈 것이라 생각하고 아이에게 수유했을 때 아이가 한두 모금 빠는 것만으로 외면한다면 이것은 분명히 다른 것을 전하고 싶어 하는 것으로 받아 들여야 한다. 그대로 무리하게 계속 마시게 하면 수유의 본래 목적에 어긋나는 것이다.

3) 배설

대소변을 통제할 수 있는 근육과 신경의 성숙은 6~7개월이 되어야 이루어진다. 이 시기의 아기는 직장에 대소변이 차면 자동적으로 배출하게 된다. 그러나 6~7개월에 대소변을 통제하는 근육이나 신경이 발달해도 뇌에서 통제할 수가 없기 때문에 대소변을 가리는 시기는 대체로 대변은 13~14개월(그림 5-7), 소변은 20개월, 생후 2년경이 되어야 신체적으로 대소변을 가릴 수 있는 상태가 된다(Maizels, Rosenbaum, & Keating, 1999). 그러나 개인차가 심해서 2세가 되어도 가리지 못하는 경우가 있다. 성인의 도움 없이 대변을 볼 수 있는 시기는 28개월 정도이고 스스로 화장실에 갈 수 있는 시기는 4세 정도이다.

배변훈련을 강제적으로 하면 정서발달에 부정적인 영향을 미칠 수 있으므로 무리하게 강요하는 것은 바람직하지 않다. 배변훈련을 하는 도중에는 영아에게 따뜻하고 편안한 분위기를 조성해 주고 많은 격려를 해주어야 한다. 또한 배변활동에 흥미를 느끼도록 잘한 행동에 칭찬을 해주고 잠들기 전에 미리 용변을 보고 편안히 잠들 수 있도록 한다.

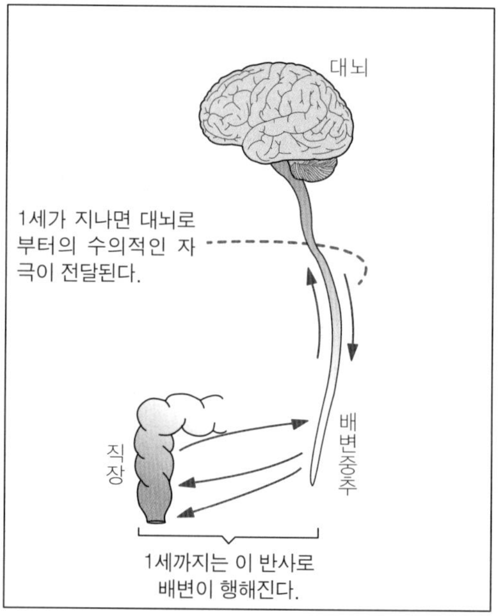

[그림 5-7] 배변과정
출처: 高兵介二, 秋葉英則, 横田昌子(2005).

4. 뇌와 신경계의 발달

뇌는 호흡 등 생명유지의 움직임부터 사고나 창조, 기억 등의 복잡한 움직임까지 우리들의 모든 활동을 지배하고 있는 중요한 기관이다.

인간의 경우 성인의 뇌 무게는 약 1,400~1,600g 정도이며 이는 1,000억만 개 정도의 뉴런을 포함한다. 뇌는 대부분의 움직임, 행동을 관장하고, 신체의 항상성을 유지시킨다. 즉, 심장의 박동, 혈압, 혈액 내의 농도, 체온 등을 일정하게 유지시킨다. 뇌는 인지, 감정, 기억, 학습 등을 담당한다. 뇌의 대부분은 임신 때에 완성된다.

인간은 출생 시 가장 중요한 뇌가 다치지 않기 위해서 머리부터 나온다. 뇌의 발달은 영아기에 급속도로 이루어지는데 출생 시 성인의 뇌 무게의 1/4 정도에 해당하는 약 350~400g의 무게이며, 빠른 성장으로 인해 1년 만에 약 1,000g에 이를 정도로 뇌 무게가 급증한다. 이와 같은 영아기의 뇌 발달속도는 급등기라 할 수 있다. 그러므로 이 시기에 대뇌의 발달은 운동기능과 지능발달에 큰 영향을 미치게 된다.

1) 뇌의 구조와 기능

영아의 뇌는 어머니의 뱃속에서 9개월경 1,000~2,000억 개 정도의 뇌세포 뉴런으로 구성된 뇌와 신경계를 갖추고 태어난다. 뇌는 막으로 싸여 두개골이라는 단단한 뼈에 의해 보호를 받고 있으며 무게는 1.3~1.5㎏이다. 뇌의 대부분을 차지하는 대뇌는 피질(바깥쪽 부분)과 수질(속 부분)로 되어 있는데 표면적 피질에는 신경세포가 모여 있어 온몸에서 들어오는 정보를 받아 이를 분석하고 해결하는 역할을 한다.

소뇌는 뇌간의 뒷부분에 있다. 뇌간(brain stem)은 뇌의 가장 아랫부분으로 연수(medulla), 뇌교(pons), 중뇌(midbrain)로 구성되어 있다. 위쪽으로는 간뇌와 이어지고, 뒤쪽과 위쪽에는 소뇌가 있으며, 아래쪽으로는 척수와 연결되어 있다. 몸의 균형을 유지하고 운동기능을 조절하는 것으로 소뇌의 기능이 손상되면 손을 흔들거나 똑바로 걷지 못하게 된다. 연수(숨뇌)는 호흡과 심장박동, 소화 등을 조절하는 생명 유지 기능을 하는 몸의 기본적인 활동을 담당하는 아주 중요한 곳이다. 뇌교는 중뇌와 연수 사이에 위치하며 호흡조절과 근육들의 협력작용에 중요한 구실을 한다.

중뇌(중간 뇌)는 시각과 청각과 신경이 지나는 곳이며 대뇌가 중요한 일에 집중할 수 있게 도와준다(그림 5-8). 중뇌는 상구와 하구로 나눌 수 있는데 각각의 기능에 차이가 있다. 상구는 주로 시각에 관여하는 부분으로 눈에 빛이 들어왔을 때 동공을 수축하거나, 수정체의 두께를 조절하여 초점을 맞추는 작용 등이 여기에 관계한다. 하구는 주로 청각에 관여하여, 귀에서 들어온 신호는 여기를 한 번 거쳐 대뇌로 향하게 된다.

간뇌는 감각정보가 통과하는 길목인 시상과 수면, 갈증, 식욕, 체온을 조절하는 시상 아래에 엄시손톱 크기의 시상하부로 구성한다. 시상은 뇌간 바로 윗부분에 위치하며 두뇌의 가운데에 있다. 시상은 감각기관에서 오는 후각을 제외한 모든 정보가 먼저 시상에 있는 뉴런으로 가서 거기서 신호가 분류되어 대뇌피질의 적절한 부위에 보내진다. 시상하부는 시상 바로 밑에 위치, 체내의 환경을 일정하게 만드는 작용을 한다.

척수는 연수에 이어진 신경중추로서 척추 속에 들어 있다. 연수, 간뇌 등의 지배를 받으며 땀, 젖 분비 및 대변, 배뇨 등의 작용을 하고 무릎반사에도 관여한다.

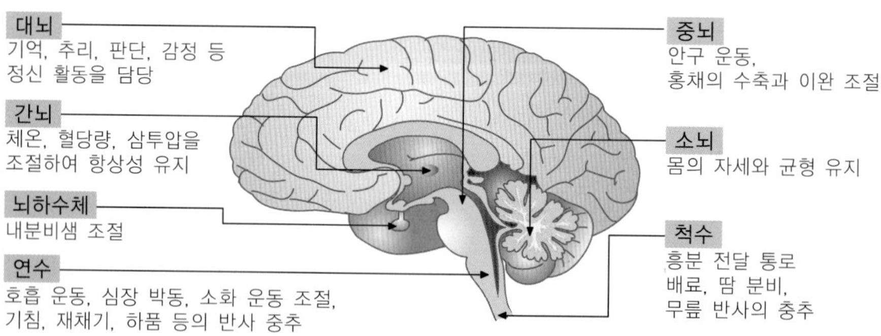

[그림 5-8] 뇌의 구조

출처: study.zum.com

2) 신경계의 발달

신경 세포가 하나의 큰 덩어리를 이루고 있는 뇌(腦, brain)는 중추신경계를 관장하는 기관이다. 신경세포는 축색과 수상돌기를 가지고 있다. 신경세포는 뉴런이라고 부른다. 여러 기관의 거의 모든 정보가 일단 뇌에 모이고, 뇌에서 여러 기관으로 활동이나 조정 명령을 내린다. 그러면 뇌는 어떻게 발달해 가는 것일까. 태아의 두뇌발달은 정자와 난자가 만나는 그 순간부터 분열을 거듭해서 그 일부가 뇌와 신경을 형성한다. 뇌의 감각운동피질은 생후 1개월부터 발달하기 시작한다.

임신 11주경에는 뇌의 원형이 완성된다. 그 후 임신 25주경까지 뇌는 급속하게 크게 되고 임신 30주경이 되면 표면에 주름이 만들어지기 시작한다. 임신 36주에는 외견상은 어른의 뇌와 거의 변하지 않는 상태로까지 발달한다.

〈표 5-1〉 태내에서의 뇌의 발달

임신기간	뇌의 발달
2~3주경	신경판이라는 조직이 만들어지고 급속히 발달해 간다.
11주경	신경판이 신경관으로 변화되고 이후 신경관은 급속도로 분열하며 뉴런을 생성하고 신경계로 분화된다. 대뇌와 소뇌 등 뇌의 기본구조가 만들어진다.
20주경	대뇌가 발달하고 감각기관도 발달한다.
30주경	대뇌가 전두엽, 두정엽, 측두엽으로 분화한다. 뇌에 주름이 생긴다.
36주경	뇌의 기본구조가 완성된다.

출처: 林(2012).

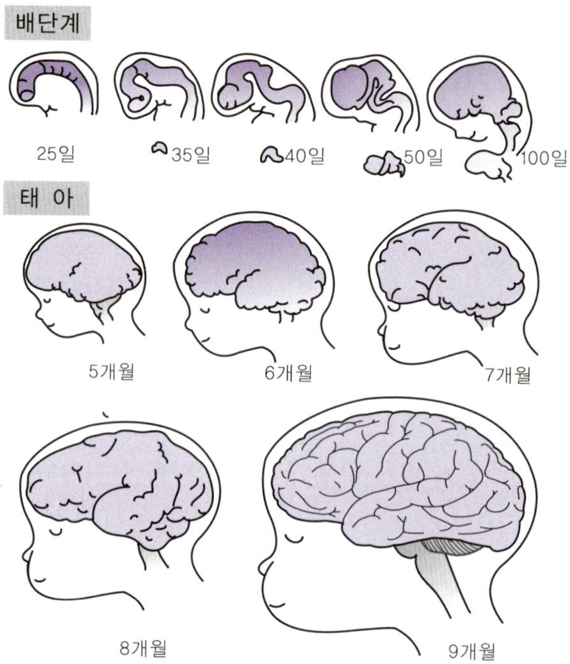

[그림 5-9] 뱃속에서의 두뇌발달

출처: 明和 · 鈴木(2012).

[그림 5-9]를 보면 임신 후 25일이었을 때만 해도 단지 호스모양에 불과했던 신경관이 출산 무렵에는 두뇌의 모양새를 갖출 정도로 발달한다. 태아의 두뇌는 엄마 뱃속에 있는 동안 두뇌 신경관 내에서 왕성한 세포분열이 일어나 최종적으로 유지할 뉴런의 2배인 약 2천 만개의 뉴런이 생성되고, 이들 뉴런은 여러 두뇌 부위로 이동한다. 각 신경 세포는 다른 신경세포에서 정보를 받아들이는 부위와 다른 신경세포로 정보를 보내는 부위, 각 신경세포를 연결하는 부위(이를 시냅스라고 부른다) 등으로 구성된다.

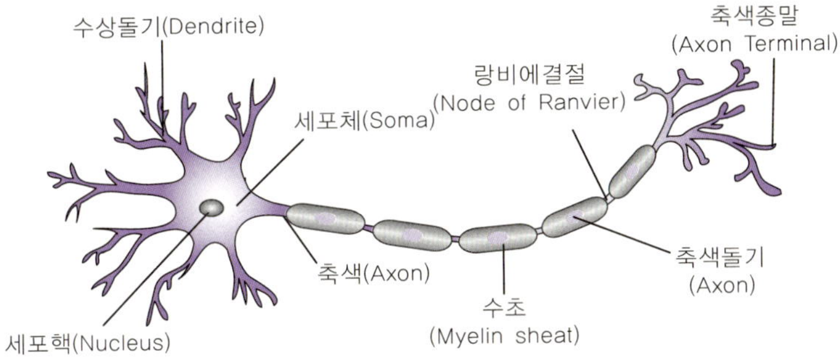

[그림 5-10] 신경세포의 구조

출처: Santrock(2004).

3) 뉴런

신경세포(뉴런)는 짧은 몇 개의 돌기인 수상돌기, 핵을 포함한 세포체, 축색돌기로 구성된다(그림 5-10). 세포체와 수상돌기는 정보를 수용하거나 통합하는 역할을 하며 세포체에 있는 핵은 유전적 지시와 세포의 대사기능을 조절하며, 축색돌기는 정보를 다른 뉴런으로 전달하는 역할을 한다.

뉴런 자체는 미약하므로 혼자서는 이동이 불가능하여 교세포의 도움을 받아 일단 최종 목적지에 도달하면, 그 뉴런들은 다른 축색돌기 및 수상돌기와 교류하기 위하여 축색돌기와 수상돌기를 뻗어내고, 시냅스에 신경전달물질이라는 화학적 메신저를 보냄으로써 축색돌기와 수상돌기가 교류하게 된다. 축색돌기는 화학적으로 잘 맞지 않는 뉴런을 피하고 화학적 교류가 가능한 뉴런과 연결해 간다.

뉴런의 축색은 다른 뉴런에 접속하는데 축색종말의 접속부분을 시냅스(synapse)라 한다. 뉴런끼리 연결되어 무수의 스냅스를 형성해 가는 과정에서 신생아의 뇌는 성장해 간다. 어떤 영역과도 연결되지 못한 뉴런들은 임신 5개월 무렵부터 죽게 된다. 임신 20주 정도에 약 2,000억 개 정도까지 생성되었던 뉴런은 출생전에 약 1,000억 개 정도로 줄어든다. 뉴런은 뇌 성장 급등기 시작 전 임신 6개월경에 이미 만들어지고 출생 시기에 이미 1~2천억 개에 달하는 두뇌의 신경세포(뉴런)가 거의 다 완성되어 있으며 그 수는 증가하지 않는다.

축색돌기가 수초라는 덮개에 의해 마디를 이루면서 감싸고 있는 백색의 지방질이 수초이다. 수초는 신경자극이 마디를 건너뛰어 전달됨으로써 신경자극을 보다 빠르게 전달하여 뇌가 신체의 다른 부분과 더욱 효율적으로 통신하도록 한다. 뉴런이 생성되고 시냅스가 발달할 때쯤 수초화도 시작된다. 수초화도 인지발달을 설명해 주는 중요한 신경생리 기제이다. 수초화(myelination)란 축색돌기를 지방세포로 감싸는 과정으로서 임신 4개월부터 1세 사이에 시작되어 출생 이후에도 계속되어 2세 무렵에 가장 활발하고 이후 10대 중반까지 계속된다. 시각 경로의 수초화는 출생 후 급격히 이루어지기 시작하여 생후 6개월 이내에 완성된다. 청각 경로의 수초화는 영아가 4~5세 될 때까지도 계속된다. 그 외 일부 수초화 과정은 사춘기 이후까지 계속되기도 한다(Ramey & Ramey, 2000). 이 시기까지 수초화의 증가에 따라 정보처리 효율성도 높아지게 된다(Bjorklund & Harnishfeger, 1987).

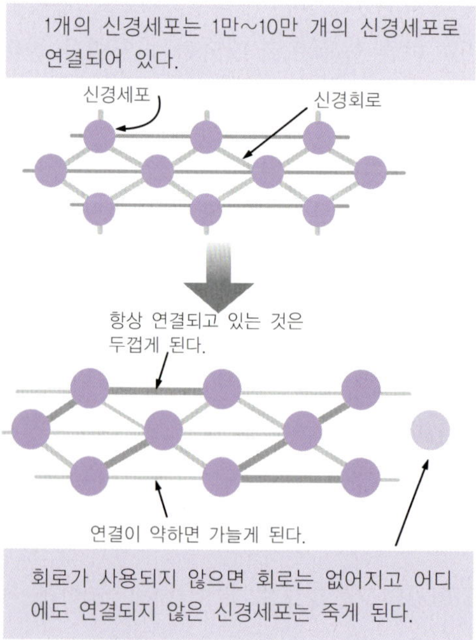

[그림 5-11] 신경세포의 회로

출처: 일본경제신문출판(2013).

한 개의 신경세포는 1~10만 개의 신경세포로 연결되어 있고 영아가 성장하면서 신경회로가 굵어지고 약한 신경세포는 소멸된다(그림 5-11).

4) 시냅스

뉴런(신경세포)과 뉴런의 사이에는 시냅스가 있는데 이 시냅스에서는 축색돌기와 수상돌기 간의 연결이 이루어진다. 시냅스는 뉴런의 역할을 할 수 있도록 돕는 역할을 한다.

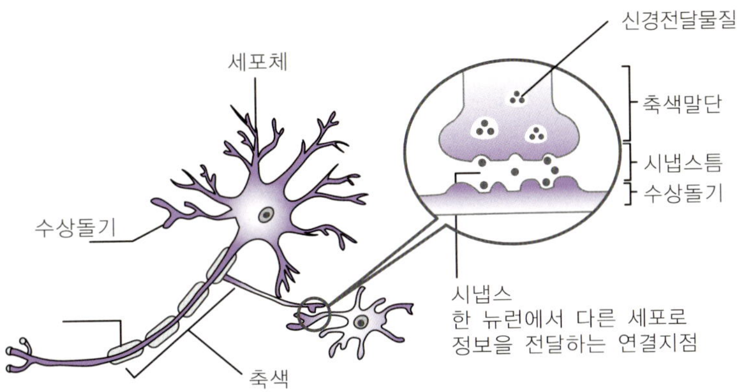

[그림 5-12] 신경세포와 시냅스

출처: 林(2012).

뇌가 자란다는 것은 뉴런 자체가 늘어나는 것이 아니라 각 신경세포를 연결하는 신경망이 늘어나는 것이다. 뇌 속의 신경망은 자극을 받을수록 서로 많이 연결되는데, 이 연결이 많고 복잡해질수록 인지발달이 강화된다.

Greenough(1987) 등은 시냅스 연결은 초기에 과생성 되었다가 점차 불필요한 시냅스는 소멸되고 필요한 시냅스만 선택적으로 보존된다고 보았다. 시냅스 형성은 생후 2개월 때 운동피질에서 시작해 3개월 때는 시각피질, 6~12개월 때는 논리적 사고를 담당하는 전두엽 피질에서 성인보다 2배나 많은 에너지를 소모할 정도의 엄청난 속도로 형성된다. 그리고 이러한 시냅스 형성은 10세까지 계속된다. 반면, 시냅스 밀도는 출생 후 2세까지 급격히 증가하여 시냅스 수는 성인 수준에 이른다. 그 후부터 서서히 감소하여 7세경에는 성인의 수준에 도달하게 된다. 6개월에서 7세 사이 아동의 뇌의 시냅스 밀도는 성인보다 약 50% 더 높다(Huttenlocher, 1994). 오른쪽의 사진은 생후 2년간의 시냅스 발달을 나타낸다. 이 시기에는 시냅스 형성이 두뇌발달의 주를 이루는 시기로 무엇보다도 영양분과 다양한 감각과 운동을 통한 경험이 가장 중요한 시기이다.

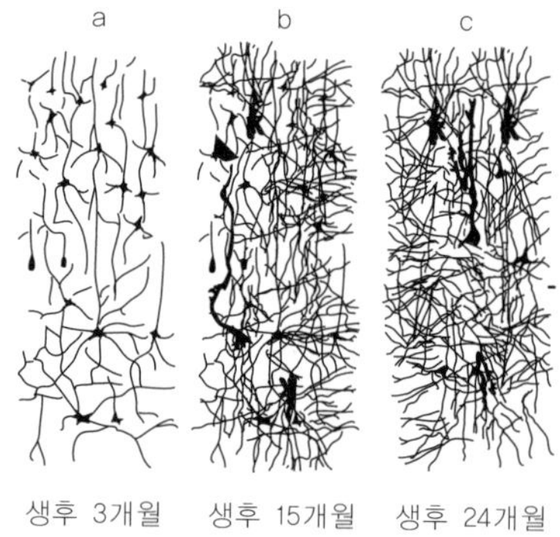

[그림 5-13] 시냅스의 발달
출처: Conel(1959).

5) 대뇌피질의 발달

대뇌피질은 대뇌의 표면에 위치하는 신경세포들의 집합이다. 두께가 1.5~4㎜인 부분으로 전뇌의 전체 중량의 80%를 차지하고 있고, 사람의 생각과 감정을 담당하는 부위로 우리가 느끼는 여러 감각들을 분석하고 판단하여 몸의 운동을 지시하는 매우 중요한 역할을 한다. 뇌는 부분 기능이 상당히 분화되어 있다. 각자 맡은 일이 서로 다른 영역들이 서로 긴밀하게 접속되어 네트워크를 이루어서 정보를 주고 받으면서 기능을 수행하게 된다. 대뇌피질은 엽(葉, lobe)이라고 불리는 4개의 주요 영역으로 구성되어 있다. 위치에 따라 구분해보면 전두엽은 운동, 정서 및 사고와 관련이 있으며 8개월경부터 발달하기 시작하여 약 18~20세까지 발달한다. 후두엽은 시각의 발달과 관련이 있다. 영아들의 후두엽 역시 3~4개월부터 시냅스의 성장과 수초화가 시작되어 12개월까지 계속된다. 측두엽은 청각과 언어발달에 관련이 있으며 3~4개월부터 시냅스의 성장과 수초화가 시작되어 12개월까지 계속된다. 두정엽은 감각인식 및 공간지각과 관련이 있다. 3~4개월부터 시냅스와 수초화가 시작되어 12개월까지 계속된다(그림 5-13). 즉, 단어를 볼 때는 후두엽, 단어를 들을 때는 좌반구의 측두엽, 의미 있는 단어를 말하고 생성할 때는 두정엽과 전두엽, 측두엽의 활성도가 높아지므로 시각의 중추는 후두엽, 청각의 중추는 측두엽, 언어의 중추는 전두엽과 두정엽, 측두엽이다.

전두엽에 위치하고 있는 언어중추의 핵심적인 2 부분인 브로카(Broca) 영역과 베르니케(Wernicke) 영역이 있다(그림 5-15).

전두엽에 위치하는 브로카 영역은 문법적 처리와 언어 산출을 지원하는 말을 만드는 곳이고 측두엽에 위치하는 베르니카 영역은 말을 이해하는 곳이다(이정민 · 김정란, 2008).

대뇌피질의 각 부위는 기능에 따라 구분해보면 감각기로부터 오는 정보를 받아들이는 감각령, 감각령의 정보를 받아 이를 종합, 분석하여 운동령에 명령을 내리는 연합령, 연합령의 명령을 받아 수의 운동을 조절하는 운동령으로 구분한다(Clarke & Broca, 1970).

또한 대뇌피질은 좌반구와 우반구로 기능이 분화되어 있다. 대뇌피질의 좌반구와 우반구의 기능의 분화는 3세경에 거의 완성된다. 뇌는 좌반구와 우반구로 나누어지고 좌뇌는 언어 기능을, 우뇌는 공간 인식을 담당하는데 좌뇌와 우뇌는 뇌량(뇌들보)에 의해 연결된다.

대뇌피질을 구성하는 각 반구가 담당하는 기능이 분리되어 있는 것을 편재화(lateralization)라 한다. 두 개의 반구가 똑같은 정보를 처리하는 것보다 두 반구가 각기 세분화된 상이한 정보를 처리하는 것이 훨씬 효율적이기 때문이다. 따라서 각 반구는 모양은 똑같지만 대뇌의 좌우 반구에서 나오는 신경은 연수에서 교차되므로 좌반구는 몸의 오른쪽, 우반구는 몸의 왼쪽 감각과 운동을 담당한다. 좌반구는 주로 언어를 이해하는 기능을 담당하며 긍정적 정서의 표현 등을 관장한다. 우반구는 신체의 왼쪽 부분을 통제하면서 주로 공간지각

능력, 사람 얼굴을 변별하는 능력, 촉각, 비언어적 소리 및 부정적 정서를 관장한다.

그러나 뇌의 기능이 분화되었다고 해서 좌반구와 우반구가 서로 완전히 독립된 것은 아니다. 예를 들어, 말하기, 문법 등 언어 관련 기능의 대부분은 좌반구에서 담당하고는 있으나 맥락에 맞는 적절한 언어 사용 등은 우반구가 맡고 있다. 이는 뇌의 양쪽 반구의 상호작용을 통해 복잡한 사고가 가능해진다는 것이다.

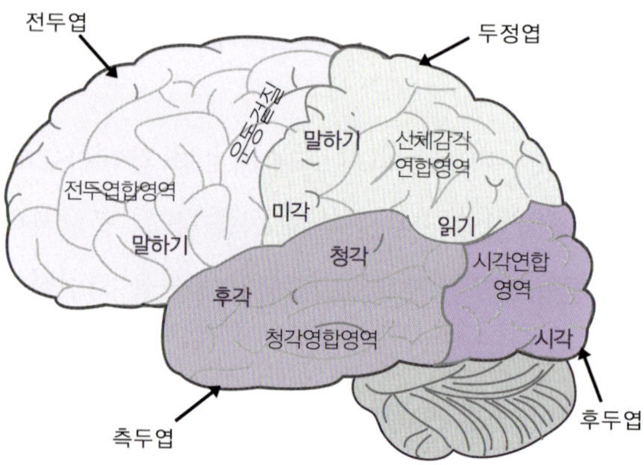

[그림 5-14] 대뇌피질의 구조와 기능

출처: Santrock(2004).

〈표 5-2〉 대뇌피질의 구분

위치의 구분	전두엽, 두정엽, 측두엽, 후두엽
기능의 구분	감각령, 연합령, 운동령

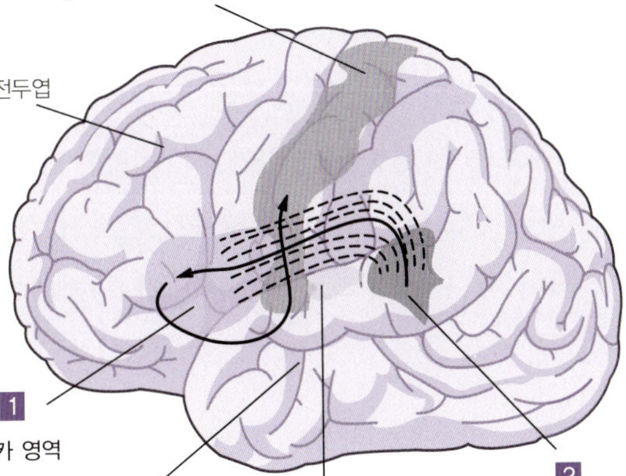

[그림 5-15] 대뇌피질의 브로카 영역과 베르니케 영역

출처: Jackendoff(1994).

5. 운동발달

영아기에 있어서 중요하고 가장 급속히 이루어지는 발달형태 중 하나가 신체근육을 조절할 수 있는 운동기능의 발달이다(그림 5-16). 운동기능은 신체 부위에 따라 대근육 운동과 소근육 운동으로 나뉘어진다. 대근육 운동은 기기, 서기, 뜀뛰기, 걷기, 한 발로 서 있기와 같이 팔, 다리, 몸통과 같은 대근육을 사용하는 운동을 말한다. 소근육 운동은 손을 뻗쳐 물건 잡기, 손가락으로 물건 집기, 끼적거리기와 같이 몸의 소근육을 사용하는 운동을 말한다. 운동기능의 발달 역시 두미발달의 원칙과 근원발달의 원칙을 따른다. 운동발달에 의해 머리에서 발끝으로 신체의 중심에서 말초신경으로 전체적인 운동에서 세부적이고 종합적인 운동의 방향으로 발달해 간다.

1) 대근육 운동의 발달

생후 1년 동안 가장 중요한 대근육 운동의 발달은 보행이다. 영아기 동안의 운동발달은 결국 자유로운 보행을 가능하게 하기 위한 준비과정이므로 보행은 영아가 숙달해야만 하는 중요한 과업이다. 영아가 혼자서 걷기 위해서는 고개 들기, 구르기, 앉기, 기어 다니기, 그리고 일어서기가 가능해야 한다(표 5-3).

(1) 목가누기

영아의 첫 대근육 운동발달 과제는 목가누기이다. 출생 시 신생아는 고개를 못 가누지만 생후 1개월이면 엎드린 자세에서 고개를 들 수 있고 2개월 정도가 되면 목을 가눌 수 있고, 3~4개월경에는 목을 확실히 가누게 되고 보육자가 세워서 안아주면 영아는 보육자가 보는 주위의 것을 동일하게 볼 수 있게 되고 흥미를 끄는 것이 있으면 목을 돌려서 보려 한다.

(2) 뒤집기

아기들이 몸을 한쪽에서 다른 쪽으로 뒤집는 행동은 이동 행동의 가장 초보적인 형태이다. 아기가 옆으로 누운 자세에서 위로 뒤집는 것은 2개월에, 그리고 약 4개월이 되면 대부분의 영아는 엎어 놓으면 뒤집을 수 있다. 그러나 스스로 뒤집는 것은 5개월경이 되어서야 가능하다. 처음에 영아는 운동 자체에서 즐거움을 느껴 뒤집기를 하지만 차차 의도적으로 뒤집게 된다.

자신의 손을 가만히 주시하는 행동(Hand regard)이 나타나며 그 후 손의 감각과 운동의 발달로 이어져 간다.

(3) 앉기

뒤집기를 통하여 영아의 목과 어깨의 근육이 발달하면서 자연스럽게 혼자 앉기 시작한다. 앉기 시작하면서 비로소 먹기, 놀기, 일하기와 같은 섬세하고 목표지향적인 손의 동작이 발달된다. 대부분의 영아들이 생후 약 4~5개월이 되면 등 뒤에 방석이나 베개를 받쳐주면 잠깐 동안 앉는 자세를 취할 수 있다. 5~6개월경에는 기저귀를 갈 때 손으로 발끝을 잡는 모습을 한다. 그 후 배나 등 부분의 젖히는 것이 보이고 영아는 돌아누울 수 있게 된다. 아이가 도움 없이 혼자 앉을 수 있게 되는 것은 약 6~7개월부터이다. 처음에는 등이 둥글고 상체가 앞 쪽으로 기울지만 8~9개월경에는 등을 뻗치고 양손으로 평형을 유지하고 앉아 있을 수 있다. 혼자서 앉는다는 운동발달에 의해 영아의 시야는 크게 넓어지고 양 손을 사용할 수 있게 된다. 양 손의 운동발달은 다음 단계에 잡고 일어서는 데 대한 발달의 준비로서도 중요하다.

(4) 기기

대부분의 아기들은 7~9개월 사이에 기는 모습을 보인다. 처음에는 머리와 가슴을 들고 배는 방 표면에 댄 상태에서 손과 팔꿈치에 의지하여 몸을 앞뒤로 움직여 간다. 그러나 9~10개월경이 되면 점점 능숙해지면서 다리 근육에 힘이 생기게 되어 바닥에서 배를 뗀 채 무릎과 손으로 기게 된다. 대부분의 영아는 걷기 전에 기지만, 모든 영아가 다 그런 것은 아니다.

(5) 서기

영아는 8~10개월경이 되면 가구 등의 물건을 잡고 일어설 수 있다. 9개월 이후가 되면 이동이 자유로워지고 움직이는 속도도 달라진다. 11~12개월경이 되면 도움 없이 잠깐 혼자 설 수 있게 되고 혼자 완전히 설 수 있는 것은 14개월경이다.

(6) 걷기

걷기는 영아에게 주위환경을 탐색하게 하고 손을 자유로이 사용할 수 있게 해주는 중요한 운동기술이다. 걷는 것은 학습을 통해서만이 아니라 근육과 뼈

조직의 성숙과 병행하여 이루어진다. 12개월경에 손을 잡아주면 한두 걸음을 걸을 수 있게 된다. 15개월이 되면 혼자 걷는 것이 가능하며 18개월이면 거의 대부분 걸을 수 있다. 2세가 되어야 뛸 수도 있고 뒤로 걸을 수도 있다.

(7) 계단 오르기

영아가 일어서기 위하여 사람이나 사물을 붙잡을 때 이미 기어오르기 시작한다. 계단은 내려오는 것보다 올라가는 것이 더 쉽다. 2세 이전의 영아들은 선 자세로 올라가지 못하고 손과 발을 모두 사용하여 계단을 기어오른다. 2세경에 대부분의 영아들은 난간을 붙잡거나 다른 사람의 손을 붙잡고 똑바로 선 자세로 계단을 올라갈 수 있다. 그러나 2세 영아들도 아직까지 계단을 한 칸씩 올라가지 못하고 한 발로 계단을 올라간 다음, 다시 다른 한 발을 동일한 계단 위에 올려놓는다. 다음 계단을 올라가기 위해서 다시 한 발을 다음 계단 위에 올려놓고 다른 한 발을 마저 올려놓는 방식으로 계단을 올라간다. 발을 바꾸면서 계단을 올라갈 수 있는 형태는 3세경에 가능해진다.

〈표 5-3〉 영아의 연령에 따른 운동발달과정

종목	월령
목을 가눈다	3~4개월
스스로 뒤집는다.	4~5개월
혼자서 앉는다	6~7개월
긴다	8~9개월
붙잡고 선다	9~10개월
혼자서 선다	12개월
손을 잡고 걷는다	12개월
혼자서 걷는다	12~15개월
공을 발로 찬다	15개월
손을 잡고 계단을 오른다	18개월~2년

2) 소근육 운동의 발달

영아는 혼자서 앉거나 걸을 수 있는 직립자세를 취하게 되면 양손이 자유롭게 되고 손을 뻗어서 모빌을 잡고 환경을 조작할 수 있도록 된다.

영아는 손 운동, 팔 운동의 발달과 함께 조작기능이 발달되어 간다. 눈과 손의 협응이 이루어진 다음에야 자신이 원하는 물체를 붙잡을 수 있다. 이러한 조작기능의 발달은 우리에게는 간단하지만 영아에게는 복잡한 과정이다. 소근육의 발달로 눈과 손의 협응이 나타나기 시작하는 것은 약 3개월이다. 4개월이 되면 때때로 손을 뻗쳐 물건을 잡으려고 시도하지만 잡을 수는 없다. 5개월이 되면 초보적인 움켜잡는 형태가 나타나며 손을 뻗어 물건을 잡을 수 있다. 6개월이 지나면 물건을 한 손만으로도 움켜쥘 수 있다. 그러나 정확하게 물체를 손에 넣어 쥘 수 있는 시기는 생후 7~8개월경이며, 9개월경에는 손으로 힘있게 쥘 수 있고 물건을 집기 위해 행동을 수정할 수 있다. 12개월이 지나면서 손가락 끝을 사용하여 정확히 물체를 잡기 시작한다. 눈과 손의 협응 동작도 점점 세밀하게 할 수 있게 된다. 1년 6개월이 되면 2~3개의 블록을 쌓을 수 있다.

제6장

영아기의 인지 · 언어발달

외부의 자극을 수용하는 「지각」, 지각된 정보를 상징적으로 개념화하고 저장하는 「기억」, 그 기억이나 경험을 해석하고, 직면하는 문제 해결에 도움되거나 계획을 세우거나 하는 「사고」, 이러한 기능이 영아기에는 미분화로 인해 이들의 기능을 총괄하는 「인지(cognition)」라는 개념을 갖고 있다.

1960년대 이후 인지기능의 발달에 대하여 많은 연구가 되어 왔지만 그 연구들의 기초가 되는 것이 Piaget의 인지발달 이론이다.

Piaget는 신생아라 하더라도 수동적인 존재가 아니라 자기 나름의 반응원리나 학습 원리를 가지고 있는데 그 행동이나 능력은 처음에는 단순한 「반사」에 의한 것이지만 「동화」나 「조절」을 거쳐서 「순응」하고 상호 협응해 간다는 것이다.

생후 2년까지 영아는 세상에 대한 인식을 감각기관과 운동기능을 통해 세상과 사물에 대한 기본적이고 초보적인 개념(시간, 공간, 인과성 등)을 이해하기 때문에 이 시기를 감각운동기라고 부르고 총 6개의 발달단계로 나누고 있다(Piaget, 1952).

1. Piaget의 인지발달

1) 반사운동기(reflex activity: 출생~1개월)

영아는 사물을 보고, 빨고, 잡고, 큰소리에 반응하기 등 생득적 반사행동을 한다. 영아는 빨기반사나 잡기반사의 능력을 가지고 주위의 환경과 접촉함으로써 외부세계를 이해하게 된다. 피아제에 의하면 빠는 행동은 영아에게 사물에 대한 정보를 준다. 아기는 젖꼭지를 빠는 것뿐만 아니라 자신의 손가락, 옷, 담요 등 입에 닿는 모든 것을 자동적으로 빤다. 그리하여 모든 대상을 빨기 도식(sucking scheme)에 동화시켜 보는 것이다. 이렇듯 반사운동을 통해 여러 가지 도식을 형성해 가므로 반사운동 시기라고 한다. 영아가 사물을 보고, 잡고, 빠는 선천적 반사는 사물의 특성을 이해하는 중요한 지적 발달의 한 과정이다.

2) 1차 순환반응(primary circular reaction: 1~4개월경)

피아제의 감각 운동기 두 번째 단계는 1차 순환반응단계라고 일컫는다. 순환반응이란 쉽게 말하면 반복 행동을 뜻한다. 감각 운동기 기간의 영아는 같은 행동을 여러 번 반복하는 반복 행동을 자주 보이는데, 이것이 순환반응이다. '순환'이라 불리는 것은 '행동(action)-사건(event)-행동(action)'의 순서가 계속되기 때문이다. 예를 들어, 쿠잉을 하는 영아는 자신의 입으로 소리를 만들어 내고 그 소리를 듣고, 들은 소리를 또 만들고, 다시 듣고 계속 반복한다.

감각 운동기의 두 번째 단계가 '1차' 순환반응인 이유는 이 시기에 아기 자신의 여러 신체부분에 대한 순환반응이 관찰되기 때문이다(Crain, 2000). 예를 들어, 손을 오므리기도 하고 피기도 하고 손발을 파닥파닥 하기도 한다. 영아의 행동이 목적이나 의도성 없이 재미로 자신의 신체에만 국한되어 있다는 의미에서 1차적이라는 용어를 사용한다. 영아는 물건에 관심을 갖고 활동을 반복하는 것은 아니다. 물건과 일체화한 자신의 신체활동 그 자체에 관심이 있는 것이다. 이러한 물건과의 활동도 제1차 순환반응으로 보게 되는 것이다.

이렇듯 생후 1개월이 지나면서 영아는 물건을 잡기, 보기, 빨기 등과 같은 개별적인 도식을 통합하여 잡기-빨기 도식과 같은 협응된 도식으로 발달시킨다. 예를 들어, 물건을 잡고 입으로 가져가서 빠는 행동이 가능해진다. 이것은 이 단계에서 획득되는 중요한 도식 간의 협응이다.

3) 2차 순환반응(secondary circular reaction: 4~8개월경)

자신의 신체 밖에 있는 환경에 흥미를 갖고, 생후 약 4개월 정도가 지나면 영아들은 2차 순환반응(secondary circular reaction)을 보이기 시작한다. 2차 순환반응이란 아기가 자신이 아닌 외부세계에서 흥미로운 사건을 발견한 후 이를 반복하려고 하는 도식을 말한다(Piaget, 1952). 예를 들어, 우연히 딸랑이를 흔들어 소리가 났을 경우, 영아는 잠시 멈추었다가 다시 한 번 그 소리를 듣기 위해 딸랑이를 흔드는 행위를 되풀이한다. 이는 어떤 대상이나 사람에게 우연히 한 행동이 흥미로운 결과를 가져온다는 것을 알게 됨에 따라 의도적으로 그 행동을 반복하게 된다. 또한 영아들은 어떤 장난감을 잡기 위해 그 장난감 위를 덮고 있는 보자기를 치우기도 한다. 이 시기의 영아는 인지적으로 이전 단계에 비해 세상에 대한 이해의 폭이 훨씬 넓어졌다고 할 수 있는데, 이들은 이제 자신만 보는 것이 아니라 주변 세계에 대해서도 관심을 보이면서 외부세상에 대한 개념을 형성하게 된다. 그와 관련하여 가장 논란이 되고 유명한 개념이 대상 영속성(object permanence)에 대한 이해이다. 대상 영속성이란 물체가 감각 영역을 벗어났다 하더라도 존재하고 있다는 사실을 말한다. 예를 들어, 손바닥 위에 동전을 올려놓고 있다가 손바닥을 접어 동전을 가린다 해도 그 동전은 여전히 존재한다. 3단계에 해당하는 영아들은 최초로 대상 영속성의 개념을 인지하기 시작한다(Piaget, 1954). 하지만 이들의 대상 영속성에 대한 이해는 매우 한정적이어서 다양한 오류를 범하게 된다. 감각 운동기 기간 동안 영아들은 대상 영속성을 서서히 획득하며, 전조작기에 완벽하게 대상 영속성을 획득하게 된다.

4) 2차 순환반응의 협응기(coordination of secondary reaction: 8~12개월경)

이 단계의 영아는 목적을 성취하기 위해 이전에 획득한 두세 가지 도식을 결합시킬 수 있게 된다. 지금까지는 '본다' 라는 감각과 '잡는다' 라는 감각은 각각 독립하고 있지만 그것이 통합하게 된다(눈과 손의 협응). 그래서 보는 것을 잡게 되는 것이다. 즉, 어떤 목표에 도달하기 위해 두 가지 도식인 잡는 것과 치우는 것을 협응시킬 수 있게 되며 목표 지향적이고 의도적인 행동을 한다. 예를 들어, 아이가 잡으려는 성냥갑을 손으로 막고 있으면 그것을 잡고자 하는 목적을 위해 손을 치우는 도식을 수단으로 활용하게 된다는 것이다(강란혜, 2008). 즉, 치우는 것과 잡는 것에 있어 어떤 대상이 공간적으로, 시간적으로 다른 사건보다 선행한다는 것을 알게 된다.

Piaget는 이러한 수단과 목적관계를 영아가 인과개념을 이해하는 첫 징후로 보았다. 또한 영아가 방해물을 치우고 숨겨진 물건을 찾아내는 행위는 물건을 숨기고 있는 것을 이해하는 대상 영속성(object permanence)의 개념을 획득하기 시작했다는 사실을 보여 준다. 이 단계에서 영아는 사라진 대상을 적극적으로 찾으려고 하는 영속성 개념이 최초로 싹트기 시작한다.

즉, 하나의 행동(보자기를 치우는 것)은 목적(장난감을 잡는 것)의 수단이라고 할 수 있다. 영아는 목표가 되는 하나의 도식에 도달하기 위해 수단이 되는 다른 도식을 이용하는 능력을 갖게 된다. 그러나 처음부터 목표 지향적이고 의도적인 행동을 하지는 못한다(Berk, 2008).

[그림 6-1] 2차 순환반응 협응기

출처: Berk(2008).

5) 3차 순환반응(tertiary circular reaction: 12~18개월경)

3차 순환반응은 대략 돌 전후에 시작되는 시기로서 1차와 2차 순환반응과 구분하기 위해서 '삼차'라고 부른다. 일차 순환반응기 동안 영아는 자신의 신체에 관심을 가지며 2차 순화반응기에는 외부세계에 있는 대상에 관심을 갖는다. 3차 순환반응기가 되면 영아는 실험적 사고에 열중한다. 예를 들어, 4단계의 영아에게 공을 주면 영아는 공을 던지는 행동을 반복하며(순환반응), 그것 자체를 즐긴다. 5단계의 영아는 여기에서 한발 더 나아가 공을 높이 던졌다 세게 던졌다 하면서 자신의 다른 행동이 공의 궤적이나 낙하 위치, 속도 등에 어떠한 영향을 주는지 탐색한다. 또한 영아는 팔이 닿지 않으면 원하는 장난감을 갖기 위해 막대기를 사용하여 밀어 보는 시도를 한다. 즉, 영아들은 새로운 상황에 접하면, 이에 적합한 새로운 인지 기술을 얻기 위해 적극적으로 모험을 시도한다. 즉, 3차 순환반응이란 영아가 의도적으로 물체에 대한 새로운 가능성을 탐색해 봄으로써 그 결과를 알게 되는 도식이다(Piaget, 1952).

이러한 의미에서 영아들은 호기심을 바탕으로 새로운 행동을 시작하고, 또한 여러 가지 순환반응이나 시행착오를 거쳐 어떤 목적에 도달하거나 문제를 해결하는 시기이다. 대상 영속성 역시 완벽하지는 않지만 상당부분 발달하고,

모방 행동 역시 발달하여 벽돌 쌓기, 종이에 낙서하기, 웃긴 표정 짓기 등으로 모방할 수 있다(Berk, 2005).

6) 표상적 사고(representational thought: 18~24개월경)

이 단계에서 행동을 사고로 내면화할 수 있는 표상 및 상징기능이 출현한다. 표상적 사고란 문제에 대해 정신적으로 추론하는 것인데 이 시기에 영아는 사물과 사건을 정신적으로 그려내기 때문에 머릿속에서 먼저 생각한 후 행동을 하게 된다. 이 단계는 감각 운동기 하위 단계의 최종 단계로 영아의 정신 기능은 감각, 운동의 영역을 벗어나서 상징적인 것으로 바뀌게 된다. 상징(symbol)을 사용할 수 있는(예: 언어) 능력을 발달시킨다. Piaget가 말하는 상징이란 특정 사건을 표상하는 내재화된 감각적 이미지 또는 단어이다. 이 시기의 영아는 3차 순환반응기처럼 시행착오를 통해 문제를 해결하지 않고 행동하기 전에 체계적으로 생각하기 때문에 문제를 더 빠르게 해결한다. 예를 들면 성냥갑 속에 들어 있는 구슬을 찾기 위해 성냥갑을 한참 쳐다보다가 방법을 생각해낸 후 상자를 열고 그 안의 구슬을 꺼내는 것으로 이러한 행동은 이전에 관찰하였던 성인의 행동을 모방하는 것이다. 정신적 표상이 가능해지면서 지연모방(deferred imitation)을 할 수 있게 된다. 즉, 어떤 행동을 목격한 후 그 행동을 그 자리에서 곧장 모방하지 않고, 일정한 시간이 지난 후에 그 행동을 재현하는 것을 말한다. 즉, 다른 사람의 행동을 즉각 모방하지 않고 하루나 이틀 후에도 모방할 수 있는 능력을 보인다(Piaget, 1951). 이러한 능력의 발달로 피아제 인지 발달 4단계 이론의 두 번째 단계인 전조작기로 접어들게 된다.

2. 대상 영속성 개념의 발달

Piaget는 출생해서 2세 사이에 가장 중요한 인지발달적 변화의 하나로 「대상 영속성(object permanency)」을 들 수 있다고 말한다. 영아는 일시적으로 보이지 않았던 사물이 다시 모습을 나타내고 그것이 전에 본 사물과 같은 사물이라는 것을 확인하는 경험을 거듭하면서 「눈앞의 사물이 보이지 않아도, 그것은 없어진 것이 아니라 어딘가에 영속적으로 존재하고 있는 것이다」라는 대상 개념을 획득해 가는 것이다. 이 개념을 획득하기 위해서는 자신이 주변 세계와 분리된 독립된 존재라는 사고를 할 수 있어야 한다. 감각 운동기의 하위 1단계와 2단계 동안, 영아는 외부에 사물이 존재한다는 것을 전혀 인식하지 못한다(Piaget, 1954). 즉, 영아는 시야에서 사라진 대상이 존재한다는 사실 자체를 이해하지 못하며 3단계에 들어와서야 대상 영속성에 대한 시각, 지각적인 접촉에 의존한다. 대상 영속성 발달의 6단계를 구체적으로 살펴보면 다음과 같다.

1) 제1단계(0~2개월경)

태어나서 2개월까지 영아는 대상 영속성의 개념이 전혀 없다. 시각 영역 안에 있는 대상을 쳐다보기는 하지만, 그 대상이 시야에서 사라지게 되면 보는 것을 중단하고 더 이상 관심을 가지지 않는다.

2) 제2단계(2~4개월경)

이 단계에서 대상 영속성의 개념이 조금 나타난다. 영아 앞에서 물건을 숨기면 대상이 사라진 곳을 잠시 바라보다가 이내 고개를 돌린다. 하지만 능동적인 탐색은 하지 않고 단순히 수동적으로 기대하고 있다. 이것은 대상 영속성의 개념이 형성된 것이라기보다 단순히 지속되는 행동으로 보인다. 방문 앞에 서있는 엄마를 쳐다본 아기는 엄마가 사라져도 다시 방문 앞을 쳐다본다.

영아는 원숭이 인형을 바라보았으나(왼쪽), 인형의 시야가 가려지면(오른쪽) 그 인형을 찾지 않는다.

[그림 6-2] 대상 영속성-5개월 된 영아의 반응

3) 제3단계(4~8개월경)

이 단계에서는 물체가 보이지 않아도 어딘가에 존재한다는 것을 알게 되어 능동적으로 찾기를 시도한다. 그러나 이 시기는 대상 영속성 개념의 초기로서 물체를 부분적으로 가려놓으면 물체를 찾을 수 있으나 보자기로 물체가 보이지 않게 덮어 놓으면 찾아내지 못한다. 대상이 완전히 감추어지면, 아기는 그 대상을 잊은 것처럼 행동한다. 이처럼 감춰진 물체를 찾으려고 하지 않는 것은 대상 영속성의 개념이 완전히 발달하지 못한 것으로 해석할 수 있다.

[그림 6-3] 대상 영속성 하위 3단계

4) 제4단계(8~12개월경)

4단계 영아는 완전히 가려진 물체도 찾을 수 있다. 수건 밑에 마이크를 숨겼을 때 이 단계의 영아는 단번에 수건을 들추고 찾아낸다. 그 다음에는 다른 수건 밑에 숨기면 물체를 처음 감춘 장소에서 찾으려고 한다. 대상을 여러 번 옮겨서 숨기면 그 대상을 잘 찾아내지 못하고 처음 감추었던 곳에서만 찾는다. 예를 들어, A 지점에 장난감을 숨기면 이 시기 영아들은 문제 없이 그 장난감을 찾을 수 있다. 그런데 이 행동을 몇 번 반복한 후, 그 장난감을 새로운 장소인 B로 옮긴다고 하자. 이때 영아는 A 장소에 장난감을 숨긴 후, 그 장난감을 꺼내 B 장소로 옮기는 장면을 고스란히 보고 있다. 그 다음 영아에게 장난감을 찾게 한다면 이들은 놀랍게도(B로 옮겨지는 장면을 보았음에도 불구하고) A 지점에서 장난감을 찾으려고 한다. 영아들이 숨긴 물체를 찾는 것은 물체가 시야에서 없어졌을 때도 계속해서 존재한다는 것을 이해하는 대상 영속성(object permanence)을 획득하기 시작했다는 증거이다. 즉, 이 시점에서 대상 영속성은 영아 자신의 성공적인 과거 행동과 연결되어 있으며, 위치 이동을 추적할 수는 없는 상태이다. 이것을 A-not-B 오류라고 부른다. 따라서 4단계는 영아들이 실수를 하기 때문에 대상 영속성의 획득이 아직 완전하지는 않다.

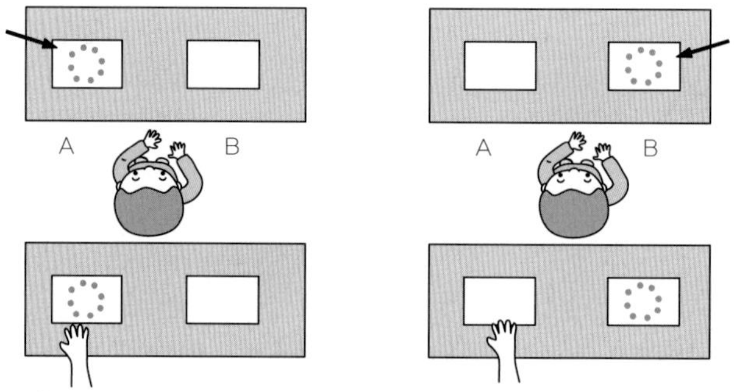

· 좌측: 제4단계의 영아는 A에 있는 장난감을 찾을 수 있다.
· 우측: 숨겨진 장난감을 찾는 데 오류가 생긴다.
· 영아는 장난감을 A에서 B옮기는 장면을 보아도 A지점에서 장난감을 찾는다.

[그림 6-4] 제4단계 A-not-B 오류

출처: 明和 · 鈴木(2012. Jacque(2004). 재인용).

5) 제5단계(12~18개월경)

5단계의 영아는 옮겨 놓는 행동 자체를 보기만 한다면 물건을 찾는 데 더 이상 어려움을 겪지 않는다. 그러나 보이지 않는 곳에서의 이동으로 숨긴 대상을 찾을 수 없다. 예를 들어, 장난감을 A 장소에 숨긴 후, 아이에게 보이지 않게 B 장소로 옮기면 이 시기의 아동은 오직 A 장소만 탐색하며, 여기에 장난감이 없다는 사실을 깨닫고 당황한다. 이들은 B 장소에 장난감이 이동될 수 있다는 사실을 아직 인식하지 못한다. 왜냐하면 대상이 시야에서 사라진 후에 일어날 수 있는 그 어떤 위치 변화도 상상하거나 표상할 수 없기 때문이다.

6) 제6단계(18~24개월경)

6단계의 영아는 대상 영속성 개념이 완전하게 발달한다. 이 시기에는 눈앞에 없는 사물에 대한 내적표상이 모두 가능하다. 숨겨진 채로 이동이 이루어진 후에도 옮겨 놓은 대상을 찾아낼 수 있다. 예를 들어, 장난감을 담요 밑에 넣고 이 담요 속에서 장난감을 베개 아래로 넣은 다음 담요를 치우면 영아는 베개 밑에 있는 장난감을 찾아 낼 수 있다. 이것은 사물과 사건의 내적 표상이 가능해졌기 때문이다.

위의 실험 외에 습관화법을 이용해서 영아의 인지능력 평가를 알아본 실험은 [그림 6-5]와 같다. (a) 연구자는 영아를 두 가지 사건에 익숙하게 만든다. 짧은 당근과 긴 당근이 교대로 노란 스크린 뒤로 지나간다. 영아가 창문을 인식할 수 있도록 스크린 색깔을 바꾸어 준다. (b) 가능한 사건에서는 창문틀보다 짧은 당근은 파란 스크린을 지나가고 다른 쪽에서 다시 나타난다. (c) 불가능한 사건에서는 창문틀보다 긴 당근이 스크린 뒤로 지나가는데 창문에서는 사라지고 다른 쪽 끝에서는 다시 나타난다. 2개월 반~3개월 반 된 영아들은 불가능한 사건을 더 오래 쳐다본다. 이러한 결과는 영아들이 대상 영속성을 어느 정도는 이해하고 있다는 것을 알 수 있다. 영아는 스크린에 덮인 사물이 더 이상 존재하지 않는 것처럼 보이게 해주는 불가능한 사건들을 더 오래 쳐다본다는 점을 강조하였다. 영아들은 불가능한 사건을 더 오래 쳐다보는 것은 스크린 뒤로 이동된 사물이 계속 존재하기를 기대한다는 점을 암시한다(Berk, 2005).

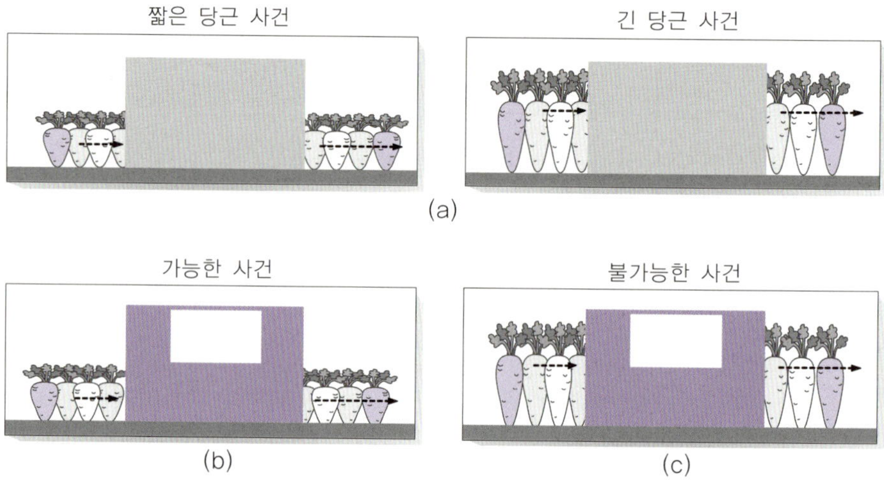

[그림 6-5] 습관화법 기초한 대상 영속성 이해

출처: Baillargeon & DeVos(1991).

〈표 6-1〉 감각운동기 하위 6단계

하위단계	연령(개월)	행동특성	대상 영속성의 발달
1단계 - 반사운동기	출생~1	• 태어나면서 갖고 있는 반사적 행동을 하는 시기이고 감각발달이 현저하다. • 신생아는 반사를 이용해서 외부 세계에 적응해 간다.	• 물건을 숨겨도 대상에 반응하지 않는다.
2단계 - 일차순환반응기	1~4	• 보고, 잡고, 빠는 등 단순한 동작을 할 수 있다. • 자신의 신체에 관한 운동이 반복해서 나타난다(순환반응).	• 대상이 사라진 곳을 잠깐 응시한다. 대상이 사라져도 보고 있었던 곳을 계속 보고 있을 뿐 특별한 반응이 없다.

하위단계	연령 (개월)	행동특성	대상 영속성의 발달
3단계 - 이차순환반응기	4~8	• 4개월경에 눈과 손의 협응이 발달한다. 자신의 행위가 대상에 대해 어떠한 결과를 가져오는가에 관심을 나타내고 행동을 반복한다(2차 순환반응). • 외부의 대상에 몰두한다. • 목표지향적인 행동이 나타난다.	• 부분적으로 감추어진 대상을 찾을 수는 있으나 완전히 감추어진 대상을 찾지는 못한다.
4단계 - 이차 순환반응의 협응기	8~12	• 목적을 달성하기 위해 수단을 선택한다. 그러나 새로운 상황에 맞추어 자신이 사용해 온 도식을 변경시키는 것은 아직 할 수 없다.	• 대상 영속성 개념의 획득으로 숨겨진 대상을 찾는다. 감추어진 사물을 눈앞에서 별도 장소로 이동시켜도 처음 감추어진 장소를 탐색할 뿐이다(AB 오류 현상).
5단계 - 삼차 순환반응기	12~18	• 문제해결을 위해 각종 도식을 사용·탐색하고 새로운 수단이나 방법을 발견한다(3차 순환반응).	• 사물의 이동을 이해하고 새로운 장소에서 찾아낼 수 있다. • 보이는 곳에서 이동한 대상만 찾아낸다.
6단계 - 정신적표상기	18~24	• 표상이 발달한다. • 머릿속에서 행동을 생각하고 보다 적합한 행동을 선택할 수 있다. • 지연모방이 가능해진다. • 상징 등 정신적 표상이 가능하다.	• 대상 영속성 개념을 완전히 획득한다. • 보이지 않게 이동한 대상도 찾아낸다(사물의 인지적 표상이 형성).

3. 언어발달 이론

영아가 언어를 획득하는 과정에 대한 설명은 크게 세 가지 이론으로 접근해 왔다. 언어발달의 경험이나 환경을 중요시하는 학습론적 관점, 복잡한 언어규칙을 분석하고 적용하는 능력을 타고났다는 생득론적 관점, 그리고 타고난 능력과 경험의 상호작용을 강조하는 관점으로 나눌 수 있다.

1) 학습이론

Skinner(1957)에 따르면 아동의 언어발달은 강화와 모방이라는 학습원리에 의해 습득된다고 하였다. 강화를 통해 점차 언어를 습득하고 연습을 통해 세련되어진다는 것이 이들의 주장이다. 주변으로부터 강화 받은 소리는 계속해서 사용되어 가는 과정을 통해 언어발달이 일어난다고 보았다. 영아가 성인의 언어와 비슷한 옹알이를 발성했을 때, 그리고 옹알이에서 단어로 바뀌기 시작하면 올바른 언어가 나타날 때 이를 성인들이 강화해 줌으로써 영아에게 언어를 가르치기 시작한다고 보았다. 이러한 방법으로 영아가 강화 받을 수 있는 발화와 문장의 길이를 점차 늘려 긴 문장의 발화를 이끌어 가는 것이 언어발달이라고 설명하였다. 즉, 강화 받은 소리는 계속해서 발전시켜 나가며 강화 받지 못한 소리는 소멸되는 과정을 통해 영아는 언어를 학습해 간다는 것이다. 이는 언어발달과정에서 환경의 역할을 중요하게 여긴 것이다.

Bandura(1977)는 사회학습 이론에서 주변 인물로부터의 강화되는 반응뿐만 아니라 모방도 언어학습의 중요한 기제라고 보았다. 영아가 완전히 새로운 언어를 만들기보다는 타인의 언어행동을 관찰하고 모방함으로써 언어발달을 하게 된다는 것이다. 또한 모방할 때 정확하게 소리를 내면 더 많은 강화를 받게 된다는 것이다. 하지만 Bandura의 이론은 강화와 모방은 단순히 성인의 소리를 모방하여 이루어진다는 주장인데, 영아의 언어는 강화를 받지 않아도 저절로 발달하는 것이며 영아들이 보이는 문법적 오류가 일어날 때, 예를 들어,

go를 goed로 하는 실수는 모방 이론으로는 설명할 수 없다는 문제가 있다. 또한 엄마가 영아에게 "맘마 많이 만들어 줄게" 라고 하면 영아는 "맘마 많이"라고 말을 한다. 이 경우 영아의 모방은 새로운 구조를 포함하고 있지 않다. 이어문 시기 영아의 경우 "맘마 많이"라는 문장에 있는 것처럼 이어문 밖에 모방할 수 없다. 따라서 모방이 언어발달에 있어 중요한 역할이라고 생각하지 않는 것이고 또한 영아를 수동적으로 보는 것이다. 영아들은 부모 반응에 관계없이 새로운 단어를 창조하여 문장을 만들기도 한다. 영아는 자기가 이해하고 있는 어떤 규칙을 사용해서 언어를 배우게 되는데 이것에 대한 언급이 없다.

오늘날 대부분의 언어발달 연구자들은 영아의 문화적 배경의 다양성에 관계없이 그리고 지도 학습 없이도 모국어를 배울 수 있다고 주장한다. 하지만 부모나 교사의 지지, 개입은 아동의 언어 학습을 증진시키는 것으로 알려져 있다(MacWhinney, 1999).

2) 생득이론

생득론자들에 의하면 인간은 언어를 습득하도록 생물학적으로 프로그램되어 있어 어느 시기가 되면 말하는 것을 배운다고 주장하는 것이다. 언어학자인 Chomsky(1957)는 언어발달에서 강화나 모방의 중요성을 인정하지만, 강나 모방 이론만으로는 언어발달을 설명하는 것이 불가능하여 생득적으로 언어획득장치(LAD: Language Acquisition Device)를 통해 언어를 생산해 낼 수 있다고 하였다. 이는 언어획득 장치를 통해 투입된 언어자료를 처리하고 규칙을 형성하며 문법에 맞는 문장을 이해하고 산출하게 된다는 것이다(그림 6-6).

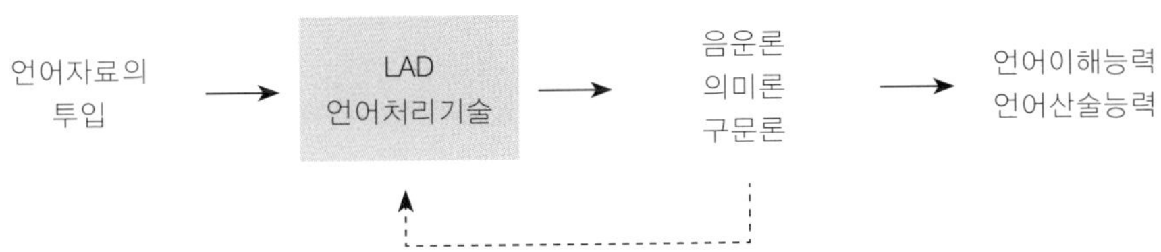

[그림 6-6] 언어습득모형

따라서 영아는 어떤 말을 할 때, 들은 그대로 말하는 것이 아니라 들은 내용을 이해한 후 문법규칙들을 사용하여 새로운 문장을 만들 수 있게 되는 것이다. 또한 그는 언어를 문법적 구조인 표면구조와 언어의 의미인 심층구조로 구분하였다. 표면구조는 언어의 문법적인 구조이고, 심층구조는 언어의 의미를 뜻하는데 언어발달에서 문법보다는 의미를 강조했다. 영아는 심층구조를 먼저 획득하고 이것을 다시 음성학적인 구문인 표면구조로 바꾸는데 이 과정에서 변형문법을 적용할 수 있는 생득적으로 갖고 태어난 LAD 때문이라고 보는 것이다. "나는 딸기를 좋아 해."라는 문장에 부정문을 만드는 규칙을 적용하면 "나는 딸기를 싫어 해.", "나는 딸기를 좋아하지 않아." 등과 같이 표면구조로 말할 수 있는 변형문법을 적용한다. 이와 같은 생득이론은 환경의 영향을 받아 언어를 배우기보다는 영아가 스스로 타고난 가능성 때문이라고 주장한다. 생득이론은 전 세계 모든 아동들이 비슷한 언어발달 과정을 거친다는 점, 두뇌의 특정부분이 언어와 관련이 있다는 점, 그리고 언어발달에 민감한 시기가 있다는 점에서 공감을 얻고 있다. 그러나 생득이론은 언어발달이 생득적인데 왜 영아마다 다르게 나타나는지에 대한 설명과 경험 여부에 따라 다르게 언어발달이 일어나는 것을 설명해주지 못한다는 비판을 받고 있다. 즉, Chomsky 이론을 비평하는 사람들은 언어습득장치가 있다는 것을 의심한다(Maratsos, 1998).

3) 상호작용 이론

앞에서 살펴본 바와 같이 학습이론, 그리고 생득이론에 의해 언어발달이 일어나고 있다는 것을 알 수 있다. 상호작용 이론에 따르면 인간이 선천적으로 특수화된 언어적 지식이나 처리기술을 갖고 있지 않다. 따라서 언어발달에서 생물학적 성숙도 중요하지만, 영아의 언어능력은 사회적 상황에서 얼마나 언어에 노출되는가에도 달려 있다고 주장한다.

대표적인 상호작용 이론가인 Bruner(1996)는 영아의 언어발달에서 부모와 교사의 역할을 강조한다. 부모가 적절한 반응을 보임으로써 언어습득을 격려하고 증진시킬 수 있다는 것이다. 영아는 울기도 하고 하품을 하기도 하며 소리도 낸다. 영아의 이런 행동에 어머니가 적절하게 반응해줌으로써 상호작용을 하게 된다. 이런 상호작용의 과정들 없이 영아의 언어발달은 불가능하다는 것이다. 예를 들어, 부모가 영아의 한 단어에 축소된 의미를 읽고 그 뜻을 읽어주면 영아는 더 많이 말을 하게 된다. 반면에 부모가 축소된 의미를 읽지 않고 반응을 보이지 않으면 점점 영아의 언어사용 폭도 줄어드는 것이다. [그림 6-7]에서 보듯이 반응성 높은 어머니는 언어발달 이정표에서 앞서는 것으로 나타났다(Tamis-LeMonda, Born-stein, & Baumwell, 2001). 이와 같이 상호작용 이론은 학습이론과 생득이론을 종합하여 확장시킨 것으로 각각의 개별적 설명보다는 언어발달을 더 정확하게 설명해 준다

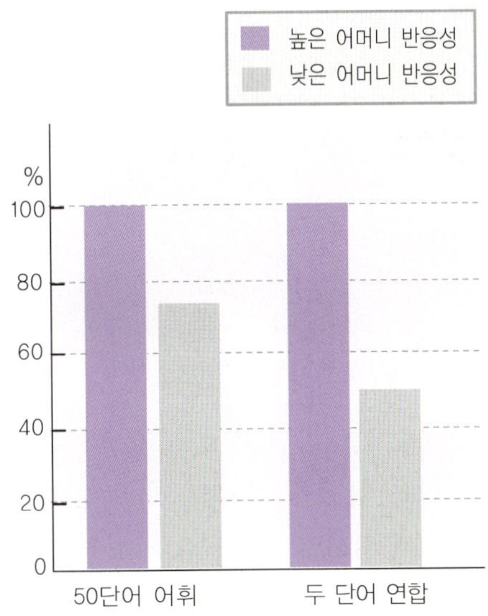

[그림 6-7] 언어발달 이정표

4. 언어발달과정

1) 언어 이전의 단계

출생 후 1년까지를 언어 이전단계(prelinguistic phrase)라고 하는데, 아이가 아직 말을 시작하지 못하고 소리의 산출로 의사전달을 한다. 언어 이전단계의 언어행동으로는 울음, 옹알이, 음성모방, 몸짓이 있다(그림 6-8).

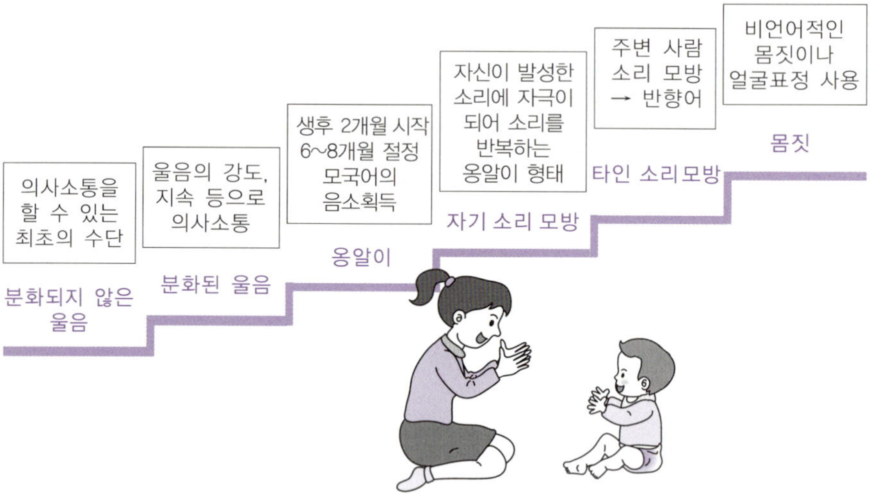

[그림 6-8] 언어 이전의 단계

(1) 울음

신생아기의 분화되지 않은 울음은 아기의 첫 발성으로 아기가 자신의 욕구를 표시할 수 있는 유일한 방법이다. 왜냐하면 출생 후 약 1개월 동안의 영아가 낼 수 있는 소리는 거의 울음소리뿐이기 때문이다. 그리고 초기의 울음은 반사적 반응으로 분화되지 않아서 울음의 의미를 구분하기 어렵지만, 분화된 울음은 생후 1개월에서 2개월 사이에 울음소리가 분화되면서 울음의 다른 패턴, 강도, 그리고 고저로써 아기가 배고픈지, 졸린지, 화가 났는지 또는 고통을 겪는지 등 내적, 외적자극의 변화에 대응하여 불쾌한 울음소리나 칭얼거리는 소리 등의 음성으로 다른 사람에게 자신의 욕구와 감정을 알리는 신호의 역할을 한다. 이처럼 울음은 정확한 의사전달의 수단으로 사용된다.

(2) 쿠잉(cooing)

생후 1~2개월경에는 자기가 애호하는 대상물이나 양육자의 얼굴을 바라보면서 울음소리와는 전혀 다른 모음같이 들리는 목울리는 “구구”소리 등을 내기 시작한다. 이것은 목을 울려 낮게 내는 소리로서 쿠잉이라 부른다. 대개 아이가 수유 후의 편안하고 쾌적한 상태일 때, 만족할 때 내는데 이것을 통해 영아는 즐겁거나 기쁘다는 신호를 보내게 된다.

(3) 옹알이(babbling)

생후 2~5개월경에는 자신의 입술이나 혀 등의 발성기관을 통해서 음을 낼 수 있다. 양육자가 말을 걸거나 뺨을 만지거나 하면 그에 응할 수 있도록 모음모양 혹은 자음모양의 음을 길게 끄는 발성이 일어나게 된다. 주로 “아-” “와-”라는 모음으로 시작되어 아기가 3~4개월경부터는 모음과 자음이 합성된 “바-바-바”, “다-다-다-다” “맘맘맘” “차차차”와 같이 똑같은 소리를 반복하는 옹알이가 시작된다. 의미가 불분명하고 특수한 전달 의도는 가지고 있지 않다. 그러나 생후 6~8개월이 되면 모국어의 음성이 중심이 되어 모국어의 말소리만 구분할 수 있다. 아직 의미가 없는 발성행동으로 이 시기에 옹알이가 절정에 이르며 대개의 경우 1년이 지나면 감소하게 된다. 옹알이는 만족한 상태에서 혼자 있을 때 가장 많이 한다. 자신이 내는 옹알이 소리에 대해 주위에서 반응을 보이면 더 많이 하게 되고 반응이 없으면 점차 옹알이를 하지 않게 된다(Goldstein & Schwade, 2008). 따라서 옹알이는 주변 인물로부터의 강화를 통해 모국어를 습득하는 중요한 기제로 작용한다. 옹알이를 구성하고 있는 음소를 분석해 보면 나중에 영아가 자라서 구사하게 될 모국어에 없는 음소까지도 포함되어 있다(Siegler, Deloache & Eisenberg, 2010). 따라서 전 세계의 영아들이 옹알이 단계에서 비슷한 소리를 내는 것이다.

언어의 음소구분 지각 실험 - 습관화 방법

Eimas 등(1971)은 1~4개월 된 영아들을 대상으로 빨기 습관화를 통한 언어의 음소 지각에 관한 실험을 하였다.

R, L로 시작하는 음절을 미국성인과 일본 성인에게 제시하고 이 두 음절 간의 유사성을 평정하도록 하였다. 미국인들은 R과 L을 별도의 집단으로 묶어서 지각하는 반면에 일본인들은 그렇지 않았다. 이 결과를 가지고, 일본 영아에게 R, L을 반복해서 똑같은 음을 들려주고 그 때의 심장박동의 반응을 조사했다. 영아가 그 음에 습관화 되면 심박 수가 감소한다. 습관화된 상태에서 새로운 음을 들려준다. 만약 영아가 처음 음과 새로운 음의 차이를 구별하면 심박 수가 증가하게 되는 것이다. 그 결과 일본 영아들이 자기 모국어에 없는 음소까지 지각하고 있음을 알 수 있었다. 따라서 태어날 때는 인간 언어가 허락하는 모든 소리를 구별해낼 수 있다. 특정 언어 환경에서 자라면서 자기 모국어에서 쓰이지 않는 소리의 구분을 무시하게 되는 것이다(Eimas, Siqueland, Jusczyk & Vigorito, 1971).

(4) 자기 소리의 모방

생후 6개월 내지 8, 9개월의 영아는 스스로 소리를 만들어 반복해내는 자기 소리의 모방을 한다. 그리고 이 시기에는 주위의 소리를 더 잘 인식하게 되면서 우연히 자신이 들었던 것을 반복한다. 또한 발음의 강약으로 자신의 감정을 표현하면서 억양 패턴이 독특해진다. 이러한 음성모방을 하는 것이 영아의 발성을 촉진하는 커다란 자극이 되고 있다. 음성모방을 통하여 영아가 내는 음조, 리듬 등이 서서히 모국어화 되는 것이다. Bruner(1983)는 이와 같은 음성언어나 몸짓, 시선에 의한 모자 상호작용을 「언어획득원조시스템(Language acquisition support system; LASS)」이라 하였다.

(5) 타인 소리의 모방

생후 9개월 내지 10개월부터 영아는 이해하지도 못하면서 성인의 소리를 모방하기 시작한다. 옹알이에서 의미가 있는 음성으로 변화해 간다. 이 시기에는 다른 사람의 소리를 그대로 모방하기 때문에 반향음내기(echolalia)라고도 한다. 이와 같은 타인 소리의 모방은 영아기부터 유아기까지의 언어발달에 중요한 역할을 한다.

(6) 몸짓

자신의 욕구와 정서를 몸짓으로 대신하게 된다. 원하는 것을 얻기 위해 손을 뻗거나, 인사할 때 손을 흔드는 등의 몸짓이 곧 의사 표시이다. 이러한 몸짓의 예로, 긍정의 의미로 고개를 끄덕인다던가, 우유를 달라고 빈컵을 보이는 등이 있다(Santrock, 2004).

2) 언어적인 언어

(1) 한 단어 문장

생후 1년쯤이 되면 영아는 엄마, 아빠 이외의 의미 있는 단어를 말하기 시작하면서 빠른 속도로 단어를 획득하기 시작하는데 보통 한 개의 단어로 의사소통을 시작한다. 이때부터 18개월경까지를 한 단어 문장 시기라 한다. 첫 단어는 주로 엄마, 아빠, 맘마와 같은 한 개의 단어인 일어문이다. 영아는 이름이나 명사를 배우면서부터 언어발달이 가속화된다(Camaioni, 2002). 영아가 발달초기 단계에서 여러 가지 의미를 포함하여 한 단어로 말을 하는 이유는 음성언어, 표현 언어의 능력이 부족하고 문법을 아직 습득하지 못했으며 문장 전체를 표현할 만큼의 기억력이 부족하기 때문이다. 12개월이 되면 평균 10개 어휘 정도가 나타난다. 한 단어로 말을 하면서 단순히 단어의 의미만이 아닌 전체 문장을 대신해서 말하면서 의미를 전달한다. [그림 6-9]에서 보듯이 '아빠'

는 "아빠 이것.", "아빠의 시계다.", "아빠 안아줘."라는 의미로서, 하나의 단어가 상황에 따라서 다양한 의미를 함축하는 것이다. 또한, 배고플 때 '엄마'는 "엄마 젖 줘!", 엄마에게 혼났을 때의 '엄마'는 "엄마 미워."라는 의미이다. 즉, 이 시기 영아가 사용하는 하나의 낱말은 단어가 아니라 의미가 담긴 문장이 된다. 따라서 양육자는 영아의 억양과 몸짓을 통해 무엇을 원하는지 그 의미를 파악해야 한다.

또한 이 시기의 영아들은 과잉축소현상과 과잉일반화현상이 일어난다. 과잉축소현상은 특정한 단어를 실제보다 좁은 범위에서 사용하는 오류이다. 예를 들어, '인형'이라는 말을 자신의 곰 인형만을 '인형'이라는 뜻으로 한정하는 것이다. 과잉일반화현상은 대상과 사건 등에 관한 단어를 지나치게 넓은 범위에까지 확대시켜서 사용하는 오류이다. 예를 들어, 바퀴가 네 개 달리고 네모난 것을 "자동차"라고 배웠으면 기차나 버스, 트럭 등을 모두 자동차라고만 부르는 것이다.

이와 같은 과잉일반화현상은 어휘력이 충분하지 못하여 생기는 것으로 모든 영아에게 나타나는 것은 아니며 어휘력과 발음능력이 향상되면서 사라지게 된다.

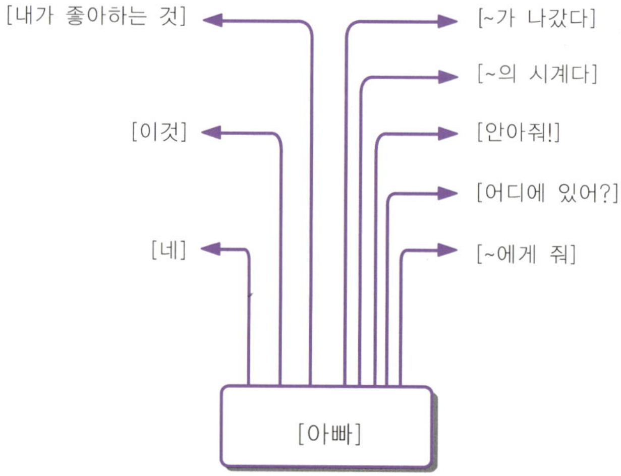

[그림 6-9] 한 단어 문장이 표시하는 것

출처: 村田(1973).

(2) 두 단어 문장

18~24개월에는 어휘가 급격히 증가하여 한 달에 10~20개의 단어를 학습하게 된다(Reznick & Goldfield, 1992; Smith & Cowie, 1991). 18개월에 영아는 50여 개의 단어를 말한다. 50단어를 이해할 때(약 13개월 때)와 50단어를 산출할 때(약 18개월 때) 사이에는 약 5개월 정도의 시차가 있다(Menyuk, Liebergott & Schultz, 1995). 24개월이 되면 6배 이상 늘어난 약 320개 단어를 말하게 된다. 대체로 어휘가 200개에 이르면 걸음마기 영아는 두 단어를 결합하기 시작한다. 일어문의 단어들을 결합하여 보다 정교하고 명료하게 이어문을 하게 되는 것이다.

이때에는 두 개의 단어를 사용하여 자신의 의사표현을 시작하는데 문법적인 조사, 전치사, 접속사 등은 사용하지 못하고 명사, 동사, 형용사 등을 두 개 이상 사용하여 나열한다. 두 단어 문장이 처음 나타나기 시작할 때는 주로 사람-동사(엄마 가), 동사-사물(줘 까까), 동사-장소(가 집)의 형태를 취한다. 두 단어 단계의 언어를 보면 주축어(pivot class)와 개방어(open class)로 구성되어 있다. 주축어는 두 단어의 구에서 처음에 나타나는 것으로 자주 사용되며 소수의 어휘들로 구성되어 있다. 개방어는 두 번째 나타나는 것이다(Ingram, 1989). 예를 들어, '없다 우유', '없다 까까', 등의 영아의 말들을 흔히 들을 수 있는데, 여기서 주축어는 '없다'이고 '우유, 가까'는 개방어이다. Brown(1973)은 영아의 언어는 성인이 전보를 보낼 때 사용하는 언어와 유사하다 하여 "전보식 언어"라는 말을 하였다. 영아는 의사소통을 할 때 명사를 주로 중심이 되게 사용하고 조동사, 관사, 전치사 등의 기능은 생략하면서 나열한다. 예를 들면, 엄마가 "나는 가게에 간다."라고 말하면, 이에 답하는 영아는 흔히 "나 가"라고 말하는데, 이것은 "엄마 나도 가게에 따라가고 싶어요."라는 의미의 말을 조사를 빼버리고 중요한 단어들만 말하는 것이다. 영아가 이렇게 두 개의 단어만을 사용하여 문장을 만드는 것은 기억과 정보처리 기술이 제한되어 있기 때문이다.

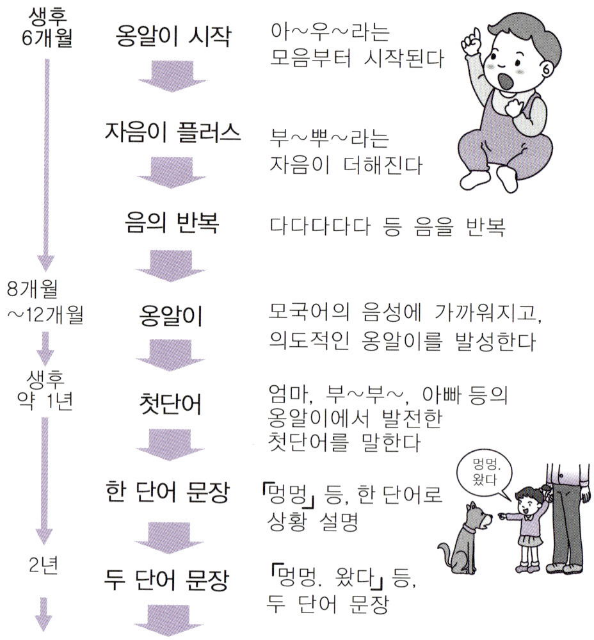

[그림 6-10] 영아의 언어발달

출처: 植木(2013). 수정함.

5. 언어발달에 영향을 미치는 요인

영아의 언어발달은 여러 가지 요인에 의해 영향을 받지만 언어 환경에 따라 다른 언어를 구사하게 되는 것은 명백하다. 언어발달 속도의 차이는 지적 능력처럼 어느 정도 유전적 요인에 의해 영향을 받기 때문에, 어떤 아동은 타고난 언어적 성향으로 인해 언어발달이 빠르기도 하고 늦기도 하는 개인차를 보인다.

언어발달에서는 여아가 남아보다 언어능력이 우세한 것은 두뇌 구조와 같은 생물학적인 차이에서 기인한다고 본다. 그래서 언어능력의 차이로 인해 부모는 영아에게 더 많은 상호작용을 하기 때문에(Leaper, Anderson, & Sanders, 1998) 일찍 발달한다고 보고되고 있다. 언어의 성차에서 어휘, 발음, 철자법, 문장구성력, 문장이해력, 언어적 추리력에서 여아가 남아보다 우수한 경향을 보인다.

또한 가정의 사회 경제적 수준에 따라 영아의 언어발달이 달라지는 것으로 보고 있다. 계층별 차이를 설명하는 데는 결손가설(deficit hypothesis)과 차이가설(difference hypothesis)이 서로 상반된 견해를 보인다. 결손가설에서는 하류계층 영아의 언어가 경험 부족에서 야기된 발달지체의 결과라고 설명한다. 즉, 경제적으로 어려운 아이들은 한정어(restricted code)만을 사용할 가능성이 높아서 언어능력이 부족한 경우가 많아, 언어발달의 지체를 초래하게 된다는 것이다(Bernstein, 1971). 반면에 차이가설에서는 중류층 영아와 하류층 영아의 언어를 질적 측면에서 비교하지 않고 단순히 각 계층에서 사용하는 언어의 차이로 설명하고 있으며 차이 때문에 중류층 영아만을 염두에 두고 제작된 여러 언어검사에서 하류층 영아들이 실패하게 된다고 주장한다.

한편, 영아는 가정에서 부모와 상호작용을 함으로써 최초의 언어를 습득하게 되고 이를 계속 발전시켜 나간다. 따라서 부모가 아동과 어떤 언어 상호작용을 맺으며 어떤 언어모델을 제공하고 얼마나 언어발달을 자극하느냐가 대단히 중요하다. Brazelton(1974)은 의사소통의 가장 기본적인 형태는 영아가 어머니에게서 아주 부드러운 감정을 느끼기 위해서 취하는 행동이라고 하였다. 영아들은 어머니의 목소리가 들리면 목소리가 나는 쪽으로 고개를 돌릴 뿐만 아니라 고개를 돌려 어머니의 얼굴과 눈을 본다. 그리고 어머니에게 몸을 갖다 대기 위해 버둥거린다. 영아는 어머니가 말을 해주면 거기에 반응하는 능력을 사용해서 어머니와 상호작용을 하게 된다. 어머니는 또 그런 영아의 행동에 아이를 들어 올려 안아 주고, 흔들어 주고, 얼굴을 비벼주는 등 반응을 보인다(그림 6-11).

생후 1년 동안은 부모는 여아가 내는 소리를 의미 있는 것으로 받아들이고, 민감하게 반응해 주는 양육자에 의해 언어발달은 더욱 가속화되고, 2~3세 동안 일상적으로 집에서 책을 읽는 경험을 한 경우 그렇지 않은 경우의 영아들보다 언어능력을 더 증진시켜주므로(Whitehurst & Lonigan, 1998), 언어발달에 있어서 생득적 요인뿐만 아니라 부모의 상호작용도 중요하다는 것을 시사해 주는 것이다.

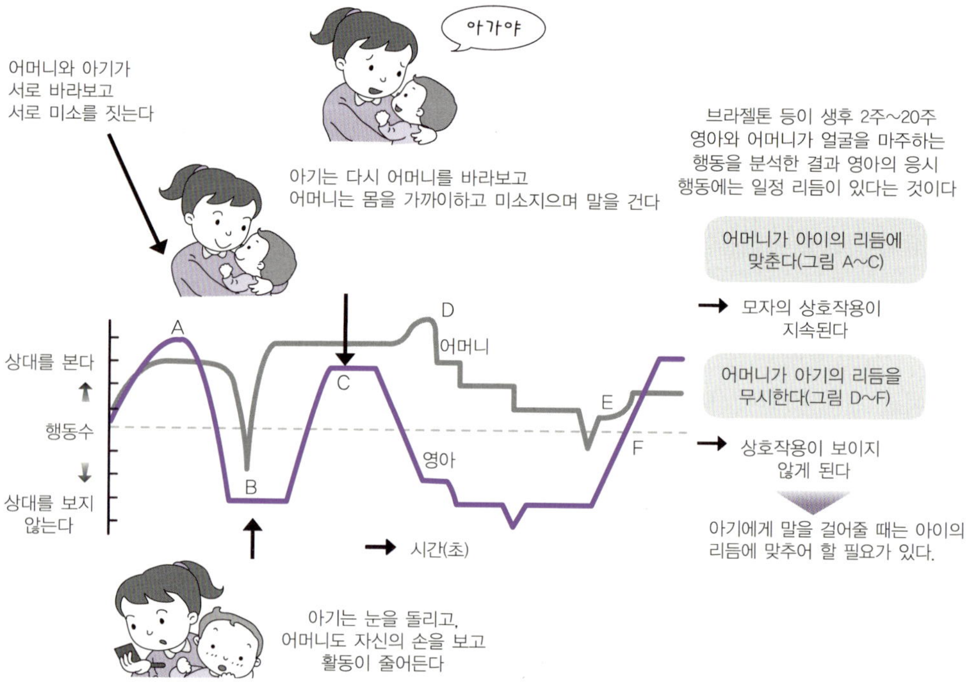

[그림 6-11] 반응적 어머니와 영아의 상호작용

출처: 林(2007); Brazelton 외(1974). 재인용.

이럴 때는 주의

발육상태가 정상이고 부모가 확실히 이야기를 해주는 아이 중에도 말이 늦는 아이가 있다. 다소 늦는 것은 걱정 없습니다만, 3세가 지나도 현저하게 늦는 경우는 읽고 쓰는 능력 외, 사고력의 발달에 까지 영향을 미칠 가능성이 있다. 다음과 같은 경우는 주의가 필요하다(「뉴스위크」, 1997).

【0~3개월】 영아가 말하는 것과 소리 나는 것들을 듣지 않거나 옹알이 등 반복적인 소리를 내지 않는다.

【4~6개월】 사이에 소리 나는 장난감을 알아보지 못하고 진공청소기 같이 소음이 나는 곳을 쳐다보지 않거나 부모가 '안돼' 라고 말해도 반응하지 않는다. 그리고 소리 나는 곳을 찾으려 하지 않는다.

【7~12개월】 짧거나 길거나 '타타, 읍읍 비비비비' 같이 소리를 이어서 내지 못하거나 발음이 분명하지 않더라도 한마디도 내뱉지 않고 이름을 불러도 반응을 보이지 않는다. 자신의 이름에 반응이 없고 우는 소리밖에 내지 않는다면, 전문가에게 문의해 본다.

【1세~2세】 그림책을 펼치고 '야옹이 어디있지?' 하고 물어도 손가락으로 가르치지 못한다. 이야기, 노래, 리듬에 귀 기울이지 않는다.

출처: 뉴스위크 특별판 1호(1999) 내용을 수정 보완.

제7장

영아기의 감각 · 정서발달

감각이란 감각수용세포가 자극으로부터 들어온 정보를 뇌로 전달하는 과정을 가리킨다. 반면에 지각이란 감각정보에 대한 해석을 하는 것으로, 보이는 것이나 들리는 것 또는 지금 맡고 있는 냄새가 무엇인지에 대해 아는 것을 의미한다. 그러나 감각과 지각의 경계는 모호하여 어디까지가 감각수준이고 어디서부터가 지각이나 사고인지 엄밀한 구분이 힘들다. 본 장에서는 영아의 감각을 측정할 수 있는 방법과 감각 발달에 대해 살펴보고자 한다.

1. 영아기 감각 연구 방법

아기는 이 세상에 태어나는 순간부터 주변의 소음, 사람의 목소리, 자극 등 수많은 감각 자극들에 접하게 된다. 그러면 영아들은 이러한 자극들을 어떻게 지각하는 것일까? 영아는 말을 잘할 수 없기 때문에 영아가 감각을 느끼는지 아닌지 지각을 할 수 있는지 여부를 확인해 볼 수 있는 방법이 없었다. 그러나 최근에 영아의 감각과 지각을 측정할 수 있는 방법들이 고안되었는데, 여기에는 선호도 측정법, 습관화 연구, 뇌파측정법 등이 있다(1장 영유아발달의 기초 참조).

2. 감각발달

1) 시각

인간이 감각기관을 통하여 주위환경으로부터 얻는 정보의 약 80%가 시각 정보에 의존하고 있다. 그러므로 영아의 시각 발달은 인지능력 발달에 대단히 커다란 부분을 차지한다고 할 수 있다. 시각은 영아의 감각능력 중 가장 늦게 성숙한다.

시력을 측정하는 방법은 뇌 활동으로 나타나는 전기적 신호를 측정하는 것이다. 영아가 눈앞에 주어진 자극을 뇌에서 지각하면 시각피질에 전기적 변화가 나타날 것이고 반응이 없다면 눈앞에 주어진 자극을 지각하지 못했다고 해석할 수 있다. 이러한 방법으로 영아의 시력을 측정한 바에 따르면 신생아의 시력은 0.02~0.03 정도이고(Haith, 1991), 그러다가 시력은 생후 6~9개월에 걸쳐서 빠르게 좋아져서 생후 6개월에 이르면 0.2가 되고 첫 생일을 맞이할 즈음 되면 성인의 시력과 거의 비슷해진다(Banks & Salapatek, 1983; Slater, 2001). 생후 1개월째에는 50cm 떨어진 엄마의 얼굴을 단지 뭔가 있다는 정도로 밖에 지각하지 못한다. 그러나 엄마를 다른 사람과 구별할 수는 있는 것은 엄마에게서 풍기는 냄새나 목소리를 통해 할 수 있다.

[그림 7-1]은 생후 1, 2, 3개월, 1년된 영아가 약 6인치 떨어진 거리에 있는 사람의 얼굴이 영아에게 어떻게 보이는지 컴퓨터를 이용해서 본 사람의 얼굴 모습이다. 영아의 시력은 처음에는 심한 근시현상을 보이지만 급속도로 시력이 좋아진다.

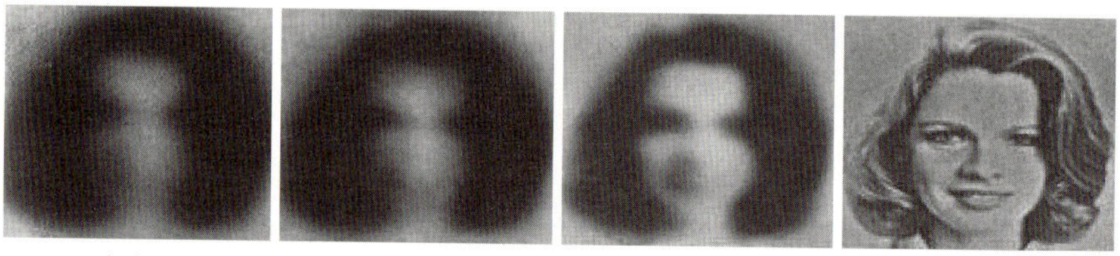

1개월 영아 2개월 영아 3개월 영아 1년 된 영아

[그림 7-1] 영아의 시력

출처: Santrock(2004).

〈표 7-1〉 시각의 발달

신생아	영아기		
생후 1개월경	생후 2개월경	생후 3~4개월경	생후 6개월경
시야가 협소하고 물체는 평면적으로 볼 수 있다.	사람이나 자신의 손 움직임을 눈으로 추적할 수 있다.	물체를 입체적으로 볼 수 있지만 음영의 겹침은 인식할 수 없다.	물체의 움직임과 형태를 알 수 있고 음영의 겹침을 인식할 수 있게 된다.

(1) 응시

생후 2개월이 되면 영아는 수평 방향으로, 생후 3개월이 되면 수직 방향으로 이동하는 대상을 눈으로 좇을 수 있게 된다. 영아는 움직이는 대상에 관심을 나타내고 그 움직이는 방향을 따라 시선을 옮길 수도 있다.

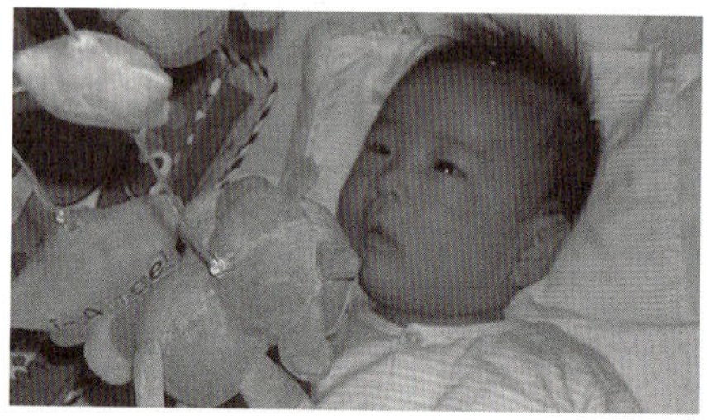

[그림 7-2] 응시(2개월 영아)

(2) 명암과 색의 지각

밝은 빛을 향해 일어나는 동공반사는 출생 시부터 보인다. 특히, 영아는 적색과 청색에 대한 응시시간이 길고, 황록색에 대해선 짧다. 빨간색과 주황색처럼 서로 비슷한 색은 구별하기 어렵다. 영아가 얼마나 일찍 색깔을 지각하느냐

하는 문제는 아직 일치된 견해가 없다. 그러나 일반적으로 2개월에서 4개월 사이에는 점점 색 구별을 하게 되면서 비슷한 색들도 구별하기 시작한다. 생후 2개월경, 붉은색과 초록색을 감지하는 망막 내 수용체가 기능을 하며, 2개월이 지나야 색깔이 민감한 세 가지 형태의 수용체(빨간색, 파란색, 초록색) 모두가 성인처럼 작동한다(Adams, 1989).

Bornstein과 그의 동료들(1976)은 대부분의 영아들이 약 4개월이면 최소한 어느 정도의 색깔 항상성(color constancy)을 가지고 있음을 밝혔다. 생후 4개월이 되면 색이 없는 회색판보다 색종이를 붙인 빨강판 쪽이 영아의 주의를 오래 끈다.

이와 같은 연구 결과에 의하면, 대체로 늦어도 생후 2~4개월경에는 분명히 색을 분별한다는 것을 알 수 있다. 단지 같은 색이라 할지라도 밝은 색(빨강, 노랑, 주홍, 하얀)을 어두운 색(검정, 보라, 회색, 자주)보다 더 좋아한다.

(3) 시각적주의

영아들은 움직이는 사물이 시야에 들어오면 능동적, 선택적으로 주의를 기울인다. 영아들은 주의를 기울인 자극들만을 명확하게 지각할 수 있다. 따라서 사물에 대한 주의력은 시지각의 가장 기본적인 요소라 할 수 있겠다.

[그림 7-3]에서 보통의 영아는 목표물이 시각적 장(Visual field)의 중심부에 들어오면 그것을 탐색하기 시작한다. 단순한 선으로 된 형태를 시각적으로 탐색할 때, 1개월된 영아는 단일 특징만을 매우 제한적으로 탐색하지만 2개월이 되면 보다 광범위하게 물체 생김세의 전 부분을 탐색한다(Salapatek, 1975).

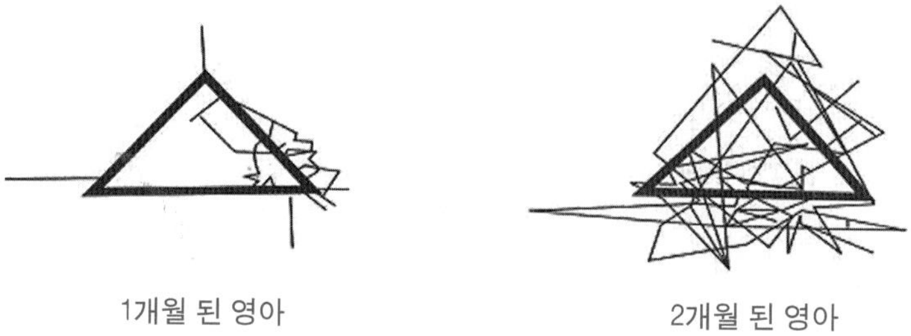

[그림 7-3] 영아의 시각적 탐색
출처: Salapatek(1975).

영아는 사람의 얼굴을 어떻게 지각하는가에 대한 연구(Maurer & Salapater, 1976)에서 1개월과 2개월 된 영아에게 사람의 얼굴을 특수 장치로 된 거울을 통해 보여주었다. 이때 영아의 눈이 움직이는 것을 사진으로 촬영하였는데 [그림 7-4]와 같이 나타났다. 그림에서 보는 바와 같이 1개월 된 영아는 얼굴 그림의 경계선을 주로 시각적으로 탐색한다. 턱 부분과 머리 부분으로 눈이 움직였으나, 2개월 된 영아는 정밀하게 살필 수 있는 능력과 대비 민감성이 향상됨에 따라 형태의 내부 특징들을 자세하게 탐색하기 시작하며 입, 눈, 그리고 머리 부분으로 시선을 준 것을 알 수 있다. 이것으로 나이가 든 영아는 얼굴의 안쪽 세밀한 부분에 눈길을 주는데 비해 어린 영아는 얼굴의 외형적 윤곽에 시선을 주는 것을 알 수 있다(Bronson, 1999; Salapatek, 1975). 여러 연구에서 4개월 이전의 영아는 얼굴을 전체적으로 보는 것이 아니라 눈을 중심으로 한 대강의 얼굴을 인식한다. [그림 7-4]는 생후 1, 2개월 된 영아가 인간의 얼굴을 훑어보는 경로이다.

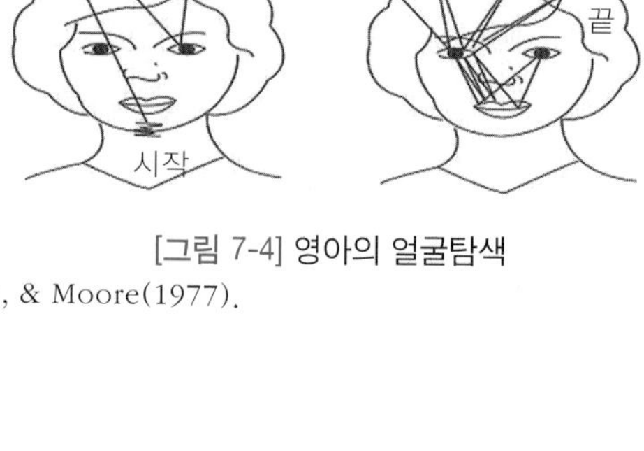

[그림 7-4] 영아의 얼굴탐색
출처: Haith, Bergman, & Moore(1977).

(4) 형태지각

Fantz(1961)의 연구에서 영아에게 사람 얼굴(A), 눈, 코, 입이 뒤섞여 있는 얼굴(B), 그리고 눈, 코, 입이 전혀 없는 얼굴(C)을 제시한 결과, 영아는 사람 얼굴을 가장 오래 응시하였고, 눈, 코, 입이 없는 얼굴을 가장 짧게 응시하는 것으로 나타났다. 연령이 증가함에 따라 단순한 형태보다는 복잡한 형태를 더 선호하게 된다(그림 7-5).

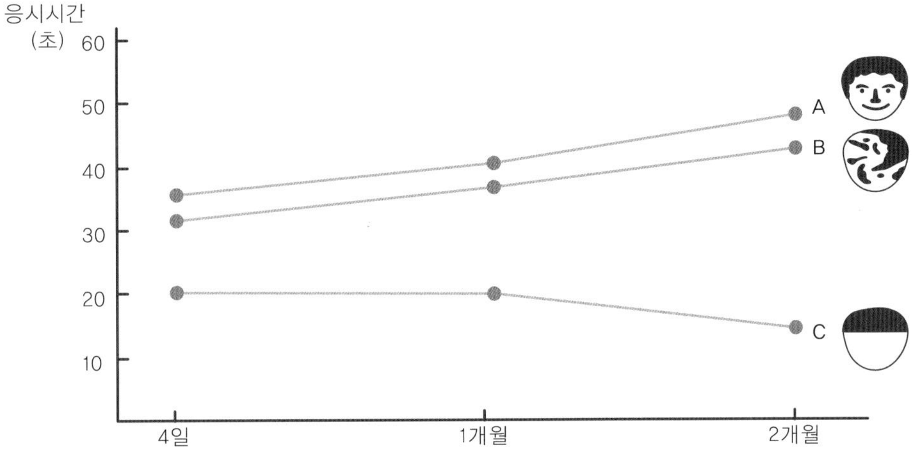

[그림 7-5] 영아 형태지각 선호도

출처: Fantz(1961).

한편, 영아의 이러한 선호를 충족시키며, 쉽게 접할 수 있는 것이 사람의 얼굴이다. [그림 7-6]에서 보듯이 생후 2~3개월 된 영아는 사람의 얼굴을 가장 오랫동안 응시했고, 그 다음 신문 인쇄물과 같은 것, 여러 개의 중복된 원모양, 빨간색, 하얀색, 노란색순으로, 3개월 이후는 빨간색, 노란색, 하얀색 원형의 순으로 응시하는 시간이 달랐다. 실험결과 영아는 색깔이나 빛 보다 형태보기를 선호하였다.

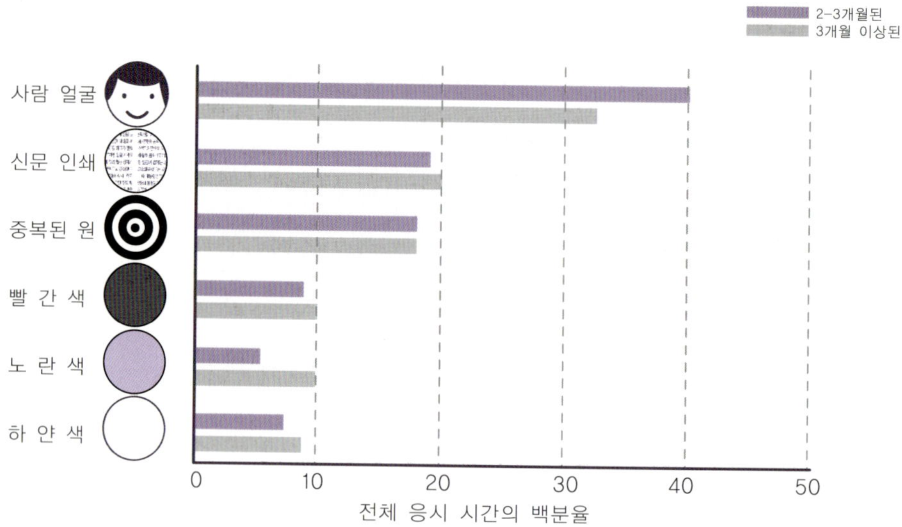

[그림 7-6] 영아의 형태에 대한 주의

출처: Fantz(1961).

또한 영아의 크기 항상성 발달을 [그림 7-7]에서 보면 곰 인형이 영아로부터 1미터, 2미터, 3미터 놓여져 있다면 망막 위에 곰 인형의 모양은 곰 인형이 1미터 앞에 놓여져 있을 때보다 3미터 앞에 놓여져 있을 때 더욱 작아 보일 것이다. 그러나 곰 인형은 여전히 같은 크기이며 곰 인형이 멀어지기 때문에 더 작아 보일 뿐이라는 것을 깨닫게 되는 것이 크기 항상성의 한 예이다.

[그림 7-7] 크기 항상성

출처: Dorling Kindersley, Inc. (2015).

즉, 대상의 차원이 거리 변화에 따라 일정한 크기로 존재한다는 것을 추론할 수 있는 능력이다. 최근에 연구가(Aslin, 1987)들은 영아가 정확한 공간적 추론을 할 수 있게 하는 양안시각(binocular vision)을 발달시킨 후인 4~5개월이 되어서야 크기 항상성(size constancy)이 나타난다고 주장한다. 사실상 영아가 크기 항상성을 보인다는 연구결과가 크기 항상성이 완전히 발달되었다는 것을 의미하는 것은 아니다. 10~11세까지도 성숙이 지속된다(Kellman & Banks, 1998).

(5) 깊이 지각

영아가 몸을 움직일 수 있게 되면 그만큼 위험에 처할 가능성도 커진다. 만약 영아가 깊이를 지각할 수 없다면 그들의 생존은 크게 위협을 받을 것이다. 영아의 깊이 지각을 알아보기 위해 시각절벽이라는 장치를 사용하여 Gibson과 Walk(1960)가 연구하였다(그림 7-8).

[그림 7-8] 깊이지각 실험

출처: Berk(2008).

시각절벽 장치에는 가운데에 통로가 있는 커다란 유리판이 있다. 얕은 쪽은 유리 바로 아래 테이블보를 깔고 깊은 쪽은 바닥에 테이블보를 깔아 놓음으로써 시각적으로 깊게 보이게 만들었다. Gibson과 Walk의 실험에서는 약 6개월 정도의 영아에게 엄마가 반대편에서 부르면 영아는 절벽 쪽으로는 기어가지 않고 뒤돌아 가거나 그 자리에서 우는 모습을 보였다. 이 실험에서 확인하고자 한 것은 어머니를 향해 기어오던 영아가 시각 벼랑 앞에서 기어오기를 멈추거나 무서워하는 등 낭떠러지를 지각하고 있음을 보여줄 것인가의 여부였다. 기어 다닐 수 있는 6개월 된 영아들은 깊이 지각을 가지고 있다는 것을 보여 준다.

동시에 엄마의 표정도 이해할 수 있게 된다. 엄마가 웃을 때는 기어오고 공포의 표정을 하고 있을 때는 멈춤으로 어린 영아는 엄마의 표정을 보고 그 감정을 읽고 어떻게 행동하는가를 판단하는 것이다. 이처럼 애매한 상황에서 적절하게 행동하기 위해 다른 사람의 정서 표현을 이용하는 것을 사회적 참조(social referencing)라고 한다(그림 7-9).

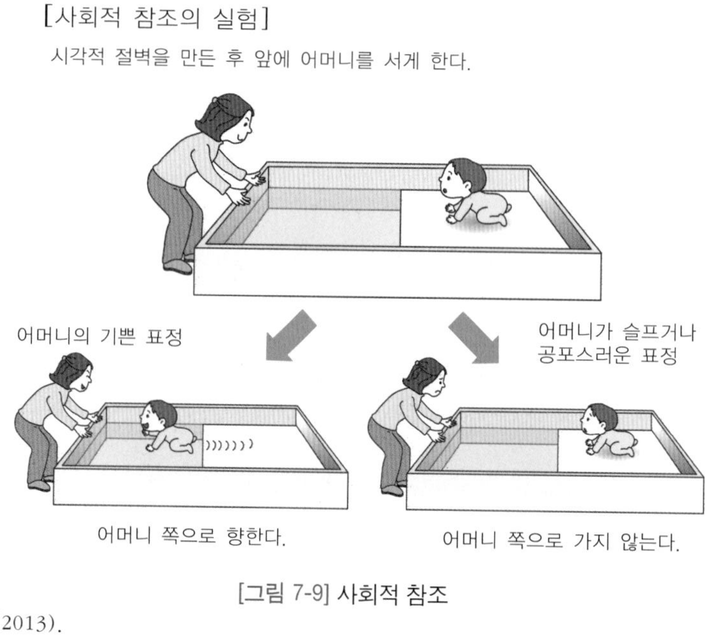

[그림 7-9] 사회적 참조

출처: 植木(2013).

그 후, 캄포스 등(Campos et al., 1970)도 같은 장치를 사용하여, 2개월된 영아를 시각 벼랑이 있는 곳에 놓아두고 영아의 심박수 변화를 측정한 결과,

영아는 공포를 나타내며 심장박동이 느려지며 조용해지는 것을 발견하였다. 아직 기어 다니지도 못하는 생후 2개월까지의 영아라도 이미 깊이를 지각하고 있다는 것이다. 더욱이, 대상물이 급속히 자신 쪽으로 접근해 오는 상황에 있어서 생후 2주째의 영아라도, 부딪히지 않도록 머리를 움직이거나, 얼굴을 감싸듯이 양 손을 올리거나, 때로는 큰소리로 외쳐대거나 하여, 방어반응을 나타냄으로써, 이미 깊이의 지각이 형성되고 있다는 것을 알 수 있다(Bower et al., 1970). 이러한 결과는 영아가 깊이에 대한 실제 지식이 없어도 깊은 절벽과 낮은 절벽의 시각적 특징 간의 차이에 반응하는 것으로도 해석될 수 있다.

2) 청각

출생 두 달 전부터 태아는 어머니의 자궁 안을 돌아다니면서 밖에서 들려오는 어머니의 목소리, 음악 소리 등을 들을 수 있다(Kisilevsky, 1995). 출생 후 한 달쯤 되면 진동수가 다른 음의 차이를 구별할 수 있고, 1개월에는 '바'음과 '파'음 같은 자음 구별이 가능하고 2개월이 되면 서로 다른 목소리에 반응하고 같은 사람이 내는 다른 음색의 목소리를 구분할 수 있다(Trehub & Rabinovitch, 1972). 1~4개월에는 어떤 소리를 들려주면 소리를 듣는 것처럼 조용해지고, 엄마의 목소리를 듣고 웃는 반응을 보이는 것은 영아가 4개월이 되어서이지만, 그보다 훨씬 이른 시기에 엄마의 목소리를 인식한다는 연구결과도 있다. 그리고 4~6개월이 되면 고개를 돌려 소리가 나는 방향을 찾을 수 있고 음악에 따라 몸을 움직이며, 작거나 낮은 어조의 목소리보다는 크고 높은 어조로 말하는 것을 더 좋아한다(Berk, 1996).

3) 촉각

영아는 촉각에 의지하여 주위환경을 인지하고 성인과 관계를 맺는 중요한 통로로 사용한다. 생후 4~5개월 지나면서 영아들은 간지럼을 탄다. 생후 6개월경이 되면 영아는 주변의 사람과 사물에 관심을 나타내기 시작하면서 초기에는 입술을 사용하고 나중에는 손을 사용해서 사물을 탐색하는데, 이는 동시에 환경에 대한 지식을 습득하게 되는 것이다(Piaget, 1960).

영아는 입, 얼굴, 손바닥, 발바닥, 배의 접촉에 민감하기 때문에 젖을 먹일 때나 평소에 쓰다듬어 주고 꼭 껴안아 주는 어머니와의 촉각적 접촉은 이 시기에 중요한 역할을 한다.

4) 미각

영아기 말이 되면 음식에 대한 선호가 급격히 발달하기 때문에 미각이 매우 예민하게 된다. 미각은 생후 2~3개월 이후 특정한 맛에 기호가 생길 정도로 발달한다. 또한 음식을 뱉어냄으로써 특정한 맛에 대해 거부하기도 한다. 3~4개월이 되면 싫어하던 짠맛을 좋아하게 되고(Harris, Thoms, & Booth, 1990), 2세가 되면 미각이 매우 예민하게 발달되어 음식에 대한 선호가 급격히 발달한다. 따라서 영아기 이후에는 새로운 음식을 잘 먹지 않으려고 한다.

5) 다감각 지각

다른 지각정보를 대응하는 능력(Cross-modal perception)도 영아기에 획득된다. 지각은 처음에는 각각 독립된 것이지만 영아는 생후 3개월에 시각과 청각이 그 후 6개월 사이에 시각과 촉각이 협응화하고 다감각간 협응이 형성된다.

(1) 시각과 촉각

Meltzoff와 Borton(1979)은 감촉이 다른 2종류의 공갈 젖꼭지(그림 7-10)를 준비하고 매끄러운 젖꼭지 또는 울퉁불퉁한 젖꼭지를 보여주지 않은 채 그 중 하나만을 영아에게 물리게 한 후, 영아에게 두 개의 공갈 젖꼭지를 그린 그림을 보이고, 영아가 어느 쪽의 그림을 좋아하고 응시하는지를 측정하였다. 그 결과, 대부분의 영아들은 자기가 빨았던 젖꼭지를 더 오래 쳐다보았다. 촉각적으로 지각한 것을 시각적 자극으로 연결하는 능력을 나타내었다고 할 수 있다. 이러한 결과는 입으로만 경험한 것을 시각적인 모양과 연결함으로써 감각 간 지각능력이 있다는 것을 말해 주는 것이다.

[그림 7-10] 감각 간 지각능력을 측정하기 위한 젖꼭지 모형

(2) 시각과 청각

시각 발달은 대뇌피질에 있는 눈과 시각 영역의 빠른 성숙에 의해 지원된다(Berk, 2008). 어린 영아를 대상으로 한 연구(Spelke & Owsley, 1979)는 3개월 반 된 영아가 어머니 목소리가 들릴 때는 어머니를 더 오래 쳐다보았고, 아버지 목소리가 들릴 때는 아버지를 더 오래 쳐다보았다는 결과를 제시하였다. 이러한 연구결과 영아들은 청각과 시각이 통합되어 작용하고 있다는 것을 의미한다. 그러나 소리가 나는 방향이 어디인지를 알아맞혀 그 소리를 내는 물체를 바라보는 행동은 어설프게 이루어진다. 이상의 실험에서 보듯이 감각 간 지각능력은 출생 시부터 존재하는 것으로 나타났다.

3. 정서의 정의

정서는 영아 발달에 매우 중요한 역할을 한다(Bruce, Olen & Jensen, 1999). 일반적으로 정서란 자극에 직면하여 발생하거나 자극에 수반되는 여러 가지 생리적 변화(예: 혈압, 맥박수, 호흡의 변화), 눈에 보이는 행동적 표현(예: 미소, 찡그림)을 불러일으킬 수 있는 느낌 또는 감정으로 정의된다(Santrock, 2001).

영아기의 정서는 양육자와의 관계나 환경에 대한 탐색 등 영아 주변에서 일어나는 사건들을 형성하고 이해하는 데 있어 결정적인 역할을 하며 인성의 기초가 된다. 만약 엄마가 영아에게 반응하지 않으면 영아의 얼굴에서 미소가 사라지고 엄마 얼굴처럼 무표정이 되며 입이 삐뚤어지고 마지막에는 대부분의 경우 울기 시작한다. 영아의 얼굴 표현이 정서를 정확히 표현한다.

영아는 생후 첫 1년 동안 점차 분화된 정서를 나타내고, 생후 1년 반 이후부터는 이차적인 정서라고 할 수 있는 애정, 감정이입, 수치심, 자랑스러움, 질투 등의 정서가 나타나며, 생후 3년이 되면 성인에게서 볼 수 있는 거의 모든 정서가 발달한다.

4. 정서발달

정서발달에 대한 연구에서 크게 두 가지 형태의 정서가 연구된다(Lewis, 2002). 영아들에게서 나타나는 일차 정서, 즉 기본정서는 즐거움, 놀람, 관심, 공포, 분노, 슬픔 등을 포함하여 6~8개월에 처음 나타나는 정서로 거의 모든 문화권의 영아에게 비슷한 시기에 나타나며 선천적으로 지니고 태어나는 정서이다.

3개월경에 쾌를 표현하는 기쁨의 정서, 반대로 그것이 중지되었을 때 슬픔의 정서, 불쾌한 자극에 대한 혐오 정서 등이 나타난다(그림 7-11). 6개월 경에 불쾌로부터 분노, 혐오, 두려움의 부정적인 정서가 분화되고 약 12개월까지 쾌정서로부터 애정과 자신감의 2개의 정서가 분화되며 2세가 되면 사회적 기준을 내재화하기 시작하면서 애정은 영아에 대한 것과 성인에 대한 것으로 분화되어 간다. 그리고 수취, 자랑스러움 등의 감정을 경험하게 되며, 3세까지는 거의 모든 감정이 표현된다(新井, 2008). 그러나 최근 생후 1~2일의 신생아를 대상으로 한 연구(Field, T. M. et al., 1982)에서 슬픔, 놀람, 공포, 호기심 등의 정서가 나타나고, 성인이 표현하는 미소, 슬픔, 놀람의 표정을 모방할 수 있는 것으로 밝혀졌다. 이것은 정서의 분화가 종래 생각해왔던 것보다 훨씬 빨리 진행되고 있다는 것을 시사해 준다(秦· 平井, 2003).

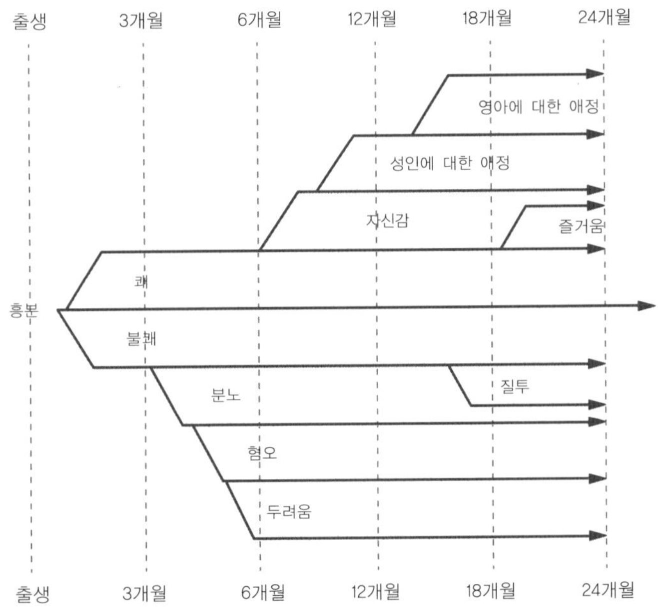

[그림 7-11] 정서의 분화 도식

출처: Bridges(1932).

1) 일차정서

(1) 기쁨

[그림 7-12] 사회적 미소

생후 2개월이 되면, 시각과 청각, 촉각 등 외부로부터의 자극에 반응해 미소를 짓는다. 6~10주가 지나야 사람의 얼굴에 반응하여 사회적 미소(Social smile)를 짓는다(Emde, Gaensbauer, Harmon, 1976). 사회적 미소는 외부 자극에 대한 반응이다. 이것은 영아가 사회적 상호작용 그리고 능동적이고 의도적인 행동으로 이동해 가고 있음을 나타낸다. 초기에 이러한 반응은 사람의 얼굴(특히 움직이는 두 개의 눈, 코 그리고 이마의 윤곽형태)에 대한 지각에 의해 야기된다(Spitz & Wolf, 1946). 사회적 미소는 어머니와의 관계에 중요한 역할을 한다.

미소 짓는 정도를 사람의 소리와 소리를 내지 않는 얼굴을 비교한 울프(Wolff, 1987)의 그래프를 보면 사회적 미소는 최초에 사람의 목소리에 반응해서 나타났으나 생후 2개월 이후가 되면 사람의 음성보다는 사람의 얼굴에 반응하여 미소를 짓는 것이 증가한다는 것을 보여주고 있다(그림 7-12). 3개월경에는 친한 사람뿐만 아니라 처음 본 사람들에게도 똑같이 미소를 짓는다. 4개월경에는 소리 내어 웃기 시작하고 5개월이 넘어가면, 사회적 미소의 상대를 가리기 시작해서 친한 사람과 그렇지 않은 사람에 대한 반응이 달라지고 공이나 모빌을 움직인 후 성취적 쾌감으로 미소를 짓는다. 9~12개월경에는 친숙한 사람이 사라졌다가 갑자기 나타나는 까꿍 놀이에서 미소와 웃음을 보인다. 1~2세에는 다른 사람과 의도적인 미소를 짓고 의사소통을 하며 함께 즐거움을 나누려 한다.

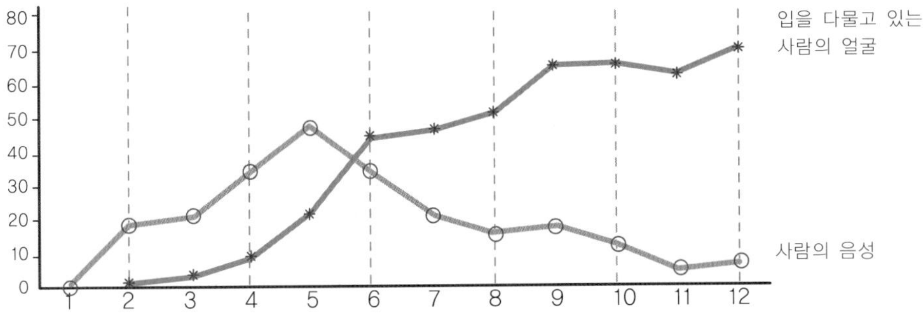

[그림 7-13] 사람의 음성과 얼굴에 대한 사회적 미소의 반응(Wolff, 1987)
출처: 大薮(2013).

(2) 공포

공포는 신체적 · 심리적 위험에 대한 반응으로 나타난다. 부정적인 정서표현 중 일찍 분화되어 나오는 정서가 공포이다.

이 시기에 나타나는 공포는 낯가림과 관련이 있는데 어머니와의 분리가 주된 원인이 된다. 이를 분리불안(separation anxiety)이라 부르며, 이는 생후 8~9개월경에 나타나기 시작하고 대체로 15개월에 절정을 이른 후(Kagan, Kearsley, & Zelazo, 1978), 생후 2년이 되면서 점차 사라진다(Lewis & Michalson, 1983). 낯선 사람이나 사물 또는 상황에 대해 민감하게 반응하는 영아는 공포상황을 극복하는 데 있어 어려움을 겪게 되는데, 이는 이후에 불안장애로 발전할 가능성이 높다고 한다. 영아기의 이러한 특성이 이후의 불안장애의 원인인가를 확실하게 설명할 수는 없지만, 양자 간에는 상관이 있다고 한다.

영아기 말경에는 천둥소리, 동물의 큰 울음소리, 비행기, 기차, 트럭의 큰 소리에 놀라면서 무서워한다. 아주 높고 큰 빌딩을 볼 때, 영화장면에서 트럭 등이 다가올 때, 어두울 때 두려움을 나타낸다.

(3) 분노

영아들의 분노 표현은 자신이 원하는 바를 쉽게 만족시키는 방법이 되기도 하므로 가장 보편적으로 나타나는 정서이다. 영아는 배고픔이나 고통 등의 자극으로 인해 불쾌한 경험에 분노를 표현한다. 분노를 표현하는 방법은 영아의 연령에 따라 각기 다르다. 초기에는 울음으로, 발이나 손, 팔을 격하게 움직인다. 이후에는 소리를 지르고 공격적인 모습을 보인다. 생후 4~6개월부터 분노는 명확하게 분화되어 빈도와 강도가 증가하고 이때는 자신이 가지고 있는 것을 빼앗기거나 자신이 하고 싶은 것을 제지받을 때 분노를 표출한다. 분노는 2세경에 최고조를 달하고 이후부터 영아는 언제 분노를 표출하며 억제해야 하는가를 학습하게 되고, 분노의 빈도와 강도는 점차 약화된다.

2) 이차정서(자의식적인 정서)

이차정서는 일차정서보다 늦게 나타나고, 좀 더 복잡한 인지능력을 필요로 한다(Lewis, Alessandri, & Sullivan, 1992). 15~24개월 사이에 인간은 좀 더 차원 높은 정서인 당황, 수치심, 죄책감, 감정이입, 질투와 같은 감정들은 자아인식에 상처를 주거나 자아인식을 향상시키므로 이런 감정을 자의식적인 정서(self-conscious emotinons)라 한다.

이차정서는 좀 더 복잡한 인지능력을 필요로 한다. Lewis와 그의 동료(1992)들에 의하면, 이차정서는 자아의 인식이 필수적이라고 하였다. 18개월 전후로 나타나기 시작하는 영아의 질투는 엄마가 다른 아이에게 애정을 표현하면 울거나 그 아이를 밀치는 등의 반응을 나타낸다. 영아에게 볼 수 있는 질투는 동생의 출생으로 인해 부모의 애정을 빼앗길 위험을 인식할 때 나타나는 것으로 2~3세에 가장 많이 나타난다.

이차정서는 또한 자신에 대한 인식뿐만 아니라 자신의 행동을 평가하는 능력까지도 필요로 한다. 즉, 해서는 안 된다고 생각하는 행동을 했을 때는 죄책감을 느낄 것이고, 어려운 일을 해냈을 때는 매우 자랑스러워할 것이다. 예를 들어, 주스를 마루 바닥에 엎지른 2세의 영아는 당황해하면서 고개를 숙일 것이고, 어려운 퍼즐 맞추기 문제를 해결한 또 다른 2세의 영아는 자랑스러움에 함박웃음을 지을 것이다. 자랑스러움은 하고자 하는 어떤 일을 성공적으로 수행했을 때 느끼는 기쁨이다. 이차정서는 얼굴표정 이외에도 손톱을 깨물거나 고개를 숙이는 등의 신체동작을 수반한다.

〈표 7-2〉 월령에 따른 정서발달

정서	개월
고통	출생 시
관심/흥분	출생 시
혐오	출생 시~3개월
슬픔	출생 시~3개월
즐거움	2~7개월
놀람	3~6개월
분노	4~7개월
두려움	4~9개월
심한 분노	7~18개월
애정/사랑	18~36개월
감정이입	18~36개월
죄책감/수치심/자랑스러움	24~36개월

5. 기질의 발달

기질은 성격(personality)과 유사한 개념이다. 성격이 기질을 포함한 보다 포괄적인 상위개념이라면, 기질은 선천적으로 타고나는 것이며 개인차가 있고 성장해가면서 성격이나 인격이 되어 가는 것이다.

1) 기질의 정의

기질(temperament)이란 한 사람에게 분명히 구분되어 특징적으로 나타나는 정서적 반응의 개인차를 말한다. 기질 연구가들은 기질을 형성하는 심리적 특성이 성인기 성격의 토대가 된다고 보고 기질은 영아와 성인의 성격을 형성하는 모체가 된다고 믿는다. Allport(1961)는 기질을 선천적인 것으로 간주하고 정서적 자극에 대한 민감성, 반응의 강도, 기분의 변화 등 개인이 지닌 특유의 본성이라고 정의하고 있고 Thomas & Chess(1977)도 기질이란 인간이 어떻게 행동하는가를 의미하는 것이며 선천적으로 지니고 태어나는 경향성이라고 하였다.

즉, 기질은 개체가 환경과의 관계에서 반응하는 것으로 그 개체에 전형적인 행동의 양식이다. 기질은 성장해가면서 성격이나 인격이 되어 가는 것이다.

2) 기질의 구성요소

기질이 어떤 특성으로 구성되어 있는가에 대해서는 학자들마다 견해가 다르다. 기질은 부모에 의한 보고나 제3자에 의한 평가, 생리적인 지표에 의한 측정 등 여러 가지 중에서 선택도가 있지만 여기서는 NYLS 모형, EAS 모형, Rothbart 모형으로 나누어 볼 수 있다.

NYLS(New York Longitudinal Study) 모형은 Thomas와 Chess에 의해 1956

년에 시작된 뉴욕종단연구이며 기질에 대한 선구자적 연구로서 지금까지 수행된 기질연구 중 가장 포괄적인 종단연구로 알려져 있다. 이 연구에는 141명의 신생아를 대상으로 관찰법, 부모와 교사를 통한 면접법, 여러 종류의 심리검사를 통한 검사법 등이 사용되었다. 여기서 Thomas와 Chess(1977)은 영아에게서 관찰될 수 있는 정서 반응 및 특성을 9차원으로 평가하였다(표7-3).

생득적으로 영아가 나타내는 행동경향의 다름을 기질이라고 부른다. Thomas와 Chess 등은 영아의 9개의 기질적 특성을 환경과 사회적 관계를 맺을 때 영향을 미치는 방식에 따라 순한(easy) 영아, 까다로운(difficult) 영아, 반응이 느린(slow-to-warm-up) 영아 등 3가지 유형으로 구분하였다.

〈표 7-3〉 NYLS기질의 구성요인

구성요인	내용
활동수준	신체활동의 활발한 정도
규칙성	수면, 배변 등의 신체적 기능의 규칙성
접근/회피	새로운 자극(새 장난감, 음식, 사람)에 대한 적극성/소극성
적응성	환경변화에 대해 쉽게 적응하는 정도
반응역치	반응을 불러일으키는 자극의 강도
반응강도	울다, 웃다 등의 반응의 강도
기분의 질	기분 좋은 행동/ 기분이 좋지 않은 행동의 빈도
주의 산만성	외부자극에 의해 행동에 쉽게 방해받는 정도
지구력	어떤 특정 행동에 지속하는 시간과 집중도
〈3가지 유형〉	
까다로운 기질의 영아	새로운 자극에 대해 소극성+불규칙한 신체기능+적응하는 데 시간 걸림+비친화적 행동+강한 반응
순한 기질의 영아	새로운 자극에 대해 적극성+규칙적인 신체기능+새로운 경험을 쉽게 받아들임+친화적 행동+온화한 반응
느린 기질의 영아	새로운 자극에 대해 소극적 → 바로 적극적 → 느린 반응 → 바로 순응

출처: 菅野(2010). 일부 수정.

〈표 7-4〉 Tomas에 의한 영아의 기질특성과 기질유형

기질특성 \ 기질유형	까다로운 기질의 영아 	순한 기질의 영아 	느린 기질의 영아 
활동수준 (신체적 운동 경향)			저~중
규칙성 (생물학적 기능의 규칙성)	불규칙	규칙적	
접근/회피 (신기한 장면에 대한 반응)	회피	접근	처음은 회피
적응성 (행동의 유연성)	순응에 시간이 걸림	바로 순응	순응에 시간이 걸림
반응강도 (반응에 대한 에너지 수준)	강	저~중	중
반응역치 (반응을 불러일으키는 데 필요한 자극 강도)			
기분의 질 (기분 좋음, 기분 좋지 않음)	불쾌	쾌	약간 불쾌
주의산만성 (진행 중인 행동이 다른 자극에 의해 중단되기 쉬운 정도)			
지구력 (행동을 유지하는 시간의 길이와 공간에 대한 인내성)			

*공란은 각 기질유형 특징에서 볼 수 없는 것을 의미.

출처: Fisher & Lazerson(1984). 수정 보완.

(1) 까다로운 기질의 영아

까다로운 기질의 영아는 순한 영아와 정반대이다. 생리적 리듬이 불규칙하고 언제 무엇을 원하는지 예측하기 어렵다. 새로운 일상생활, 새로운 사람 또는 상황에 적응하기 어렵고 부정적이고 강한 반응을 한다. 이 유형의 영아는 부모로부터 부정적인 반응을 얻기 쉽고, 가정과 학교에서 문제행동을 나타내는 경향이

높다. 특히 까다로운 기질의 영아는 유아기나 아동기에 공격성이나 불안 및 위축행동 등 적응상의 문제를 가질 수 있기 때문에 많은 학자들의 관심 대상이 되고 있다. 연구대상의 약 10%가 이러한 기질을 지니고 있는 것으로 나타났다.

(2) 순한 기질의 영아

순한 영아는 일상적인 행동들이 매우 규칙적인 생리적 리듬을 갖고 있고 새로운 상황에 쉽게 적응하며 장난감을 혼자 잘 가지고 놀며 대체로 명랑하고 다루기가 쉽다. 이런 영아는 거의 행동에 문제가 없고, 온화한 정서로 영아기 부터 부모나 또래와 사이좋게 지낸다. 약 40%의 영아가 이 유형에 속한다.

(3) 느린 기질의 영아

느린 영아는 비활동적이며 새로운 상황에 대해 움츠러드는 경향을 보인다. 새로운 환경에 적응하는 데 활발한 반응을 보이지 않으며 오랜 시간이 걸리고 활동수준이 낮고 전반적으로 부정적인 반응을 나타낸다. 연구대상의 약 15%가 이러한 기질을 지니고 있는 것으로 나타났다.

나머지 35%의 영아는 위의 세 범주 어디에도 속하지 않는 영아로 이들은 아홉 개의 기질 차원 모두에서 높게 평정되지 않았다.

이와 같은 기질은 부모의 양육 방식에 따라 영향을 받는다. 각자의 기질적인 특성과 개월에 따라 행동 특징이 다르므로(표 7-5) 부모가 이에 대해 적절히 반응해 주어야 타고난 기질에 상관없이 영아는 조화로운 발달을 이룰 수 있다.

〈표 7-5〉 기질 차원과 관련하는 영아의 행동특징

기질특성	평점	2개월	6개월
활동 수준	높다	수면 시 산만. 기저귀 교환 시에도 바둥거린다.	욕조 안에 서려고 해서 물을 튀긴다. 영아용 침구에서 뛴다.
	낮다	옷 갈아입을 때나 수면 중에 움직이지 않는다.	욕조에서 수동적이며, 침구에서 조용히 놀고 잠이 든다.

기질특성	평점	2개월	6개월
규칙성	규칙적	출생 후 계속 4시간 마다 우유를 마시는 것과 배변이 규칙적이다.	매일 밤 대략 6시 반에 잔다. 아침은 대략 7시에 일어난다. 음식 섭취량이 일정하다.
	불규칙적	매일 아침 다른 시간에 일어난다. 우유를 마시는 양이 일정치 않다.	낮잠의 길이가 일정치 않다. 음식물 섭취량도 일정치 않다.
주의 산만 정도	낮다	공복으로 울어도 흔들어 주면 울음을 그친다. 기저귀 교환 시에도 공갈 젖꼭지를 주면 조용하다.	어머니가 흔들어주면 울음을 그친다. 장난감을 주면 옷을 갈아 입을 때도 조용히 있는다.
	높다	기저귀 교환 시에 울음을 그치지 않는다. 식후에는 공갈 젖꼭지를 주어도 흥분한다.	옷갈아 입기가 끝나고 나서야 겨우 울음을 그친다. 모유병이 주어질 때까지 운다.
반응성의 역치	낮다	무언가 가까이 오면 모유병 빠는 것을 그만 둔다.	밝은 빛에는 얼굴을 숨긴다.
	높다	큰 소리에도 놀라지 않는다. 모유병, 엄마 젖도 잘 문다.	뭐든지 먹는다. 기저귀가 젖거나 더러워져도 꺼리지 않는다.

출처: Tomas, et al.(1970).

또 다른 연구자들 Buss와 Polmin(1984, 1986)는 부모의 질문지 반응을 통해 영아의 기질을 연구하였다. 영아의 기질은 정서성(Emotionality: E), 활동성(Activity: A), 그리고 사회성(Sociability: S)의 세 가지 구성요소로 이루어진다는 EAS 모형을 제시하였다.

정서성은 영아가 환경 자극에 대해 얼마나 빨리 부정적 반응을 나타내는가를 의미한다. 예를 들어, 정서성이 높은 영아는 쉽게 잠에서 깨어나고, 큰 소리로 우는 등의 반응을 보인다.

정서성에서의 개인차는 영아의 신경계의 차이에서 기인하는 것으로, 어떤 영아는 유전적으로 더 빨리 부정적인 반응을 보이도록 되어 있다고 한다. 출생 후 1년 후반부에 들어서면서 정서는 두려움 또는 화를 포함하기 시작한다.

활동성은 일상생활의 반응 속도와 강도를 말한다. 계속 움직이거나, 끊임없이 새로운 것을 탐색하고 격렬한 활동을 보이는 영아는 활동성이 높다. 여기에서는 영아가 무엇을 하기 좋아하는가가 아니라 얼마나 빨리, 멀리 할 수 있느냐를 결정하게 된다.

사회성은 영아가 다른 사람과 함께 있는 것을 선호하는 정도를 말하는 것으로 사회성이 높은 영아는 혼자 있기를 싫어하거나, 낯선 사람에게도 쉽게 접근한다. 여기에서 측정하고자 하는 것은 영아가 사물이 아니라 사람이 주는 자극을 얼마나 좋아하느냐로서 낯선이에 대한 영아의 반응으로 명백히 평가될 수 있다.

Rothbart(1989)는 주로 부모의 질문지 반응을 사용하였고, 이와 함께 전문적인 관찰자가 가정을 방문하여 관찰하거나, 실험실에서의 관찰을 통하여 영아의 기질을 연구하였다. 영아의 생리적 기능의 개인차에 따라 기질을 반응성(reactivity)과 자기조절(self-regulation)의 두 차원으로 나누었다.

반응성은 EAS 모형의 정서성과 유사한 것으로 자극에 대해 영아가 얼마나 쉽고 강렬하게 반응하는가를 말한다. 자기조절은 영아가 스스로 자신의 반응을 증가 또는 감소시킬 수 있는 통제 능력이다. 새로운 장난감을 보고 어떻게 접근하며, 탐색하는지, 그리고 딴 곳으로 고개를 돌리기 전에 얼마나 오래 그 장난감을 쳐다보는지 등이 자기조절의 예이다.

〈표 7-6〉 이론가들이 제시한 기질의 차원

NYLS 모형	EAS 모형	Rothbart 모형
• 활동성 수준 • 규칙성 • 접근/회피 • 적응성 • 반응역치 • 반응의 강도 • 기분 • 주의 산만 정도 • 지구력	• 활동성 • 정서성 • 사회성	• 반응성 • 자기조절

출처: Bee(1997).

학자마다 영아의 기질을 다르게 정의하고 있지만 기질은 영아가 성장하면서 안정적으로 나타나는 것에 대해서는 많은 관심을 갖고 있다. 영아의 기질에 유전이 영향을 주지만 그 영향의 정도는 부모의 반응과 영아가 주위환경에서의 경험에 따라 다르다고 보고 있다.

3) 기질과 환경

영아의 기질 유형은 성장 후 문제행동과 관련되는 것으로 나타나고 있다(Thomas & Chess, 1977). 까다로운 영아의 약 70%가 성장 이후에 문제행동을 나타낸 반면, 순한 영아는 약 18%만이 문제행동을 나타냈다. 이와 같은 결과는 부모가 까다로운 영아의 행동양식을 어떻게 다루느냐가 중요한 역할을 하는 것으로 해석된다. 영아의 기질과 부모의 양육행동이 조화를 이루지 못하면, 부모나 영아 모두 갈등을 경험하게 된다. 까다로운 영아의 부모가 인내심을 가지고 영아의 요구에 민감하게 대처한 경우에는 아동기나 청년기에 더 이상 까다로운 기질을 보이지 않았다(Chess & Thomas, 1984). 따라서 영아의 행동유형이 부모의 양육태도와 맞지 않을 때에는 문제행동이 일어날 가능성이 있으나 부모가 영아의 개인적인 기질특성을 존중해 주면서 영아의 행동을 다룬다면, 영아는 자신의 개성대로 문제행동 없이 잘 자랄 것이다. 여기서 '조화의 적합성'(Lerner & Galambos, 1985)개념이 중요해 지는 것이다.

4) 영아의 기질과 행동

(1) 행동특성에 의한 직접적 영향

어떤 기질적 특징을 갖는가에 따라서 그 특징에 기초해서 특수한 반응을 배우기도하고 특수한 경험을 하기도 한다. 예를 들어, 새로운 자극에 긍정적으로 반응하고 다가가는 활동적인 영아는 놀이하는 중에 물건을 부수기도 하고 던지기도 한다. 그래서 양육자로부터 야단을 맞기도 하고 그러한 행동을 그만두게 하면서 부수거나 던지지 않도록 배운다(田島, 2000). 활동적이지 않은 느린 영아는 그러한 배움이나 경험을 체험하지 않고 다른 인격형성을 해 나가는 것이다.

(2) 기질적 특성과 환경의 상호작용에 의한 영향

기질에 있어서의 개인차는 선천적으로 타고나지만 환경에 의해 변화될 수 있다고 하였다. 영아의 기질적 특징이 양육자의 양육태도에 영향을 미치고, 그것이 영아의 행동에 영향을 미친다. 예를 들어, 까다로운 기질의 영아의 어머니는 다루기 쉬운 영아를 가진 어머니에 비해 육아스트레스가 높다. Thomas와 Chess의 연구(1977)에서도 다루기 어려운 영아의 어머니는 자녀양육이 어렵다고 느끼기 쉽고, 영아에게 적절한 응답을 하는 것이 적다고 보고하고 있다. 한편, 영아의 기질을 어머니가 어떻게 인식하는가에 따라서도 어머니가 영아에게 태도가 달라진다. 예를 들어, 어머니가 집중력이 없고 행동이 격렬한 영아를 다루기가 어렵다고 느끼면 영아는 다른 사람에 대해 공격적이고 반항적인 행동을 하게 된다. 바꿔 말하면 똑같은 영아의 행동에도 그것을 어머니가 긍정적으로 느끼면 반드시 영아가 공격적인 행동을 하지 않을 가능성을 보여주는 것이다(菅野 외, 2010). 아이들은 부모의 믿음과 아이의 실제적인 기질과 일치하는 반응을 양육자로부터 끌어낸다는 것이다(Berk, 2005).

(3) 조화의 적합성

영아의 기질과 환경이 적절히 상호작용함으로써 바람직한 결과를 가져올 수 있는데 이를 조화의 적합성이라 한다(Bates, 2001; Matheny & Phillips, 2001). 따라서 어머니는 영아의 기질을 이해하고 민감하고 융통성 있게 대처해야 타고난 기질에 관계없이 좋은 발달을 이룰 수 있다. [그림 7-14]에서 보듯이 편안한 엄마와 쉬운 기질의 영아의 조합은 높은 관계로 나타난 반면, 어머니의 높은 불안과 영아의 까다로운 기질의 조합이 낮은 관계조화를 가진 것으로 나타났다. 기질은 일방적으로 행동을 규정하는 것이 아니며 개인의 특징과 환경과 복잡하게 연관되어 있다. 영아의 행동은 기질적 특징과 그것에 대한 환경으로부터의 요구나 영아를 양육하는 관계라고 할 수 있다.

어머니는 영아에 대해서 기대를 갖고 양육하고 영아의 행동을 평가한다. 어머니의 기대나 평가가 영아의 기질적 특징과 조화를 이루지 못하면 부적합이 생긴다. 부적합이 생길 때 어머니가 기대나 동기를 수정하면 문제는 커지지 않지만 반대로 일방적으로 기대와 동기가 강하면 악순환이 되는 것이다.

기질과 환경과의 좋지 않은 관계가 해결하기 힘든 부적응 문제를 만들기 전에, 양육환경과 영아의 기질 간의 좋은 조화가 빨리 이루어져야 한다. 다루기 어려운 영아와 수줍어하는 영아들 모두에게 똑같은 양육행동은 다루기 어렵다(Miceli et al., 1998). 조화의 적합성 모델은 영아들은 각자 독특한 성격을 가지고 있다는 것을 양육자가 받아들여야 한다는 것이다. 여기에 영아와 양육자 간의 상호작용에서 싹트는 친밀한 관계인 애착이 중심이 되어야 한다.

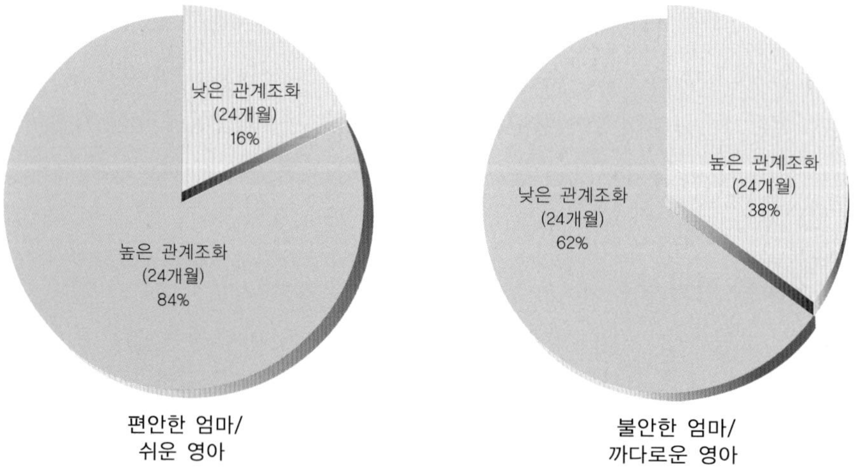

[그림 7-14] 영아와 어머니와의 관계조화

출처: Symons(2001).

(4) 사회로부터의 기대

영아의 기질이 어떻게 행동에 영향을 미치는가를 보면 어떠한 가치관을 가진 사회문화에서 자라고 있는가도 고려해 볼 필요가 있다(Kagan et al., 1984). 미국 사회에서는 겁쟁이, 두려움이라는 기질보다 대범하면서 두려워하지 않는 활동적인 기질이 더 가치 있게 생각된다. 동양문화권의 영아에 비해 미국 사회는 겁쟁이, 두려움이라는 기질은 사회적으로 부적응하기 쉽고 어머니는 이러한 기질적 특징을 완화시키도록 한다(菅野 외, 2010).

따라서 기질은 문화에 따라 다양해질 수 있으며 기질에서의 문화적 차이는 부모의 양육태도, 생활환경 등의 다른 요인과 종합해서 영아의 행동에 영향을 미치고 인격을 형성해 가는 것이다.

제8장

영아기의 애착발달

영아기에 발생하는 가장 중요한 형태의 사회적 발달이 애착이다. 영아는 양육자와 관계의 경험을 통해서 점차적으로 애착이 형성된다. 생후 6~12개월 사이에 영아는 사람과 사물에 대한 강한 정서적 유대관계인 애착을 형성하는데 애착 대상은 일반적으로 어머니이다. 그러나 어머니만이 애착 대상이 아니고 복수의 애착 대상을 가질 수 있다. 아버지, 형제, 조부모, 유치원이나 어린이집 교사에게도 깊은 애착을 형성시킬 수 있다. Bowlby(1969)에 의하면 애착관계에 있는 두 사람은 자주 상호작용을 하며 서로 심리적으로 가까움을 유지하려고 노력한다고 하였다. 양육자가 민감하고 반응적인 양육을 하면 영아들은 사람을 신뢰하게 되는데 이는 내적 작동 모델을 통해서 주위를 해석하고 인간관계에 대한 기대를 형성한다. 내적 작동 모델이란 "자기 자신과 타인 그리고 세상을 보는 생각과 개념"이다. 자기 자신과 타인에 대한 개념이 합쳐져 세상을 향한 내적 작동 모델이 완성된다. 내적 작동 모델은 일생을 통해 바뀌기도 하고 새롭게 만들어지기도 한다. 하지만 처음에 만들어진 내적 작동 모델은 나중에 만들어지는 내적 작동 모델의 기초가 되므로 어릴 때 형성한 내적 작동 모델이 유아기부터 청소년기와 성인기까지 미래의 일정한 인간관계의 모델이 되거나 지침이 된다(Bretherton, 1992).

따라서 영아의 욕구에 부모가 잘 받아주었다면 영아는 자기 자신을 부모로부터 사랑받을 만한 자격이 있는 존재라고 생각하며 부모를 민감하고 유능한 사람이라고 생각한다. 결국 이런 생각은 자기 자신과 상대방에 대한 호감도를 높이면서 긍정적인 내적 작동 모델로 이어진다.

본래 애착은 동물의 행동관찰로부터 얻은 개념이고 위기적인 상황에 있어서 특정의 대상과의 접촉을 구하고 그것을 유지하려고 하는 개체의 경향성이라고 정의하고 있다. 영국의 아동정신과 의사인 Bowlby(1969)는 영양상태에 문제가 없는데도 불구하고 보육원에 있어서 사망률이 높은 것은 애착관계가 충분하게 만족되지 않았기 때문이라고 지적하고 인간은 다른 사람과의 친밀한 관계를 구축함에 따라 공포나 불안 등의 부정적인 상태를 줄이고 자기 스스로가 안심하다 라는 감각을 유지하려고 하는 본성이 있다고 생각했다. 따라서 영아가 성취해야 하는 최초의 사회적 발달과제는 양육자와의 친밀한 정서적 유대관계인 애착을 형성하는 일이다. 영아기에 형성된 애착은 이후 인지, 정서, 사회성발달에 중요한 영향을 미친다(Thompson, 1998).

1. 영아기 애착의 이론

영아와 양육자 간의 애착관계는 후에 사회적인 관계와 행동에 중요한 의미를 지니게 된다. 이에 대한 애착이론은 학자마다 다양한 견해가 있다.

1) 애착의 이론

(1) 정신분석 이론

Freud 학파의 정신분석적 이론에서 애착은 영아들의 기본 욕구를 충족시키는 것으로, 태어날 때부터 가지고 있는 생물학적 경향성으로 보았다. 영아의 첫 애착은 어머니가 영아에게 수유를 함으로써, 구강기의 영아가 빨고자 하는 구강욕구를 충족시켜 주는 대상, 즉 어머니와의 사이에서 형성하는 정서적 관계이다. 따라서 영아에게 안락한 상태에서 어머니가 수유를 충분히 주고, 만족감을 주는 부모의 양육행동은 좋은 애착관계를 형성한다. Erikson도 Freud와 마찬가지로, 영아와 어머니와의 상호작용을 중요시했다. 영아의 수유 욕구를 만족시켜 주는 것은 영아기의 안정된 애착관계 형성뿐만 아니라 돌보는 사람에게 신뢰감을 갖게 한다고 하였다. 부모와 신뢰감을 형성하면 세상 전반에 대한 신뢰감을 형성하게 된다고 주장한다. 즉, 영아의 욕구에 일관성 있게 그리고 적절하게 반응하는 양육자는 영아들에게 다른 사람에 대한 신뢰감을 심어주고, 반응하지 않거나 일관성 없는 양육자는 영아에게 불신감을 심어준다고 보았다. Erikson은 영아의 욕구에 대한 전반적 반응이 수유 그 자체보다 더 중요하다고 주장한다.

〈표 8-1〉 Freud와 Erikson의 애착 형성

정신분석이론	공통점	차이점	연구
Fread	수유	본능적 욕구 충족	어머니와 영아 관계의 연구를 자극하는 동기가 됨
Erikson		수유 욕구 충족뿐만 아니라 세상에 대한 신뢰감 형성	

(2) 학습이론

학습이론의 관점에서 볼 때 영아의 애착은 조건형성(conditioning)에 의하여 이루어진다. 영아의 배고픔을 충족시키고자 하는 1차적 욕구는 수유를 통해 만족되어 쾌 감정을 갖게 되며, 수유를 할 때 어머니가 눈을 맞추고 신체접촉을 통해 따뜻한 느낌을 주게 된다. 이렇게 반복하여 수유를 하는 동안, 심지어 수유를 하지 않을 때조차 어머니와 함께 있으면 쾌 감정이 생기는 조건형성이 이루어진다고 본다. 이와 같이 영아는 어머니와 늘 가까이 있고 싶어 하는 욕구가 생겨 애착이 형성되고 이로 인해 어머니는 이차적 강화인이 된다. 어머니가 이차적 강화인의 역할을 하기 시작하면, 영아는 어머니의 관심을 끌고 가까이 있기 위해 무엇이든 필요하다고 생각되는 행동(미소 짓기, 울기 등)을 하게 된다. 학습이론가들은 이처럼 일차적 욕구인 배고픔을 충족시켜 주는 과정에서 이차적 욕구인 어머니와 가까이 있고 싶어 하는 욕구가 생겨나므로 이를 이차적 욕구이론(secondary drive theory)이라고도 하였다.

(3) 인지발달 이론

Piaget는 인지발달을 주장한 대표적인 학자이다. Piaget에 의하면 애착형성의 조건은 지적발달이 선행되어야 애착형성이 가능하고(Schaffer & Emerson, 1964) 애착을 형성하기 전에 영아들은 친근한 사람과 낯선 사람을 구별할 수 있어야 하며, 어떤 대상이 보이지 않아도 계속 존재한다는 것을 아는 대상 영속성 개념이 발달되어야 한다. 일반적으로 영아들의 애착 형성이 시작되는 시기를 대상 영속성 개념이 나타나는 생후 7~9개월쯤으로 본다. 따라서 이 시기의 영아들은 어머니와 분리되는 것에 대해 큰 저항을 보인다는 연구들을 볼 때, 피아제의 인지발달과 애착은 밀접한 관련이 있다고 볼 수 있다.

(4) 동물행동학 이론

동물학적 이론의 견해인 Bowlby는 애착형성은 생존유지 및 보호를 위한 환경에 거의 영향을 받지 않는 본능적인 반응의 결과로 설명한다. 그의 애착이론에 의하면 양육자에 대한 영아의 애착은 양육자를 영아 곁으로 부르는 타고난 신호체계로부터 시작되며 점차 정서 및 인지발달과 함께 온정적이고 반응적인 양육경험에 의한 진정한 애착관계가 발달한다는 것이다. 애착에 대한 동물행동학은 Lorenz의 각인현상에서부터 출발되었다. Lorenz(1937)의 실험에서 보듯이 갓 부화한 새끼 거위는 부화 직후에 처음 보게 되는 움직이는 물체와 애착을 형성하여 각인이 되어, 커서도 계속 그것을 쫓아다닌다. Lorenz는 이와 같이 각인 현상은 결정적 시기를 갖는다고 하였다. 만약 결정적 시기 이전이나 이후의 접촉은 애착이 형성되지 않으며 결정적 시기가 지나가 버리면 다른 대상에게 애착을 형성할 수 없게 된다는 주장이다.

영아가 어머니에 대한 애착 반응은 어머니가 영아에게 젖을 먹여 주기 때문이라는 수유에 대한 이론이 주류를 이루었으나 Bowlby(1969)는 영아들이 어머니와의 접촉을 유지시키는 데 도움이 되는 일련의 선천적인 행동특성을 갖고 있다고 보았다. Harlow와 Zimmerman(1959)의 원숭이 실험에서, 하나의 대리모는 나무 머리에 철사로 만든 몸통을 가지고 있으며 우유를 공급하는 젖병이 달려 있었다. 다른 하나에는 우유병이 달려있지 않지만 부드러운 천으로 덮여있는 대리모였다. 새끼 원숭이들은 철사 원숭이에게 가서 우유를 먹었다 할지라도 우유를 먹는 시간 이외에는 천으로 된 대리모에게 가서 시간을 보내는 결과를 보였다. 이 실험결과를 통해 Harlow는 애착형성의 주요원인이 정신분석학자나 학습 이론가들이 생각한 것처럼 수유 욕구충족에 의하여 형성되는 것이 아니라, 어미 원숭이와의 부드러운 신체적 접촉에 의해 안정감을 얻고 애착이 형성된다고 주장하였다. 이러한 결과는 엄마와 아기의 피부접촉(skinship)의 중요성을 일깨워 준 유명한 연구이다.

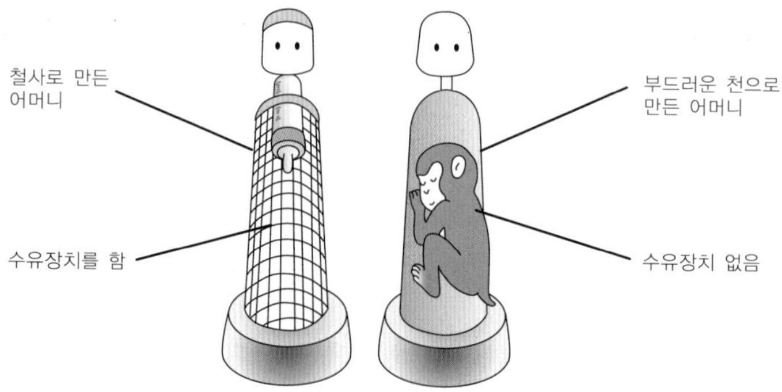

[그림 8-1] 애착 실험

출처: 植木(2013).

엄마와 피부를 접촉하는 행위는 촉각뿐만 아니라 정서적 안정감도 발달시킨다. 엄마는 아이가 울면 안아 주고 달래어 정서적 안정감을 준다. 그러나 20세기 초반 심리학의 큰 흐름이던 행동주의자들은 우는 아이를 안아 달래 주는 것이 아이를 망치고 독립심을 키우지 못하게 하기 때문에 아이를 그냥 울게 내버려 두라고 했다.

행동주의란 아이를 파악하는 데 중요한 것은 아이의 욕구나 감정과 같은 내면적인 현상이 아니라 행동이고, 그 행동을 유발하는 조건을 조절하면 행동이나 성격을 변화시킬 수 있다는 이론이다. 따라서 행동주의 심리학의 대표자인 Watson(1927)은 "아이를 안거나 아이에게 뽀뽀하지 말 것. 무릎에 앉히지도 말 것. 뽀뽀가 필요하다면 잠들기 전에 한 번으로도 충분하다."라고 했다. 당시 학계의 이러한 주장은 아이와 일상적으로 접촉해 온 부모들에게는 고통이었다.

2) 애착발달단계

John Bowlby(1907~1990)는 런던에서 출생했다. 그는 진보적인 학교에서 아동들을 가르쳤고 의학과 정신분석학 훈련을 받았으며, 1936년 이후 어린이 지도활동에 전념했다. 1936년에 그는 수용시설에서 자란 아이들의 장애에 대해 관심을 갖게 되면서 수용시설에서 자란 아이들이 다른 사람과 친밀하고 지속적인 관계를 형성하지 못하는 등 여러 정서적인 문제를 나타내는 것을 발견했다. Bowlby는 그 아이들이 생의 초기에 엄마에 대한 확고한 애착을 형성할 기회를 놓쳐버렸기 때문에 사랑을 할 수 없는 것으로 보았다. 그 결과, Bowlby는 어머니와 아이와의 유대형성이 중요하다고 보았다

Bowlby(1969)는 영아가 어머니와 어떻게 애착을 형성해 나가는가에 대해 영아의 발달단계와 관련해서 애착의 발달단계를 4단계로 나누어 설명하고 있다(표 8-2).

(1) 애착 전 형성 단계(Preattachment Phase: 출생 후~6주)

신생아는 미소 짓기, 울음, 응시 등 다양한 신호체계를 통해 주위 사람들과

가까운 관계를 유지한다. 영아는 엄마의 목소리와 냄새를 인식하지만 아직 한 사람의 양육자에 대해 일관적인 선호를 보이지 않는다. 미소와 같이 옹알이, 울음도 아기와 엄마 간의 사회적 상호작용을 증진시킴으로써 엄마가 유아 가까이 있도록 하는 기능을 가진 사회적 유발자인 것이다. 이 시기는 애착이 형성되지 않은 시기로 어떤 사람이 달래주어도 상관이 없으며 낯선 사람과 혼자 남겨져도 영아는 낯선 이에 대한 불안이 나타나지 않는다.

(2) "애착을 형성하는" 단계(Attachment in the Making: 6주~8개월)

이 단계에서 영아의 애착 반응은 친숙한 사람과 낯선 사람에게 다르게 반응하기 시작하는 선별적인 사회적 반응을 보이면서 애착을 형성하기 시작한다. 영아는 정규적으로 돌봐주는 양육자에게 더 많은 미소를 지어 보이고, 더 쉽게 달래진다. 그리고 낯선 사람을 볼 때는 단순히 응시하기만 한다. 그러나 낯선 얼굴과 친숙한 얼굴을 구별할 수 있음에도 불구하고 부모가 자기를 혼자 남겨 놓고 자리를 떠나도 분리불안을 보이지 않는다.

(3) "명백한" 애착 단계(Clear-cut Attachment: 6, 8개월~2세)

이 단계에서는 영아가 양육자에 대한 애착을 분명하게 형성하는 시기이다. 영아는 주 양육자를 안전기지로 삼고 탐색한다. 생후 6~7개월경에 운동기술이 증가함에 따라 자유롭게 주변을 돌아다닐 수 있게 되면서 애착 대상에게 능동적으로 접근하거나 접촉을 시도하게 된다. 따라서 애착 대상이 떠나면 분리불안을 보이는데 이러한 행동은 생후 9개월 전후에 나타나기 시작해서 15개월경까지 계속 증가한다.

(4) 상호관계의 형성(Formation of a reciprocal relationship: 2세 이후)

2세 혹은 3세 이전의 아기들은 오로지 돌보는 사람과 가까이 있으려는 데 관심을 기울인다. 2세 말경이 되면 영아는 정신적 표상 및 언어가 발달함에 따라 이미 애착을 형성한 사람의 행동을 예측할 수 있게 된다. 즉, 영아는 양육자가 나가도 돌아온다는 것을 이해하기 때문에 분리불안이 감소한다. 사회적 관계에 대한 기본이해를 획득하여 무조건 저항하지 않는다. 예를 들어, 어머니가 어디로 가고 언제 돌아올 것인지 물어보고, 빨리 다녀와서 이야기책을 읽어달라고 부탁한다. 따라서 이 시기의 영아는 부모와 요구를 서로 맞추거나 조절할 수 있다.

Bowlby(1980)는 영아들이 4단계를 경험하면서 영아들은 양육자와 지속적인 애정관계를 만들고 부모가 없을때 안전기반으로 사용하게 된다고 하였다.

이상과 같은 4단계를 거쳐 부모-자녀 간에 형성되는 애착관계는 개인의 성격발달에 큰 영향을 미친다고 보고 있다.

〈표 8-2〉 애착 발달단계 특징

단계	특징
제1단계	*누구에 대해서도 똑같은 반응을 보인다. 영아는 다른 사람에게 주시하기, 울기, 미소 짓기 등 다양한 신호를 보내며 가까운 관계를 유지한다. 애착이 형성되지 않아 전 애착 단계라고도 한다.
제2단계	*특정 사람에게 애착형성 되기 시작한다. 영아는 낯선 사람과 친숙한 양육자에게 다르게 반응한다. 이 단계의 영아는 자신이 필요할 때 엄마가 언제든지 반응할 것이라는 신뢰감을 발달시키기 시작한다.
제3단계	*친숙한 양육자를 안전기지로 삼고 애착이 명백해진다. 영아는 운동기능의 발달에 따라 능동적인 행동을 통해서 특정의 대상과의 접촉을 유지하려고 한다. 또한 특정 대상을 안전기지로서 탐색행동을 하게 된다.
제4단계	*애착 대상의 이미지가 마음속에 내재되어 있다. 영아의 표현력과 언어능력이 급속도로 발달하면서 양육자의 의도나 주변의 상황 등이 파악할 수 있고 양육자의 의도나 자신의 의도가 다른 경우 영아는 양육자가 목표를 수정하도록 요구하고 설득하면서 양육자와 협상하게 된다.

3) 애착의 유형

Bowlby은 수용시설에서 양육되는 것이 정상적인 애착에 해를 줄 수 있다고 했다. 그러나 정상적인 자녀양육 역시 건강한 애착을 촉진 하는데 그 정도의 차이가 있을 수 있다. 이 주제에 대한 가장 중요한 연구를 한 학자가 Ainsworth이다. 그녀는 우간다의 캄팔라 근교의 마을에 2년간 머물면서 아기들이 어떻게 자신의 엄마에게 애착하게 되는지에 대해 자연관찰을 했다(Karen, 1994). 이 연구는 1967년에 『우간다의 영아(Infancy in Uganda)』라는 책으로 출판되었는데, 이 책에서 Ainsworth는 Bowlby가 그의 저술에서 개관해 놓은 애착단계에 대해 서술했다. 우간다의 연구에서 Ainsworth는 아기들의 서로 다른 애착유형에 관한 생각을 시작했으며, 또한 아기들이 어떻게 자신의 엄마를 안전기지로 삼아 외부세계를 탐색하는지에 대해 연구했다. 미국으로 돌아온 Ainsworth는 볼티모어에서 영아와 어머니들에 대한 연구를 시작했다.

Ainsworth

Ainsworth(1979)는 영아가 1세가 될 때까지 3주마다 4시간씩 관찰했다. 23명의 중류 가정 영아들이 어머니에게 보이는 애착 행동을 측정하기 위해 영아들이 양육자를 안전기지(secure base)로 삼고 있는지를 보기 위하여 만든 '낯선 상황실험(Strange Situation Experiment)'을 하였다. 영아기 애착의 유형은 부모의 일관성 있는 반응과 수용에 따라 다르게 나타난다.

애착의 질

[그림 8-2] 낯선 상황실험의 8장면

출처: 繁多(1987).

[그림 8-2]의 실험은 표준화된 실험절차와 점수화 체계를 가지고 있으며 3분 정도씩 진행되는 8개의 에피소드로 구성되어 있다. Ainsworth는 영아들이 외부세계를 탐색할 때 어떻게 자신의 엄마를 안전기지로 삼는지와 두 번의 짧은 격리에 어떻게 반응하는지 알고자 했다. 첫 번째 격리에서는 엄마가 자기 아기를 낯선 사람과 함께 있도록 하고 떠난다. 두 번째 격리에서는 아기만 혼자 남도록 한다. 다시 돌아와 재결합하는 상황으로 구성되어 있다. 그런 다음 영아가 낯선 사람과 같이 있게 하는 상황을 만든 후 양육자가 이 낯선 상황에서의 영아의 반응인 탐색활동, 낯선 사람에 대한 반응, 격리되었을 때의 반응 특

히 양육자와 재결합했을 때의 영아의 반응을 분석함으로써 양육자에 대한 영아의 네 가지 애착유형을 발견하였다. 각 격리시간은 3분으로 했다. 전체과정은 20분 정도였으며 이 과정을 낯선상황(Stranger Situation)이라 불렀다. Ainsworth와 공동 연구자들(Blehar, Waters & Wall, 1978)은 애착 유형의 특성을 다음과 같이 분류했다.

(1) 안정애착

안정애착된 영아들은 어머니와 단 둘이 있는 동안 어머니를 애착의 안전기반으로 삼고 능동적으로 탐색을 하며 어머니와 분리되었을 때에도 어떤 방법으로든 능동적으로 위안을 찾고 다시 탐색과정으로 나아간다. 어머니와 다시 재결합했을 때 어머니를 반갑게 맞이하며 신체적 접촉이나 상호작용을 원한다. Ainsworth는 이런 영아들의 엄마들은 영아의 울음이나 다른 신호에 민감하고 즉각적으로 반응했다는 것을 발견했다. 이 엄마들은 영아들이 안정을 필요로 할 때 항상 옆에 있어 주었다. 미국의 경우 낯선 상황에서 1세 영아가 이런 유형을 보인 비율은 65~70%로 나타났다.

(2) 회피애착

회피애착을 보인 영아들은 엄마와 격리되었을 때 별 고통을 보이지 않았다. 엄마가 돌아와도 피하거나 무시한다. 엄마를 안전기지로 삼지 않았다. 엄마가 영아를 들어 올리려 하면 엄마를 피하려고 몸을 틀거나 눈맞춤을 피했다. 엄마와의 관계에서 친밀감을 추구하지 않으며 낯선 사람과 엄마에게 비슷한 반응을 보인다.

이런 유형의 영아 엄마들에 대한 관찰결과는 영아에게 덜 민감하고 간접적이며 거부적인 것으로 나타났다. 엄마가 돌아왔을 때 영아들은 "누구지? 당신은 내가 필요할 때 도와주지 않을 거야"라고 말하는 듯이 하는 행동이었다. 이 방어적인 행동이 고착되면 성격의 한 부분으로 되고 이러한 영아는 커서 지나치게 자기 신뢰적이고 다른 사람과의 유대를 형성하지 못하는 성인으로 된다(Bowlby, 1988). 미국의 경우 이런 유형을 보인 비율은 20% 정도로 나타났다.

(3) 저항애착

엄마와 함께 있어도 잘 울고 보채며 엄마가 떠나면 매우 불안해하고 엄마 옆에 붙어서 탐색을 별로 하지 않는다. 그러나 엄마가 돌아왔을 때 영아들은 두 가지 상반된 양가반응을 보였다. 즉, 자기를 남겨두고 떠났다는 것에 대하여 화를 내고 엄마 가까이에 있으려고 하면서도 동시에 엄마가 영아에게 신체적 접촉을 하고자 하면 뿌리치곤 하였다. 이런 가정의 엄마들은 어떤 때는 영아에게 따뜻하고 반응적인 반면 다른 때는 이와 반대였다. 이러한 비일관성으로 인해 영아는 자신이 엄마를 불렀을 때 엄마가 올지 안 올지에 대해 불확실해 했다. 연구대상의 약 10~15%가 불안정한 저항애착을 보였다.

(4) 혼돈애착

이 유형은 최근에 발견된 것으로 양육자에게 접근해야 할지 회피해야 할지에 대하여 혼란을 보이는 저항애착과 회피애착이 결합된 것이다(Main & Solomon, 1990). 엄마가 돌아오면 처음에는 안겼다가 곧 밀어버리고 떠나는 양극적인 반응을 보이며 연구대상의 5~10%를 차지한다.

이 네 가지 애착유형의 차이는 이전에 모자 상호관계의 역사와 관계하고 있다(Ainsworth et al., 1978). 안정 애착된 영아들은 양육자와 애정 관계가 형성되어 있었다. 영아의 여러 가지 사인에 대해 엄마가 적절하게 응답해주었던 것이고 영아는 자신의 욕구에 언제든지 엄마가 응해 주어 신뢰감을 획득하고 있다. 따라서 엄마는 영아에 있어서 안전기지로서 기능하고 있는 것이다. 반면에 저항애착을 나타내는 영아들은 양육자에게 관심이 있지만 신뢰하지 않는 것처럼 보이고, 회피애착 영아들은 양육자로부터 어떤 위안이나 애정도 끌어

낼 수 없는 것처럼 보인다. 혼란애착 영아들은 극단적인 혼돈상태를 보이며 양육자에게 접근해야 할지 회피해야 할지에 대하여 확실하지 않은 것으로 나타났다.

2. 애착관련 정서

영아가 양육자와의 밀접한 애정적 유대를 형성해 가는 과정에서 영아는 낯가림(stranger anxiety)과 격리불안(separation anxiety)을 나타낸다.

1) 낯가림

낯가림은 영아가 낯선 사람에 대해 불안을 나타내기 시작하는 반응을 말한다. 이는 대개 생후 6개월에 시작하여 8~10개월에 최고조에 이르고 이후 15개월이 되면 점차 감소한다. 실제로 많은 문화권에서 낯가림 시기에 대한 동일한 연구 결과가 나왔다. 그러나 낯가림이 모든 영아에게 보편적인 현상은 아니다. 낯가림에는 영아의 기본적인 인지적 발달이나 연령과 관련되어 조금씩 차이는 있다(Bee, 1989).

낯가림의 반응 정도는 영아들마다 다르다. 영아의 인지적 발달, 기질, 부모의 존재 여부 등이 낯가림에 중요한 요소인 것으로 보인다. 특히 영아 자신의 기질에 따라 다르게 나타나는데 기질적으로 순한 영아는 낯가림을 덜 하는 반면, 까다롭고 반응이 느린 영아는 더 심하게 오랫동안 불안해한다. 또한 영아가 처한 상황에 따라서도 기질에 상관없이 다른 불안을 나타낼 수 있다.

2) 분리불안

분리불안은 영아가 부모나 애착 대상과 떨어질 때 나타나는 불안반응으로 낯선 사람을 보았을 때 일어나는 상황과 다르지만 같은 기제에서 비롯된다고 볼 수 있다. 분리불안은 낯가림 시기보다 조금 늦은 생후 8~9개월경에 나타나기 시작하여 15개월경에 최고조에 달한다. 20~24개월 이후에 점차 감소되는 경향을 나타낸다.

엄마와 분리될 때 일어나는 불안은 강도나 빈도에서 차이가 난다. 이런 차이는 낯가림에서와 같이 유아의 기질적인 요인과 부모와의 애착 정도에 따른 것이다(Mussen, Conger & Kagan, 1979). 안정애착을 형성한 영아는 불안정 애착을 형성한 영아보다 분리불안 반응을 덜 나타내는 것을 볼 수 있다.

Bowlby(1969)는 분리불안 반응은 다음과 같은 과정을 거친다고 하였다. 첫째 단계는 분리될 때 영아가 반항하는 단계로, 엄마를 부르고 울고 고함치며 어떠한 형태의 보살핌도 거절한다. 둘째 단계는 절망의 시기이다. 영아의 활동은 감소되고 위축되며 깊은 슬픔에 빠진다. 그러나 아직 엄마가 돌아오리라는 기대를 가지고 있다. 마지막 단계는 엄마와 분리되어 탈 애착(detachment)이 된다. 만약 분리 기간이 짧을 때에는 영아는 엄마와 다시 애착을 형성할 수도 있을 것이다. 그러나 그 시기가 너무 길거나 결정적인 시기에 엄마와 헤어진 경우에는 다시 애착을 형성하기가 어려워질 수 있다.

3. 애착형성 요인

애착형성 요인에는 부모의 양육행동, 영아의 기질, 부모의 특성 등이 있다. 안정된 애착을 형성하는 영아의 일반적인 특징은 어머니가 영아의 신호에 빨리 반응하고 민감하게 상호작용한다는 것이다. 반대로 영아에 대한 엄마의 낮은 수준의 후속 반응은 모든 유형의 불안정 애착을 형성하는 것을 볼 수 있다.

혼동 애착 유형을 나타내는 영아의 부모는 자신들의 어린 시절에 학대를 받았거나 그들의 부모가 일찍 세상을 떠난 경우와 같은 심한 충격을 받은 경우에 많이 나타났다(Cassidy & Berlin, 1994; Main & Hesse, 1990).

영아의 기질에 의해서도 애착형성 요인이 달라지는 것을 볼 수 있다. 영아의 적응력이 낮고 활동적일수록 어머니는 영아를 까다로운 것으로 인식하며, 이러한 영아는 불안정애착 유형을 보일 가능성이 높았다(Vaughn et al., 1992). 다음으로 어머니의 성격, 연령, 사회경제적 지위, 어머니 자신의 양육과정 등이 애착 형성에 영향을 미치는 요인으로 작용한다. 연구결과에 따라 다소 차이는 있으나, 어머니의 성격 특성 가운데 애착형성에 영향을 미치는 요인은 영아가 보내는 신호에 대한 민감성과 반응성이다.

어머니의 연령이 어리거나 사회경제적 지위가 낮은 경우 또는 직장이나 경제적 사건에서 오는 스트레스가 많은 경우 불안정애착이나 회피애착이 많은 것으로 나타났다. 또한 성장과정에서 자신이 부모와 안정된 관계를 형성한 경우에는 자신의 자녀와도 안정된 관계를 형성하지만, 그렇지 못한 경우에는 어려움을 경험한다.

제9장

영아기의 사회성 발달

영아가 사회의 한 구성원으로 성장하는 동안에 그 사회에서 생활양식을 학습하여 타인과의 상호관계를 통한 건전한 사회생활을 할 수 있는 성향을 사회성이라고 한다. 사람들은 사람들과의 생활에서 사랑을 듬뿍 받기도 하고 주기도 하며 서로의 주장이 충돌되어 싸움도 하고 서로의 주장을 조절하여 협력도 하게 된다. 이와 같이 인간관계의 상호작용 속에서 사회적인 생활을 영위하기 위하여 자신을 먼저 알고 상대를 알게 되는 것이 영아기의 사회성 발달에 주요한 점이다.

본 장에서는 자아개념, 또래관계 그리고 영아기 놀이에 관해 살펴보고자 한다.

1. 자아개념

자아개념이란 한 개인이 자신의 신체, 행동, 사고가 독특하며 타인과 다르다는 것을 깨닫는 것, 즉 자기 자신에 대하여 갖는 태도라고 정의하고 있다. Piaget와 Freud는 영아는 생후 첫 달에는 자신과 타인을 구별하지 못한다고 했다(Bee, 1997). 그러면 영아들은 '나(自己)'라는 의식이 언제 어떻게 시작되는 것일까? 심리학에서는 타인으로부터 본 자신과 관련해서 예를 들면 이름을 불러서 자기라고 이해하는 것이나 거울에 비친 자신의 얼굴상을 자신이라고 이해할 수 있는 것으로 자기이해가 성립한 것으로 본다. 자아개념의 획득은 영아가 자기의 존재를 완전히 이해하고 나서, 즉 자아인식(self-awareness)에서 출발한다.

자아인식이란 자아개념의 가장 기본적인 개념으로 자신과 타인이 별개의 존재임을 아는 것이다. 영아들은 그들 자신이 다른 사물이나 사람과 관계없이 존재한다는 것을 알고 나서부터 그들이 누구인지를 인식하기 시작하는데, 이것이 자아인식의 시작이다.

자기인식은 주로 자기 모습의 사진을 보고 자기 이름을 말하는가를 보는 실험이나 거울 속에 비친 자기의 모습을 인식하는 실험을 통해 알 수 있다.

한 연구(Lewis & Brooks-Gunn, 1979)에서 영아 몰래 영아의 코에 루즈를 발라 놓고 거울 앞에 세워 거울 속의 자기 모습을 보도록 한 후 영아가 어떤 반응을 보이는지를 관찰하였다(그림 9-1). 영아가 거울을 보고 루즈가 묻은 자기 코를 만져 보거나 지우려고 한다면 이것은 거울 속에 비친 상이 자신이라는 것을 인식한다는 것을 의미한다.

[그림 9-1] 거울에 비친 모습

9~24개월의 영아 96명을 대상으로 실험을 한 결과, 9~12개월경 영아들은 거울 속의 자기 모습을 다른 아기의 모습으로 인식하여 한 명도 자기 코를 만지는 반응을 보이지 않았다. 첫돌이 지난 영아는 대부분 자기 코를 만지는 반응을 보였다. 그리고 15~18개월된 영아들은 몇몇 영아만이 손으로 자신의 콧등을 만졌다. 즉, 자기를 알아보며 자기인식을 나타내기 시작하였고, 18~24개월된 영아들은 거울에 비친 자신의 코를 만지며 자기 얼굴에 이상한 것이 묻어 있다는 것을 알아봄으로써 자기를 인식함을 알 수 있다(Lewis & Brooks-Gunn, 1979). 즉, 영아들은 대략 18개월 때 자기인식이라

불리는 기본적인 자기이해 개념을 발달시킨다(Hart & Karmel, 1996; Lewis et al, 1989). 18~24개월경에 대상 영속성 개념이 생기고 감각운동적 도식이 정신적 표상으로 내면화되어 가는 시기라고 볼 때, 자기인지의 발달은 영아의 인지발달 수준과 밀접하게 관련되어 있는 것으로 볼 수 있다. 인지발달과 더불어 생후 2년이 되면서 영아들은 그들 자신이 다른 사물이나 사람과 관계없이 존재한다는 것을 알고 나서부터는 자신의 모습을 상(image)으로서 정확하게 인식하는 능력인 자기인식(self-recognition)이 나타난다.

한편, 3개월 된 영아들에게 흑백 줄무늬의 양말을 신기고 카메라를 설치한 다음에 모니터를 통해 아기 머리 위에 설치된 카메라로 찍힌 영아의 다리를 보았을 때 아기의 관점 화면과, 다른 하나는 관찰자의 관점에서 찍힌 화면 중 어느 것을 더 선호하며 더 많이 응시하는지를 측정하였다(그림 9-2).

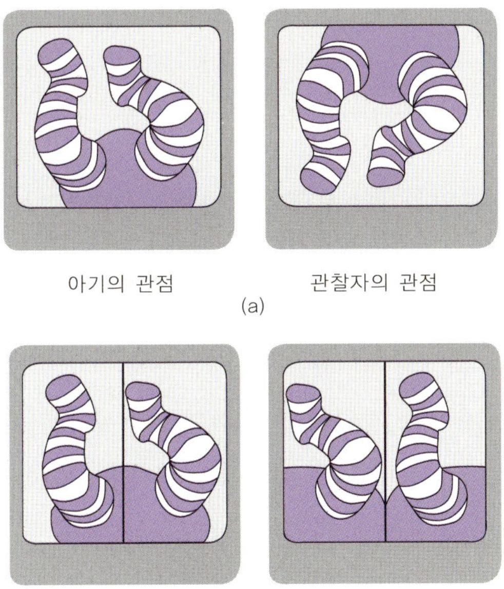

[그림 9-2] 자아인식의 출현

출처: Berk(2005).

3개월 된 영아의 비디오 영상에 대한 반응은 (a) 자신의 다리를 담은 두 가지 영상을 나란히 제시했을 때 새로운 모습의 관찰자 관점을 자기 자신의 관점보다 더 오래 쳐다보았다. 또한 (b) 다리위치가 정상적인 영상과 위치가 바뀐 영상을 같이 제시했을 때 새로운 모습의 위치가 바뀐 관점을 더 오래 쳐다보았다(Rochat, 1998). 이러한 반응은 생후 3개월경의 영아들로 자신에 대한 신체상을 가지고 있고, 다른 것과 구분하여 지각할 수 있다는 것이다.

자기통제(self-control)란 목표를 위해 눈앞의 유혹이나 충동을 억제하거나 그것에 저항하는 능력, 단기적인 만족을 지연시키는 능력을 말한다. 자기통제를 필요로 하는 상황은 규칙에 맞게 행동해야 하거나 서로 충돌하는 욕구나 행동을 억제해야 하는 상황이다. 자기통제를 위해서는 영아들은 자기 자신을 분리되어 있는 존재로 생각할 수 있어야 하며 양육자의 지시나 대화를 기억하는 기억 능력, 그리고 이러한 기억을 자신의 행동에 적용시키는 능력 또한 갖추고 있어야 한다(Kopp, 1987).

이러한 능력이 시작되면서 자아통제의 초기모습은 12~18개월경 순종적 행동(compliance)으로 나타난다. 이때 영아는 양육자의 기대나 바라는 것을 알고 자기 스스로 양육자의 요구와 명령에 따른다(Kochanska, Tjebkes, & Forman, 1998). 그러나 때로는 영아들이 순종하지 않기도 하는데 이는 영아에게 자율성이라는 개념이 생겨나기 때문이다.

18개월부터 나타나는 자아통제는 꾸준히 향상된다. 18개월경부터 30개월 된 영아에게 가까이에 있는 장난감 전화를 만지지 못하게 하거나 컵 밑에 넣어둔 건포도를 먹으라는 허락이 있을 때까지는 먹지 못하도록 한다. 혹은 실험자가 일을 마칠 때까지 선물을 풀어보지 못하도록 하였을 때 18~30개월 영아들의 만족지연 능력이 생후 18개월 이전 아이들보다 지연시키는 능력이 급격하게 증가한다. 이와 같이 자아통제의 발달을 실험실 상황에서 연구한 것이 만족지연(delay of gratification)이다. 만족지연이란 아동이 보다 큰 만족을 위해서 즉각적이나, 적은 보상을 얻고자 하는 충동을 억제 또는 지연할 수 있는 능력이다. 만족지연 능력의 발달은 3세 이전부터 나타나기 시작한다. 특히 자아통제를 잘 하는 영아들은 언어능력이나 주의 집중 시간이 긴 영아들이었다(Vaughn, Kopp & Krakow, 1984).

한편, Kopp(1982)은 자기조절(self-regulation)과 자기통제(self-control)를 서로 다른 국면으로 설명하고 있다. 자지조절능력은 영아기에서 아동 초기까지 일련의 단계를 거쳐 발달한다고 보고 각 단계마다 획득해야 할 요건을 제시하였다(표 9-1). 신경 생리학적 조정 국면에서 자기통제 국면까지를 자기조절의 전조라고 설명한다. 자기통제와 자기조절은 모두 표상적 사고와 회상기억의 발달에 의존한다는 의미이기 때문이다. 자기조절은 스스로 상황에 적응할 수 있도록 계획할 수 있는 능력에 의해 자신의 행동을 조절할 수 있다. 따라서 인지적 요인의 발달을 전제로 하고 있다. 자기조절의 발달적 변화를 다음의 5단계로 제시하였다.

〈표 9-1〉 자기조절의 발달적 변화

구분	개월	특징
신경 생리학적 조정	출생~2, 3개월	신체 생리학적이고 반사적 적응의 주요현상이 나타난다.
감각운동적 조정	3~9개월	운동근육을 자발적으로 조작할 수 있는 능력이 생겨 지각적인 것에 반응할 수 있는 감각 운동적 적응을 한다.
행동통제기	12~18개월	사회적 혹은 양육자의 요구에 대한 이해 능력의 발달로 자신의 행동을 조절하지만 통제의 대부분이 외부의 지시나 단서에 의하거나 부모의 요구에 대한 순응으로 나타난다.
자기통제 출현기	24개월 이후	표상적 사고와 회상기억의 출현으로 외부적 감시나 훈육 없이도 자신의 행동을 적절하게 수행하게 된다.
자기조절에의 이행기	26개월 이후	자기통제가 좀 더 수용적이고 유연하게 되면 자기조절로의 전이가 나타난다.

출처: Kopp(1982).

Kopp에 의하면 자기통제의 발달은 양육자와의 관계, 문화, 아동의 기질, 유전자 요인 등에 의해 영향을 받지만 양육자로부터 적절한 사회화 과정을 거쳐 자기 통제가 발달된다고 보고 있어 양육자의 양육방식이 가장 큰 영향을 미친다고 보는 것이다. 양육자가 영아에게 따뜻하고 민감하게 반응하는 경우 순종에 반대하는 행동이 덜 생기게 된다(Kochanska, Alsna & Koenig, 1995).

2. 또래관계의 발달

또래관계란 영아들이 연령이 비슷한 또래집단의 아이들과 형성한 사회적 관계이다. 또래관계는 영아의 인지적, 언어적 그리고 정서적 발달에 기여한다.

생의 초기 영아와 양육자의 상호작용을 시작으로 영아의 또래관계는 놀이를 통해 자연스럽게 이루어진다. 출생 후 2개월 정도가 되면 영아도 또래에 자극되고 상호 응시행동이 나타난다. 생후 3~4개월경이 되면 서로를 쳐다보고 마주 바라보고 만지는 등의 사회적 행동을 보인다. 하지만 이러한 상호작용을 지속시키는 사회적 기술은 아직 부족하다. 생후 6개월경에는 또래에게 미소 짓고 옹알이를 한다. 이러한 사회적 행동은 첫돌 무렵에 이르면 웃음과 몸짓을 서로 교환하면서 또래의 행동을 모방하기도 한다.

6~12개월 사이의 영아를 대상으로 한 Vandell 등(Vandell, Wilson & Buchanan, 1980)의 연구에서는 장난감이 있을 때에 비해 장난감이 없을 때 또래 상호작용이 길었으나 장난감을 주면 영아들은 독자적으로 놀기 때문에 직접적인 상호작용은 없지만 서로 쳐다보며 장난감을 공유하고 교환한다. 즉, 상호작용이 단순한 반응이고 서로에게 영향을 미치는 관계형성은 아직 이루어지지 않는다.

1~2세 영아는 또래와 상호작용이 가능해지므로 한 아이가 걸어가면 그 뒤를 따라가는 상호적 모방 행동이 나타나며 또래와 함께 웃고 즐거워하는 등, 긍정

적인 정서가 나타난다. 그러나 영아기는 또래의 상호작용 요구에 무심하기 때문에 사회적 관계 이전의 탐색과정이라 볼 수 있다.

3. 놀이와 사회성

놀이란 자발적으로 행해지는 활동으로 그 활동을 하는 것이 재미있다는 쾌의 정서가 동반하는 것이다. 영아의 생활 대부분은 놀이를 하며 보내므로 영아에 있어서 놀이는 생활 그 자체이고 영아기의 놀이는 무언가 목적이 있어서 활동을 하는 것이 아니라 내적으로 동기유발된 것이다. 프뢰벨(Fröbel)에 의하면 놀이란 인간 본성의 자유로운 활동의 표현이며 이것을 통해서 외부세계에 관계하고 영아들은 자신의 외부세계나 자기 자신을 알고 동시에 영아들 자신의 심신의 능력을 높여가는 것이라고 말하고 있다. 예를 들면 영아기는 물건을 빨고 던지고 하는 놀이로 이러한 놀이를 반복해 가면서 아이들은 물건이나 세계를 인지한다. 뿐만 아니라 부모와 놀이를 하면서 부모에게 친밀감을 갖게 되고 애착 관계를 형성한다. Piaget은 놀이 경험이 어린이의 인지발달과 긴밀한 관계를 맺는다고 주장하였다(표 9-2). 영아에게 있어서 놀이는 이 세상을 이해하는 데 도움을 주는 매개체의 구실을 할 뿐 아니라 인지발달의 지표 또는 부산물이라고 강조하였다. 감각운동기(0~2세)의 기능놀이란 어린이가 기능적인 즐거움을 위해 물체와 함께 또는 물체 없이 단순하고 반복적으로 되풀이하는 단순한 놀이 행동을 뜻한다. 예를 들어, 방 주변 뛰어놀기, 자동차를 앞뒤로 굴리기, 무엇을 만들려는 의도 없이 점토 주무르기(Rubin, Fein, & Vandenberg, 1983) 등 근육의 움직임으로 행동을 반복하는 놀이이다. 생후 2년 동안 보편적으로 나타난다. 즉, 2세 이하의 감각운동기의 영아는 연습놀이(신체적 움직임을 반복하는 것)와 단순한 가상적 활동에만 참여하는데, 인지 · 사회적 능력이 아직 충분히 발달되지 않아 좀 더 발달된 사물놀이나 상징놀이에는 참여할 수 없다(신은

주 외, 2001).

〈표 9-2〉 피아제의 놀이 이론

연령	인지 단계	놀이유형
출생~2세	감각운동기	연습놀이
2~7세	전조작기	상징놀이
7~11세	구체적 조작기	규칙있는 게임

한편, 사회성은 영아의 타고난 기질, 생물학적 요인, 부모의 양육 태도, 환경 등의 영향을 받아 발달하게 된다. 특히 부모의 양육 태도는 영아의 사회화 과정에 가장 큰 영향을 미친다. 부모님이 따뜻하고 수용적이며 일관적인 태도를 보인다면 영아는 부모뿐 아니라 다른 사람에 대해서도 신뢰감을 얻기 쉽다. 또한 영아가 어떠한 가정환경에서 자라났는지도 중요하다. 수용적인 분위기의 가정환경에서는 활동적 · 능동적인 성격으로 자랄 확률이 높고, 뭐든지 거부하는 분위기에서는 남과 잘 어울리지 못하며 공격적인 성격으로 자라나기 쉽다. 부모와 일차적인 관계를 친밀하고 안정되게 맺으면 이차적인 또래와의 관계도 자연스럽게 잘 맺을 수 있다. 반대로 부모와의 관계에서 위축되어 있거나 불안정하거나 욕구가 충족되지 않았다면 친구와의 관계에서도 어려움을 겪게 될 수 있다.

〈표 9-3〉 놀이와 사회성 변화

	놀이		사회성
6개월 미만	• 물건을 잡고, 빨고, 흔든다(3~4개월). • 물건을 두드리고, 잡아당기고, 던지고, 떨어뜨리는 등 다양한 탐색활동을 한다(5~6개월). • 누워서 움직이는 것을 바라본다. - 모빌, 오르골 • 소리나는 방향으로 귀를 기울인다. - 딸랑이	6개월 미만	• 영아는 부모의 체취와 목소리를 구별하는 것을 시작으로 사회성 발달이 시작된다. • 사회적 미소 짓기 시작 - 주변 사람들과 교류 역할 • 기분변화에 빠르다 - 울거나 물건을 부딪치게 해서 주목을 끈다.
6~15개월	• 앉은 자세로 장난감을 잡는다. • 앉기 → 기어다니기 → 앉기를 반복한다. - 끌고 다니는 손수레, 큰 공 • 말을 하기 시작하는 시기이다. - 그림책, 전화놀이	6~12개월	• 또래에 관심 갖기 시작하면서 미소 짓기, 옹알이를 한다. • 영아는 어머니와 분리된 존재임을 깨닫는다. • 또래를 보면 즐거워한다. • 모르는 사람에 대해 낯가림이 시작된다. • 사회적 놀이를 할 수 있게 된다. - 까꿍놀이
15~2세 미만	• 대부분의 영아가 걷는다. - 평균대, 정글짐 • 표상능력이 발달한다. - 소꿉장난감, 그림카드, 찰흙놀이 • 어휘가 늘어 이어문 문장을 사용한다. - 그림책, 낱말카드	12~2세 미만	• 감정을 의식적으로 표현하는 것이 가능해진다. • 또래 아이들에게 관심을 갖게 된다. • 단독놀이를 한다. 그 후 평행놀이가 시작(19~20개월)된다.

출처: 羽仁・サライ(2000). 수정, 보완함.

제 4 부

유아기 발달

제10장

유아기의 신체 발달

2세부터 초등학교 입학 전인 6세까지의 시기를 유아기라 하는데, 유아기의 신체발달은 영아기에 비해 급속도로 이루어지지는 않으나 꾸준한 성장을 보인다. 신체운동 발달과 인지능력의 발달이 활발해져 두뇌발달이 왕성한 시기이기도 한다. 신체발달이 원만하게 이루어지기 위해서는 충분한 영양공급, 규칙적인 생활습관과 질병으로부터의 보호가 필요하다.

1. 신체발달

유아기 때 신체의 변화는 비교적 천천히, 규칙적으로, 또한 지속적으로 일어난다. 유아기 동안 신장은 매년 5~7cm 정도 자라며, 체중은 2~3kg씩 증가한다. 신장은 2세에는 출생 시의 1.6배쯤 되고, 체중은 만 2세에 출생 시의 3.6배가 된다. 5세경에는 출생 시 신장의 2배 정도 되는 104cm, 몸무게는 5배 이상이 되는 17.5kg정도로 증가한다. 유아기 말 6세가 되면 신장이 115cm, 몸무게가 20kg이 되고, 하체가 길어지면서 가늘어지고, 머리가 커 보이는 모습에서 벗어나게 된다. 유아기에는 체지방도 꾸준히 감소한다(Rallison, 1986).

골격과 근육의 발달은 출생 직후부터 시작되나. 유아기에는 근육과 골격의 성장이 더 빠르게 진행된다. 근육발달은 3~4년 동안 꾸준히 증가하여 5~6세가 되면 근육을 구성하는 근섬유가 굵어지고 근력도 강해진다. 그리고 기본 골격이 형성되면 출생 직전에 골단(뼈의 말단)이라 불리는 성장센터가 나타나는데, 경화과정은 이 성장센터에서 시작된다. 즉, 2~6세 사이에 여러 골격부위에서 새로운 성장센터(epiphyses)가 나타나며 연골의 경화속도는 점차 더 빨라져 신체적으로 더욱 단단해진다(Berk, 2005). 이 경화과정은 아동기를 지나 청년기까지 계속된다. 성장이 완성되면(성장판이 닫히면) 골단은 점점 가늘어지고 마침내 사라진다. 이렇게 되면 더 이상의 성장은 불가능하다. 유아기의 수면은 5~6세가 되면 10시간 내외의 수면이 필요하다.

한편, 치아의 발달은 유아기 끝 무렵에 유치가 완성되고 다시 영구치로 교환되기 시작한다. 2세 반이 되면 유치 20개가 전부 나오게 된다. 6세경에는 영구치가 한두 개 생겨난다. 그러므로 만 약 5세 이후까지도 엄지손가락을 빨면 영구치가 나오는데 나쁜 영향을 미칠 수도 있다. 또한 유치의 부식은 영구치의 부식과 관련이 있기 때문에 영구치로 대치되기 전에 단 음식을 피하고 이를 잘 닦는 습관을 들이는 등 유치를 잘 관리하도록 하여야 한다.

2. 두뇌발달

유아기의 가장 중요한 신체발달 중 하나는 뇌와 신경계의 계속적인 성장이다. 영아기만큼 빠른 속도는 아니지만 뇌는 유아기에도 계속해서 성장한다. 두미발달원칙에 의해 뇌와 머리의 크기는 신체의 다른 어떤 부분보다도 더 빨리 성장한다. 뇌의 무게는 약 3세경에 1,050 g 으로 어른의 약 75%를 차지하며 5세말에는 1,242 g 정도로 성인두뇌의 약 90%까지 완성된다. 유아기 동안의 뇌 크기의 증가는 수초화와 시냅스 밀도의 증가로 인한 것이다. 수초화는 신경세포가 미엘린이라 불리는 지방성 물질로 둘러싸이는 것을 말한다. 수초화가 증가할수록 정보가 전달되는 속도가 빨라지고 효율성이 높아진다. 눈과 손의 협응을 관장하는 뇌영역의 수초화는 4세 이전에는 완성되지 않기 때문에 눈과 손의 협응이 원할 하지 못하다.

시냅스는 신경세포의 자극전달부로서 시냅스의 밀도는 출생 후 2세까지 급격히 증가하다가 그후 서서히 감소하여 6~7세경에는 성인의 수준에 도달하며 뇌와 두골 밑의 신경 섬유가 거의 성숙된다. 그러므로 6세경에 이르면 학교교육에 임할 태세, 즉 정신 조작이 가능할 수 있는 신경 조직이 갖추어지게 된다(Tanner, 1978).

유아기에 뇌의 편측성이 나타나기 시작하는데, 뇌의 편축성이란 뇌의 좌반구와 우반구가 각기 다른 기능을 맡아 하는 것을 말한다(그림 10-1). [그림 10-1]의 뇌량(corpus callosum)은 두 개의 반구를 연결하는 구조를 말하는데, 2~8세 사이에 뇌량의 수초화가 기루어지면 두 개의 반구 간에 정보교환과 협응이 원활해진다(Yakovlev & Lecours, 1967). 좌반구와 우반구 간의 협응은 여러 가지 운동기술을 증가시킨다.

보통 좌반구는 신체 오른쪽의 근육 운동을 그리고 우반구는 신체 왼쪽의 근육운동을 통제한다. 일반적으로 좌반구는 언어, 과학, 수학, 논리에 관한 정보를 처리하는 반면, 우반구는 음악, 미술, 공간지각, 창의력에 관한 정보를 처리한다. 좌반구와 우반구의 뇌 기능 분화는 영아는 물론 조산아에게도 발견된다(Kinsbourne & Hiscock, 1983). 유아기에는 좌반구와 우반기의 균형적인 발달이 매우 중요하다. 좌반구와 우반구의 뇌 기능 분화는 어렸을 때 일어나지만, 1세 이전의 영아의 뇌는 특정 부위에 손상을 입었을 때 그것을 보완하기 위하여 자체 내에서 재조직하는 놀라운 생리적 적응 능력을 지니고 있다. 그러나 연령이 증가됨에 따라 대뇌피질의 가소성이 줄어들어 대뇌 손상은 회복되기 어려운 것 같다.

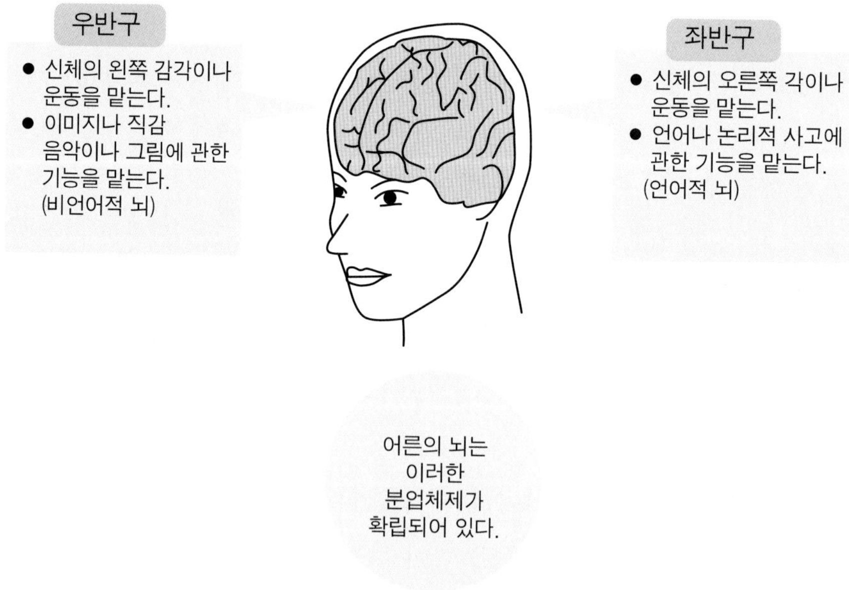

[그림 10-1] 뇌의 좌반구와 우반구

출처 : 山下(2003).

3. 운동발달

운동발달이란 유아가 자신의 운동에 대하여 자발적 통제를 할 수 있게 되는 것을 말한다. 유아기에는 대근육과 소근육이 발달하고 신경 계통이 점차적으로 성숙함으로써 운동 기술(motor skill)이 괄목할 만하게 발달한다. 체중의 중심이 아래로 옮겨 가면서 영아기에 비해 균형을 잡기가 쉬워진다. 달리기, 뛰기, 공던지기, 자전거타기와 같이 유아들이 주변을 돌아다닐 수 있게 도와 주는 행동의 조절에 관한 대근육 운동뿐만 아니라 구두끈 매기, 크레용으로 색칠하기, 수저질, 글씨쓰기, 가위질, 단추채우기 등의 작은 움직임에 관한 소근육 운동기능도 발달한다. 이러한 신체발달과 눈과 손의 협응 능력의 발달은 유아로 하여금 걷거나 뛰어다니고 기어오르는 등 활발한 활동을 하게 한다. 또한 팔목을 사용하여 앞으로 공을 던질 수 있게 되나, 던지는 높이 조절에는 어려움을 느낀다. 유아기 동안 성취해야 할 대근육 운동은 달리기, 뛰기, 균형 잡기, 기어오르기, 공 던지기 등이다.

1) 이행운동 발달

2세부터 이행운동 기능은 급격하게 발달한다. 3세경이 되면 똑바로 선을 따라 걷거나 달릴 수 있으며 4세경에는 한 발로 뛸 수 있고 5세가 되면 근육이 발달하면서 자전거 타기 등 민첩한 운동기능이 발달한다(Shaffer, 1993).

걷기와 달리기 유아는 2~3세경에 달리기를 시작한다. 3세에는 달리면서 방향을 바꾸지 못하므로 달리기를 멈춘 다음 방향을 바꾸고 다시 달리기를 시작한다. 그리고 선을 따라 잘 걷고 멀리 뛰기를 할 수 있으며 까치발로 걸을 수 있다. 4세가 되면 한 발로 뛸 수 있고 달리는 중간에 점프할 수 있다. 5세가 되면 근육이 발달하면서 자전거 타기 등 민첩한 운동기능 발달이 이루어져 달릴 때 팔을 흔들고 어른처럼 달린다(Shaffer, 1993).

계단 오르내리기 2세 유아는 계단을 오를 때 발을 교대로 하여 계단을 올라가지 못하고 한쪽 발을 먼저 올려놓고 그 다음 다른 쪽 발을 그 옆에 놓는다. 2세~2세 6개월 유아는 발을 교대로 하여 계단을 오르고 3세가 되면 양 발을 모으고 무릎을 구부려서 뛰어내릴 수 있게 된다. 4세 유아는 아무것도 붙잡지 않고 층계를 오를 수 있고 5세 유아는 층계를 뛰어 올라갈 수 있다.

미끄럼틀, 그네타기 유아는 미끄럼틀에 혼자 올라가서 뒤로 누워서 내려오기도 하고, 미끄럼틀 난간을 잡고 앉아서 미끄러져 내려올 수도 있게 된다. 그네뛰기는 몸의 균형이 잡혀야 한다. 2세 6개월~3세경에는 앉아서 그네를 탈 수 있고 3세~4세가 되면 서서 그네를 탈 수 있다.

균형잡기 평균대 위에서 몸의 균형을 잡고 주저하지 않고 안전하게 걸을 수 있게 되는 것은 대략 5세경이고, 6세가 되면 한 발로 균형을 잡을 수 있다.

공 던지기와 받기 유아의 공을 다루는 운동 기술의 변화는 대근육 발달을 보여주는 것이다. 2~3세 영아들은 공을 던질 때 목표를 향해 두 발을 그대로 두고 팔만 앞으로 내밀며 공을 던진다. 공을 받을 때도 2세 유아들은 팔과 손을 뻣뻣하게 펼쳐서 받는다. 3세가 되면 어깨와 몸통, 다리를 사용하여 공을 던지고 받을 수 있게 되지만 상체를 많이 이용 못한다. 4~5세가 되면 몸통을 돌리며 한 발을 앞으로 내딛으며 던질 수 있고 받을 수 있다. 5~6세경에는 손바닥으로 공받기가 가능하다.

〈표 10-1〉 연령에 따른 대근육 운동기능의 발달

연령	걷기와 달리기	도약	한발로 뛰기	공 던지기와 받기	페달 밟기
2~3세	• 발 간격을 넓게 하여 걷는다. • 팔과 다리를 서로 반대로 흔들 수 있다. • 서두르는 듯한 걸음걸이가 달리기로 바뀐다.	• 계단에서 뛰어 내린다. • 제자리에서 팔은 움직이지 않고 두발로 10cm 이상 뛰어 오른다.	• 상체는 움직이지 않고 한발로 1-3번 정도 뛴다.	• 발은 움직이지 않고 상체로 공을 던진다. • 팔을 바깥쪽으로 곧게 펼쳐서 공을 받으려고 한다.	• 바퀴 있는 장난감을 조종은 하지 못하면서 발로 민다.
3~4세	• 발을 교대로 하며 계단을 오르게 된다. 한 발씩 조심스럽게 계단을 내려간다. • 까치발로 걸을 수 있다.	• 바닥에서 뛰어 오른다. • 멀리 뛰기를 할 수 있다.	• 상체를 움직이면서 한발로 뛰기 할 수 있다.	• 약간 몸을 돌리면서 공을 던지지만 발에 실은 무게는 거의 이동하지 않는다. • 팔꿈치를 구부려 공을 받지만, 가슴으로 받는다.	• 세발자전거를 타게된다.

연령	걷기와 달리기	도약	한발로 뛰기	공 던지기와 받기	페달 밟기
4~5세	• 한 발씩 바꿔 가며 계단을 오르는 것이 가능해진다.	• 깡충 뛴다.	• 한 발로 달리고 깡충 뛴다.	• 물건을 던질 때 하체에 체중을 실어서 던진다. • 가슴을 이용하지 않고 한 손으로 물건을 받는다.	• 세발자전거 페달을 빨리 밟을 수 있다.
5~6세	• 달리기 속력 증가하며 부드럽게 달린다.	• 정확히 뛰어오르기 한다.	• 한발로 균형 잡기가 가능하다.	• 손바닥으로 공받기가 가능하고 몸 전체를 이용하여 던지고 잡는다.	• 세발자전거 대신 보조 바퀴가 달린 자전거를 탈 수 있다.

출처: Cratty(1986). 수정함.

2) 소근육 및 협응기능의 발달

2세경에는 눈과 손의 협응 기능이 발달되어 식사 시 스푼을 사용하여 밥을 먹으려 하고 크레용을 잡고 낙서를 하며, 칫솔 사용도 배울 수 있게 된다.

3세경이 되면 눈과 손의 협응, 그리고 소근육 운동이 많이 발달 한다. 크레용으로 신문지 위에 원을 그릴 수도 있고, 스스로 옷을 벗으며 간혹 흘리기는 하지만 혼자서 식사를 할 수 있다.

4세가 되면 소근육 운동기술이 상당히 발달한다. 옷을 입고 스스로 단추를 끼울 수 있게 되며 종이 위에 그려진 선을 따라 자르는 것이 가능하다. 젓가락질은 서투르게 할 수 있다. 스스로 손발을 씻고 치아를 닦을 수 있으며 신발 끈을 맬 수 있고, 선을 따라 가위로 자를 수 있다. 손사용의 선호가 확립되어 90% 이상의 유아가 오른손 잡이로 확립된다.

5세경에는 지퍼를 내리고 올릴 수 있으며 신발끈을 묶을 수 있다(Rice, 1988). 삼각형을 그대로 그릴 수 있을 정도로 소근육이 발달되고, 자신의 이름을 쓸 수 있고 글자나 숫자를 베낄 수 있으며 크레용으로 색칠을 할 수 있다.

6세경에는 글자를 쓸 수 있게 되고 여러 가지 형태의 도형을 모방해서 그릴 수 있다.

〈표 10-2〉 연령에 따른 소근육 발달

연령	옷 입고 벗기	먹기	기타
2~3세	• 간단한 옷가지를 입고 벗는다. • 옷에 있는 큰 지퍼를 올리고 내릴 수 있다.	• 숟가락을 사용한다.	• 손잡이를 돌리고 문을 연다. • 큰 구슬을 꿴다.
3~4세	• 큰 단추를 끼우고 푼다.	• 도움 없이 혼자 음식을 먹는다.	• 가위로 종이를 자른다. • 수직선과 원을 보고 베낀다.

출처: Furuno et,.(1987), Newborg, Stock, & Wnek(1984).

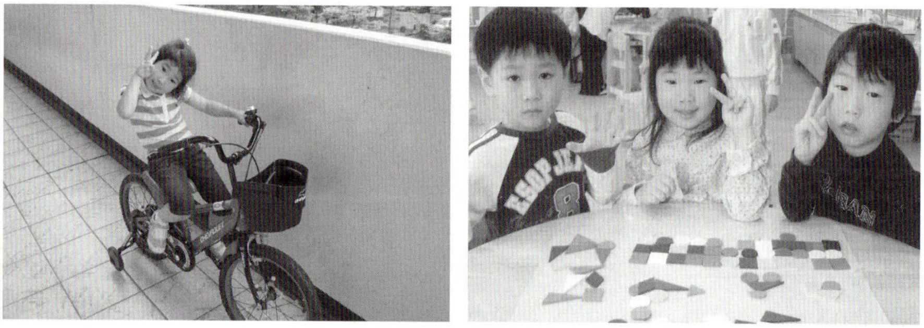

[그림 10-2] 대근육 발달과 소근육 발달

한편, 소근육 운동기술의 대표적인 예가 그림그리기이다. 그림그리기의 연령의 변화는 뇌와 소근육이 성숙하였음을 반영한다(Kellogy, 1970). 2~3세경에는 원과 수평선을, 3~4세에는 기본적인 형태를 조합한 무늬, 정사각형 등의 모양을 그릴 수 있고, 4~5세에는 알아볼 수 있는 그림을 그리며, 5~7세가 되면 삼각형의 모양을, 그리고 실제 사물의 표상을 그릴 수 있다.

[그림 10-3] 소근육 운동기술의 대표적인 예가 그림그리기이다.

제11장

유아기의 인지 발달

유아기에는 언어가 상징적 표현의 중요한 수단이 되고, 눈 앞에 존재하지 않는 대상이나 사건에 대해 정신적 표상능력의 발달로 인해 영아와는 질적으로 다른 행동을 보이나 아직 정신적 조작능력이 제한적이기 때문에 전조작적 사고기(2~7세)라고 한다(Bjorklund, 1995). 이 장에서는 유아기 사고의 특성과 언어발달에 관해 살펴보고자 한다.

1. 전조작적 사고기

유아기는 Piaget의 인지 발달 4단계 중 두 번째에 해당하는 전 조작기에 속한다. 전조작기는 다시 전개념적 사고기(2~4세)와 직관적 사고기(4~7세)로 나누어진다.

1) 전개념적 사고기

이 단계의 아동은 환경 내의 대상을 상징화하고 이를 내면화시키는 과정에서 성숙한 개념을 발달시키지 못한다. 따라서 이 단계를 전개념적 사고기라고 부른다. 전개념적 사고의 특징은 상징적 사고, 자기중심적 사고, 물활론적 사고를 하는 것 등이다.

(1) 상징적 사고

Piaget(1962)에 의하면 전조작기의 가장 중요한 인지적 성취는 상징적 사고(symbolic thought)의 출현이라고 한다. 전조작기에는 비언어적 상징 활동이 증가한다. 자기가 전에 보았던 행동을 심상으로 기억해서 모방하는 지연모방(deferred imitation)행동, 그리고 상징적 사고력으로 인해 가상놀이를 많이 하게 된다. 가상놀이란 가상적인 사물이나 상황을 실제 사물이나 상황으로 상징화하는 놀이를 말한다. 예를 들어, 베개를 가지고 아기를 재우는 시늉을 하거나, 막대기로 총을 쏘는 등 가상놀이(make-believe play)를 한다(Piaget, 1946). 이외에도 소꿉놀이, 병원놀이, 학교놀이 등이 가상놀이의 예들이다. 유아기 동안 가상놀이는 점점 더 빈번해지고 연령이 증가하면서 점점 더 복잡해진다(Rubin, Fein, & Vamdemberg. 1983). 이러한 현상은 유아가 현실에 존재하는 대상이나 상태에서 벗어나, 유아가 머리 속에서 현실대상과는 다른 표상을 그릴 수 있다는 것을 뜻한다.

(2) 자기중심성

자기중심성이란 유아가 자신의 입장에서만 사물을 보고, 다른 사람의 생각, 관점이나 감정을 충분히 이해하지 못하고 자신과 동일하다고 가정한다는 것을 의미한다. 유아기에 갖는 자기중심적 사고를 보여주는 매우 유명한 실험으로 세 개의 산 과제(Piaget & Inhelder, 1969)를 통해 잘 나타난다. [그림 11-1]에서 보듯이, 색깔, 크기, 모양이 상이한 세 개의 산 모형이 놓인 책상 앞에 5세 유아를 앉힌다. 그 다음 유아가 앉은 자리에서 보이는 산의 조망을 여러 그림 중에서 고르게 한 후, 맞은편에 인형을 앉히고 유아에게 그 인형에게는 산의 모습이 어떻게 보이는지를 물으면, 유아는 인형도 자신이 보고 있는 모습과 같게 볼 것이라고 답한다. 이처럼 전조작기 아동은 자신의 입장에서만 사물을 이해할 뿐, 타인의 관점을 추론하지 못한다. 이것은 다른 사람의 시각에서 정확하게 볼 수 있는 조망수용 능력이 부족하여 나타나는 현상으로 해석된다.

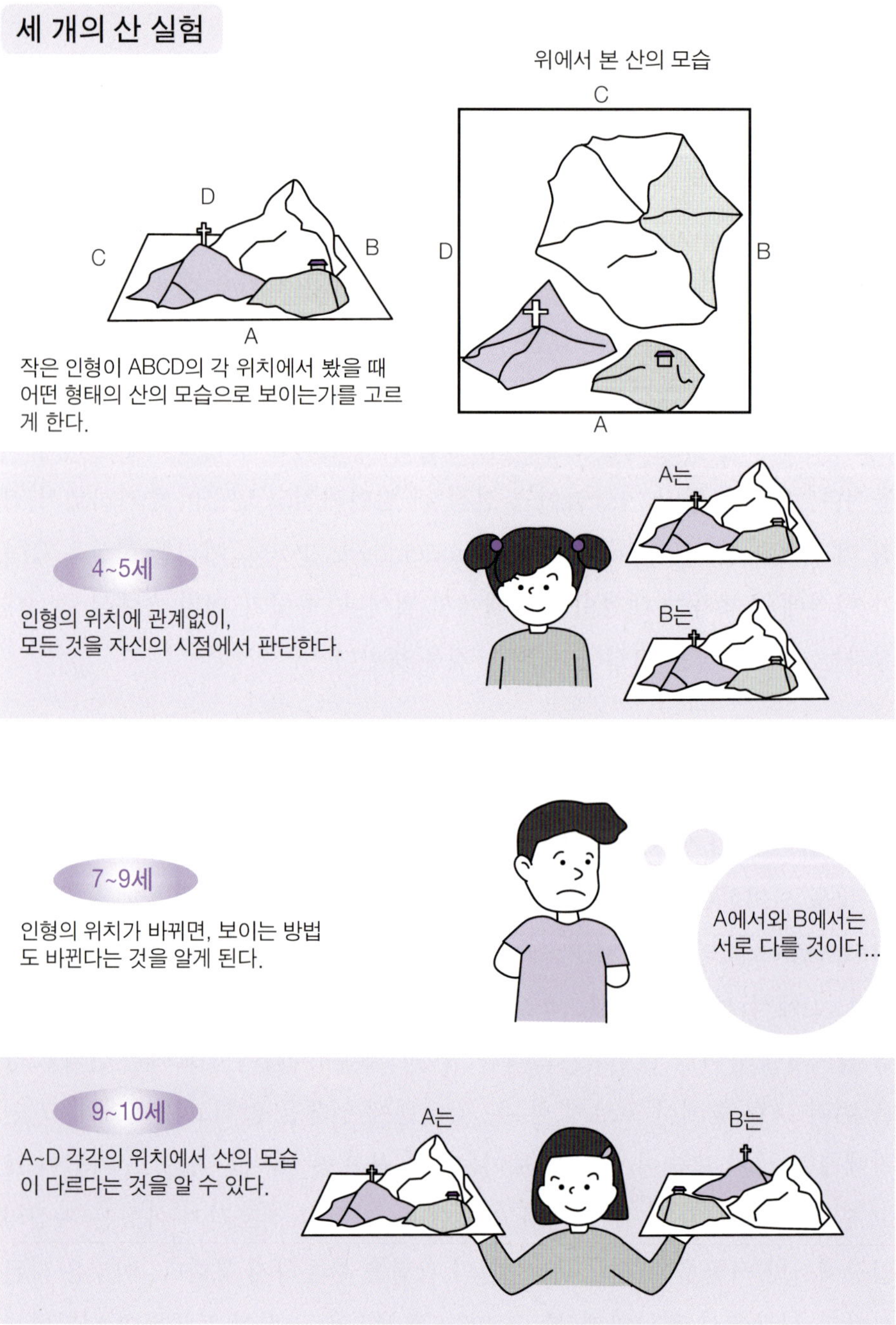

[그림 11-1] Piaget의 세 산의 시험

출처 : 山下(2003).

다음은 자아 중심적인 사고를 잘 나타내는 또 다른 예이다. 엄마의 생일선물을 고를 때 10살 된 형은 보석이나 화장품을 생각하지만, 4살 된 동생은 자신이 갖고 싶은 로봇을 고르게 되는 것은 바로 이 자기중심적 사고(egocentrism) 때문 이다.이들의 자아중심성은 언어에도 나타난다. 이 시기의 아동은 자신의 사고와 느낌으로 가득 차 있기 때문에 다른 사람이 말하는 것을 들을 수 있는 능력이 없고 다른 사람이 필요로 하는 정보에 무관심하기 때문이다. 대화하는 상대방과 의사소통을 한다기보다 상대에게 어떤 반응을 요구하지 않고 자기가 하고 싶은 말을 해 버리는 집단독백 형태가 많다.

[그림 11-2] 유아의 그림에 나타난 자기 중심성

출처 : 林(2007).

물활론
생물 이외의 것이나 식물 등에도 인간과 같은 마음이 있다고 믿는 것을 말한다. 피아제에 의하면 유아가 자신의 마음 속에 일어나는 것과 외계의 사상 그것 안에서 행해지고 있는 것을 구별할 수 없는 것으로부터 생기게 되는데 이것은 자기중심성의 한 예라고 말하고 있다.

(3) 물활론적 사고

전조작기 유아들은 모든 사물에 생명이 있다고 생각한다. 즉, 생명이 없는 대상에게 생명과 감정을 부여하는 물활론적 사고를 한다. 예를 들면 인형이 살아있다고 생각하고, 종이를 가위로 자르면 종이가 아플 것이라고 생각한다.

물활론적(animism) 사고는 유아기 초기의 가장 현저한 특성인데, 4~5세가 되면 감소하기 시작한다(Bullock, 1985). 유아들은 해를 그릴 때도 방긋 웃고 있는 해님을 그린다(그림 11-2). 이와 같은 행동은 전조작기에 유아의 사고를 지배하는 물활론적 사고에서 기인한 것으로 이들의 지적 구조는 생물을 구분하는 성인의 기준과 질적으로 다르기 때문이다.

또한 지각 반응에도 이러한 미분화된 사고의 경향을 발견할 수 있다. 유아의 지각은 정서나 욕구가 비분화의 상태이기 때문에 사물을 의인화하여 지각하는 경우가 많다. 예를 들어, 자동차의 전면을 보고 「무서운 얼굴을 하고 있다」라고 말하거나 바다의 파도를 보고 「파도가 화내고 있어」라고 표현하기도 하는데 이처럼 사물에 정서적인 의미를 부여하여 의인화하여 지각하는 현상을 Wermer(1957)는 '상모적 지각'이라고 부른다(그림 11-3).

[그림 11-3] 상모적 지각

출처 : 新井(2008).

(4) 인과관계에 대한 비논리적 추론

인과개념은 어떤 현상의 원인과 결과 간의 관계를 추론하는 능력을 말한다. 성인은 추론을 할 때 대체로 연역법과 귀납법이 사용되고 있다. 그러나

3~4세 된 유아는 이런 사고의 순서를 밟아 결론을 내리지 못하고 대신 전환적 추론(transductive reasoning)을 하게 된다. 전환적 추론의 특징은 한 특정 사건으로부터 다른 특정 사건을 추론하는 것이다. 예를 들어, 개라는 동물을 잘 알고 있는 유아가 처음으로 소를 보게 되면 소를 보고 개라고 말할 수 있다. 이렇게 얘기하는 유아는 개라는 동물에 대한 개념을 '발이 4개이고 털이 있는 것'으로 나름대로 정의한 것이다. 그러나 소를 보게 되면 '이것도 발이 네 개이고 털이 있다' 그러므로 '이것은 강아지이다'라고 비논리적이며 잘못 된 결론에 도달하는 것이다.

이러한 사고는 서로 관련이 없는 두 사건을 결부시켜 원인과 결과로 연결 짓는데서도 나타난다. 예를 들어, 한 유아가 동생에게 욕을 한 것과 동생이 감기에 걸린 것을 연결시켜 '내가 동생에게 (욕을 하여) 감기 들게 했다'라고 틀린 인과관계를 끄집어내는 것이다. 특히 어떤 두 가지 현상이 시간적으로 근접해서 발생하면 두 현상 간에 아무런 관계가 없는데도 유아는 인과관계가 있는 것으로 생각한다.

유아는 동시적으로 가까이 일어나는 두 사건은 인과적 관계를 가지고 있다고 믿으므로, 먼저 일어난 사건이 다른 사건을 일으키는 원인이 되었다고 믿는다. 두 사건 간에 기능적 · 기계적인 직접적 관련이 없어도 시간적으로 근접해서 일어나거나 동시적으로 일어나면, 곧 그들 간에 인과관계가 있다고 생각한다. 그래서 전조작기의 유아의의 인과관계 인지(因果關係 認知)는 매우 부조리하다.

2) 직관적 사고기

직관적 사고란 어떤 사물을 볼 때, 그 사물의 두드러진 속성을 바탕으로 사고하는 것을 말한다. 즉, 직관에 의해 사물을 파악하는 것을 의미한다. 4세를 넘기면 개념형성이 발달해 가지만 아직 사고는 논리적 수준까지는 이르지 못하고 있다.

이와 같은 직관적 사고의 특징은 이시기의 유아에게는 '보존개념(concept of conservation)'이 결여되어 있는 점에 잘 나타나 있다. 직관적 사고기에 있는 유아는 사물의 본질적 특징이 변화하지 않는 경우에도 그 외관이나 형상만의 변화에 의해서 본질까지 변화하였다고 생각하며, 논리적 사고 또는 가역적 사고(可逆的 思考, reversibility)는 아직 발달되지 못한 상태에 있다. 직관적 사고의 특성인 보존개념, 유목포함, 서열화 등에 대해 살펴보고자 한다.

(1) 보존개념

전조작기 아동들은 사물이나 사건의 여러 가지 측면을 보지 못하고 눈에 보이는 대로 대상을 판단한다. 피아제는 이것을 보존개념(conservation concept)으로 설명하였다. 보존개념이란 사물의 양은 그 모양이 변하거나 여러 부분으로 나누어져도 전체적인 양이나 수는 변하지 않는다는 것인데, 이 시기 아동들은 보존개념이 아직 발달하지 않는다. 예컨대, 다른 색깔이 구슬을 일렬로 배열할 경우 아동들은 두 종류 구슬의 수가 같다고 대답한다. 그러나 붉은 구슬을 푸른 구슬보다 간격을 지워 배열하면 넓게 배열된 아래쪽 구슬의 수가 많다고 대답한다.

보존의 개념은 피아제의 실험에서 가장 널리 알려진 것이다. 전조작기의 유아는 물체에 대한 보존의 개념이 없다는 것이 다음 단계인 구체적 조작기의 아동과 다른 점이다. 보존의 개념에는 양의 보존, 수의 보존, 부피의 보존, 무게의 보존 등이 실험되고 있다.

양의 보존개념을 위한 실험은 크기와 모양이 똑같은 A, B 두 컵에다 같은 양의 물을 부은 뒤 유아에게 그 양이 같다는 것을 확인시킨 후 보는 앞에서 길쭉한 컵 C에다 붓는다. 그리고 나서 유아에게 어느 컵의 물이 많으냐고 물으면 보존개념을 획득하지 못한 유아는 C컵의 물이 많다고 대답한다(그림 11-4).

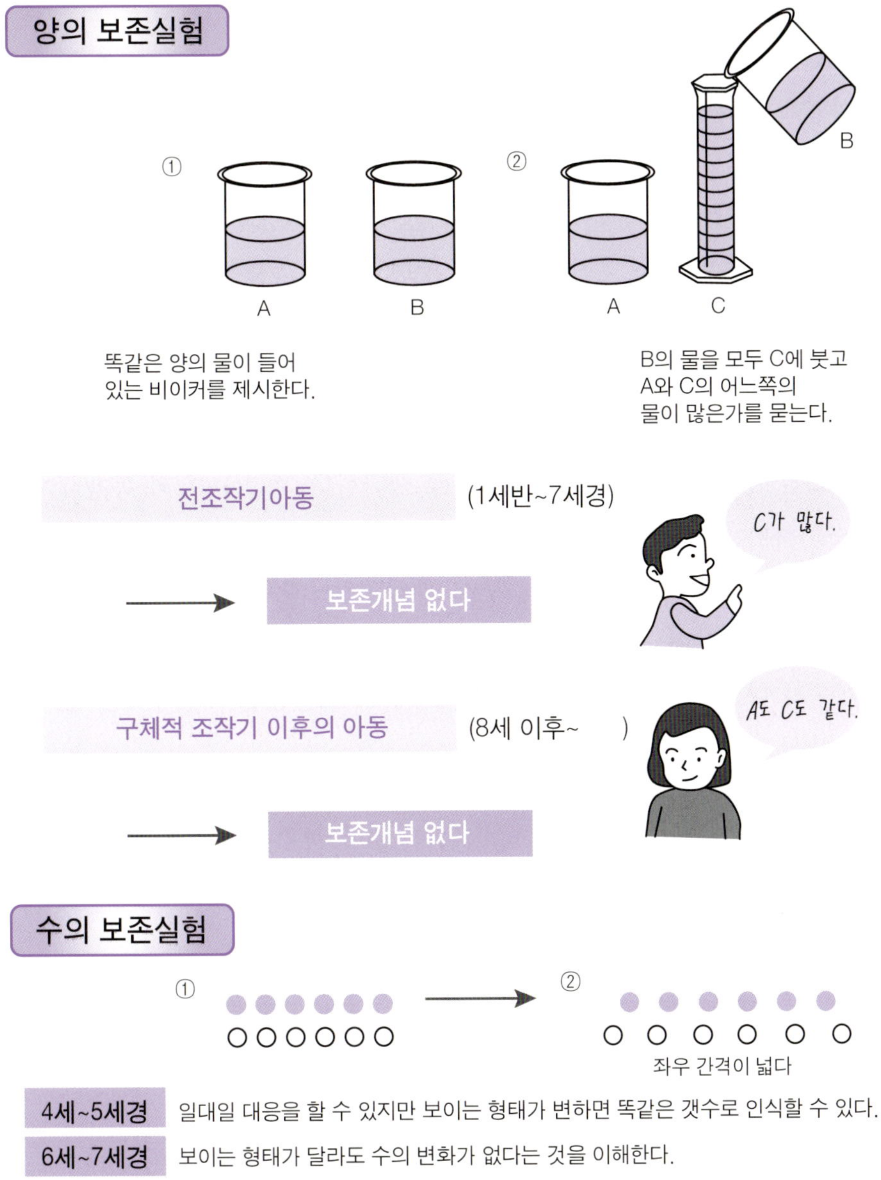

[그림 11-4] 보존개념

출처 : 山下(2003).

이러한 현상을 중심화(centration)라고 설명한다. 중심화란 어떤 사물이나 사건을 볼 때, 유아의 관심이 한 측면으로만 집중되어 있는 것을 말한다. 위 실험에서 밑면적이 작고 좁은 컵의 물이 많다고 말하는 것은 그들의 컵의 물의 높이에만 관심을 두기 때문이다. 유아에 따라서는 컵의 밑면적을 판단의 기준으로 삼아 밑면적이 크고 물의 높이가 작은 컵의 물이 많다고 할 수도 있다. 두 경우 모두 자신의 관심의 측면에서만 사물을 판단함을 알 수 있다. 물의 양은 컵의 밑면적뿐만 아니라 물의 높이에 따라서도 결정된다는 사고를 이 전조작기의 유아는 하지 못한다.

수의 보존개념은 두 줄의 사탕이 똑같다는 것을 확인시킨 후 한 줄의 사탕을 모으면 사탕의 개수가 달라진 것으로 생각한다. 우리는 형과 동생에게 사탕을 형 하나, 동생 하나, 형 둘, 동생 둘…, 이렇게 똑같이 배분해 주어도 형이 많다느니 동생이 많다느니 하면서 떼를 쓰는 경우를 흔히 본다. 이것은 사탕을 어떻게 모아 두었느냐에 따라 많이 보이기도 하고 적게 보이기도 하여 개수가 다르다고 생각하기 때문이다. 수의 보존개념이 형성되어 있지 못해서 이런 판단을 하는 것이다.

여러 가지 보존개념은 연령에 따라 다르게 획득된다(그림 11-5). 수의 보존개념은 5~6세, 무게 · 액체와 길이의 보존개념은 7~8세, 부피는 11~12세에 얻어진다.

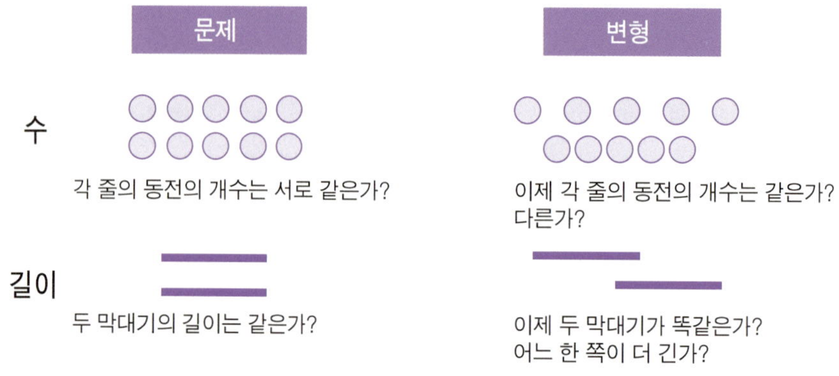

[그림 11-5] piaget의 보존개념 실험과제들

출처: Berk, L. E.(1996).

이와 같이 전조작기 유아가 보존개념을 획득하지 못하는 이유를 Piaget는 다음 몇 가지로 설명하고 있다. 첫째, 중심화현상이다. 중심화란 두 개 이상의 차원을 동시에 고려하지 못한 채 한 가지 차원에만 주의를 집중하는 것을 말한다. 양의 보존개념에 관한 실험에서 물의 양은 잔의 밑면적과 높이에 의해서 결정되는데 유아는 이 중에서 한 가지 측면(물의 높이나 넓이)만을 보고 대답을 한다. 둘째, 직관적 사고 때문이다. 유아가 보기에는 밑면적이 넓고 길이가 짧은 잔의 물의 양이 적어 보인다. 그러니까 유아는 그 잔의 물의 양이 적을 것이라고 생각한다. 셋째, 전조작기의 비논리적 사고의 특징인 비가역성(irreversibility) 때문이다. 그들은 모든 것을 한 방향으로만 생각하므로 되돌리면 원상태가 된다는 것을 이해하지 못한다. 양의 보존개념에 관한 실험에서 물을 처음 잔에 도로 부으면 물의 양이 똑같다는 사실을 유아는 이해하지 못한다. 비가역성의 또 다른 예를 보면, 종이로 비행기를 접으면 비행기로 생각하지, 그것을 다시 펴면 원상태의 종이가 된다는 것을 파악하는 데는 오랜 시간이 걸린다. 넷째, 정적인 사고 때문이다. 유아는 사물을 보는 데 있어 변화된 과정을 보지 못하고 정적인 상태에서만 파악하는 사고의 한계를 지니고 있다. 변화하기 이전이 상태나 변화 후의 일정한 상태는 잘 이해하는 편이나 그 변화의 과정 자체는 깨닫지 못한다. 공처럼 둥근 찰흙을 길게 소시지처럼 만들면 동그란 것이 변하여 길쭉하게 되었다는 것을 깨닫지 못하는 것이다. 그때 그때 주어진 상황에서만 물체를 이해하는 것이다.

(2) 분류화

사물이나 사건을 일정한 규칙에 따라 분류할 수 있다는 것은 논리적 사고를 할 수 있는 기초가 된다. 색깔과 크기가 다른 삼각형 · 원형 · 네모형의 물건을 주고 이것들을 같은 것끼리 분류하라고 하면 3~4세의 유아는 이것들을 정확하게 분류하지 못하고 한 가지로만 분류한다. 색이 같은 것끼리 나누거나 크기가 같은 것끼리 나누는 것이다. 이는 한 가지 사실에만 초점을 두어 나누기 때문이다. 물건의 분류는 여러 속성에 따라 그 기준이 있을 수 있는데 이 시기의 유아는 이 기준에 혼돈을 일으키기 때문이다.

4~6세가 되면 부분적으로 분류를 하나 그 기준이 명확하지 않고 시시각각 변한다. 예를 들면, 한쪽에는 같은 색깔의 네모형 · 원형 · 삼각형을 모으고 다른 쪽에는 색깔이 다른 똑같은 네모형만 모으는 것이다. 7~8세가 되어야 분류기준을 두고 정확히 분류할 수 있다.

또한 이 시기의 유아는 전체는 여러 부분으로 나누어질 수 있으며 이 부분을 합쳐서 전체를 이룰 수 있음을 이해하는 '전체'와 '부분'에 대한 개념을 지니고 있지 않다. 예를 들어, 어른 2명과 자녀 4명으로 구성된 가정의 4세 된 아이에게 "너의 집에는 애들이 많니? 어른이 많니?"라는 질문에는 곧잘 대답해도 "너의 집에는 애들이 많니? 사람이 많니?"라고 질문하면 "애들이 많다"고 대답한다. 이들은 집 식구라는 전체의 일부에 애들이 있다는 것을 깨닫지 못하기 때문이다.

실생활에 밀접히 관견되어 있는 물건의 분류는 쉽게 한다. 예를 들어, 비교적 일찍부터 숟가락, 젓가락, 포크는 분류할 수 있다.

분류의 기준으로는 색깔이 가장 쉽고 먼저 사용된다. 대개 5~6세 정도가 되면 물체의 색깔에 따라 분류할 수 있다. 그러나 질감과 같은 고차원적 속성에 따라 물체를 분류하는 것은 전조작기의 유아에게는 가능하지 않다.

(3) 서열화

서열화란 물체를 공통된 특성에 따라서 순서대로 배열하는 것이다. 유아들은 서열화를 통해 사물 간의 관계를 파악하여 사건이나 사물의 순서를 알고 일반화의 법칙을 이해할 수 있는 것이다.

4~5세의 유아에게 여러 개의 길이가 다른 막대기를 주고 제일 긴 것을 골라내게 하는 것이나, 제일 짧은 것을 골라내게 하는 것은 할 수 있으나 길이에 따라 순서대로 나열하라고 하면 하지 못한다. 왜냐하면 한 막대기가 다른 막대기보다는 크지만, 동시에 그 막대기가 또 다른 막대리보다 작다는 것을 사고할 수 없기 때문이다. 4세 유아는 [그림 11-6]에서 보듯이 차례대로 나열하지 못한다. 5~6세가 되면 여러 막대기를 배열할 때 일부분은 순서대로 할 수 있으나 완벽하게 나열하지 못한다(그림 11-6). 다음 단계인 구체적 조작기에 들어가서 6~7세가 되면 완전한 서열의 개념을 획득하게 된다.

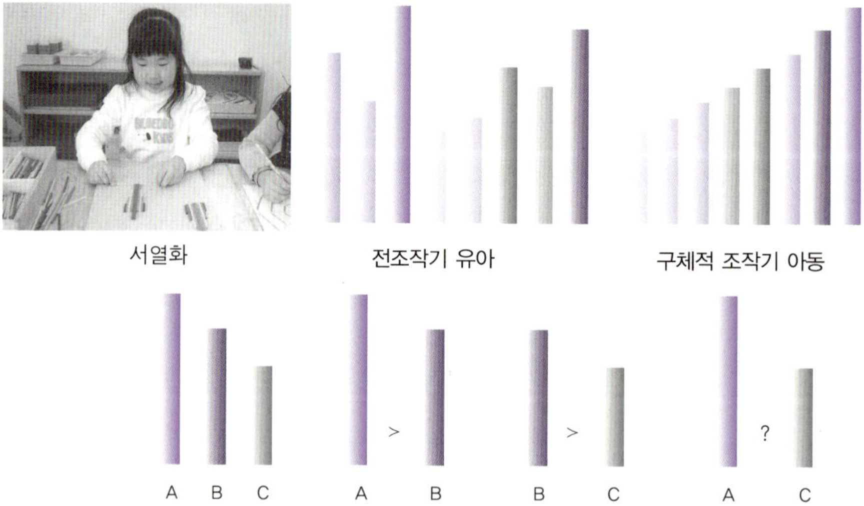

[그림 11-6] 서열화 개념 발달 및 이행성 과제

출처 : 박성연(2006).

각 등급 간의 관계에 대한 추론에서 나타나는 또 하나의 특성은 이행성(transitivity)이라는 개념이다. 이행성은 특정 결론을 이해하기 위해 관계를 논리적으로 통합시킬 수 있는 능력이다. [그림 11-6]에서 보듯이 A가 가장 길고 B가 중간이고 C가 가장 짧다. A〉B이고 A〉C라는 사실을 전조작기에 해당하는 유아는 이해하지 못한다. 이 사실을 구체적 조작기 아동은 이해할 수 있다.

(4) 수 개념

유아의 수 개념의 발생은 처음에는 어떤 대상의 전체적인 군 또는 집합체에 대한 지각과 그 변화의 의식에서부터 싹트기 시작한다고 볼 수 있다. 이를 테면, 2, 3개의 공을 가지고 놀다가 한 개가 없어져 보이지 않을 때 없어진 하나에 대해서 지각하는 식으로 극히 간단한 수 의식이 출발된다. 2세 정도 되면 2의 개념을 완전히 알게 되어 둘은 하나 보다 크고, 하나에 하나를 더한 것이라는 것을 안다. 3~4세 정도 되면 실물과 숫자 호칭과의 대응관계가 가능해지게 된다. 3세가 되면 4까지 셈하고, 4세가 되면 셋을 셈하지 않아도 셋을 직감적으로 안다. 즉, 1, 2, 3이라 하면서 그 하나하나의 숫자와 현실의 개체화를 대응시켜서 셈을 할 수 있게 된다. 4세 6개월~5세가 되면 기수(cardinality)를 습득한다(송길연 외 재인용, 2000). 이와 같이 사물과 대응해서 셈할 수 있으므로 점차로 추상적인 수 계열의 개념이 형성된다. 5~6세 때에는 열까지의 셈하기가 가능하다.

Piaget은 아동의 논리적 조작과 수리적 조작은 분류와 서열화의 조작에서 종합적인 결과로 이루어지는데, Piaget가 실시한 실험은 보존성 실험과 밀접한 관계를 가지고 있다. 즉, 피아제는 유아의 보존성 실험으로써 물건을 두 줄로 나란히 늘어놓은 뒤, 두 줄의 상대적 길이나 밀도를 변화시킴으로써 어느 것이 더 긴가를 묻는다. 보존성 개념을 획득하지 못한 유아는 물건의 숫자에 주의를 집중하기보다는, 길이나 밀도에 집중하여 정확한 응답을 하지 못한다. 이 실험을 수정하여 물건의 숫자를 변형시켜도 역시 같은 결과를 얻게 된다. 물건의 숫자와 두 줄 건의 길이 및 밀도를 단서로 주고, 수에 대한 판단을 하게 하면, 3~4세의 유아는 수나 양을 단위로 보기보다는 지각적 총체(知覺的 總體)로서 판단하기 때문에, 길이나 밀도의 어느 한 곳에만 주의를 집중하게 되어 정확한 수 개념은 가지지 못한다. 예를 들면, 많은 숫자의 나무토막을 한 곳에 모아 놓고, 적은 숫자의 나무토막을 흐트려 놓으면 많고 적음을 틀리게 구분한다. 이는 이 시기 유아의 지각적 특성에도 기인하지만, 수를 이해하고 기억할 만큼 충분한 기억력을 지니지 못한 데에도 원인이 있다. 이 시기의 유아들은 물건을 헤아리는 것에도 실패하는데, 11개의 물건 중 8개를 정확하게 세워 보도록 하였을 때, 물건을 생략하여 세거나 같은 물건을 반복하여 헤아리거나 또는 여덟이라는 목표수를 잊어버리는 것 등이다.

이 시기가 지나면 직관적인 판단을 하는 단계로서 4~5세에 해당되는데, 이 시기에도 약간의 시행착오가 있기는 하지만, 유아들은 두 줄의 물건을 일대 일의 대응을 시킬 수 있을 뿐 아니라, 각 줄을 하나씩 헤아림으로써 수가 같게 된다는 것을 알게 된다. 그러나 여전히 길이와 밀도의 두 정보를 조정하는 능력이 부족하기 때문에, 일 대 일의 관계가 지각적으로 변형되면 유아는 정확한 판단을 할 수 없게 된다. 이러한 판단 때문에 이 단계를 구체적 조작단계로 이행하는 전환단계라고 하기 한다.

구체적 조작단계에서는 유아가 실수 없이 일 대 일의 대응을 신속하게 해낼 수 있을 뿐 아니라, 수를 지각적 대응과는 관계없이 각 요소의 셈에 의존한다는 수학적 단위의 개념을 이해함으로써, 성인의 수 개념에 접근해 간다.

2. 언어 발달

유아기는 언어발달이 활발히 진행되어 문법에 대한 규칙을 이해하고 적용하는 것이 가능하다. 또한 언어를 통해 타인과 상호작용하고 새로운 정보를 서로 교환하고 자신들이 바라는 바를 표현하고 타인의 행동을 통제하며 자신의 독특한 견해, 감정 태도를 나타낸다(Halliday, 1975).

1) 어휘력과 문법의 발달

18개월에 영아는 50여개의 단어를 말하다가 24개월이 되면 약 320개 단어를 말하게 된다. 만 3세의 유아는 약 900개 정도의 어휘를 사용하고, 4세에는 1,500~1,600, 6세에는 2,600개 정도로 증가한다. 이와 같이 단어수가 급증하는 것은 유아의 인지적 성숙으로 인해 사물을 범주화할 수 있는 능력이 발달하는 것과 관련이 있다(Goldfield & Reznick, 1990).

유아기 동안 문법도 상당히 발달한다. 3세말이 될 무렵에는 기본적인 문법구조를 습득해간다. 4~5세 유아들은 4~5개 단어로 된 문장을 구사하고 접속사 또는 절을 포함한 복문을 사용하며, 부정문, 의문문도 사용할 수 있게 된다. 또한 3세경이 되면 대부분의 유아들은 복잡한 문장을 말할 수 있으나 아직 구문론적 지식이 불완전하여 수동태 문장을 능동태 문장으로 해석하는 오류를 보인다(Sudhalter & Braine, 1985). 5세 이후에는 수동태의 문장과 능동태의 문장을 사용하기 시작하지만 복잡한 문장의 경우도 종종 발생된다(그림 11-7).

언어발달은 유아에 따라 커다란 개인차가 있다. 유아의 언어발달은 지적 발달 뿐만 아니라 정서적 사회적 성격적 발달도 영향을 미친다. 여기에서는 유아의 언어발달에 미치는 여러 요인 중 환경적인 요인을 중심으로 살펴보겠다.

[그림 11-7] 언어발달

최근까지 유아들의 어휘량의 차이는 언어를 습득하는 유전적인 능력에 기인하는 것으로 알려졌다. 그러나 Janellen Huttenlocher와 그의 동료들의 연구는 유아들의 어휘 발달에 있어서 언어 환경의 중요성을 잘 보여 주고 있다(Huttenlocher, Levin, & Vevea, 1998). 그의 연구에서는 16~26개월의 22명의 유아와 그들의 엄마 사이에 일상적인 대화를 2~4개월 간격으로 녹음하였다. 연구 결과는 아이들의 어휘량은 엄마와 얼마나 말을 많이 하는가와 관련성이 있다는 것을 보여 주었다. 말을 가장 많이 한 엄마의 아이는 가장 말을 적게 한 엄마의 유아에 비해 4배 정도 많은 어휘량을 보였다(santrock, 2006).

2) 유아기 언어의 특징

(1) 자기중심적 언어

취학 전 유아에게 반복, 독백, 집단적 독백과 같은 자기중심적 언어 형태가 보편적으로 많이 나타난다(Papalia & Olds, 1981). 자기중심적 언어는 유아가 의미없는 말을 반복하거나 독백 형태의 말을 하는데 이것은 남에게 의사를 전달하는 의도 없이 남이 알아듣지도 못하는 말을 혼자 하는 것이다. 혼자 있지 않고 둘 이상 있을 때 서로 대화하듯이 얘기하는 것은 '집단적 독백' 이라 한다. 이러한 유아의 자기중심적 언어는 전조작기의 자기중심적 사고를 반영하는 것이라 하겠다. 자기중심적 언어는 4~5세 유아의 보편적인 언어 형태이다.

나이가 들면서 자기중심적 언어는 점차 줄어들고 상대방과 의사소통을 하기 위해 사회화된 언어를 사용하게 된다(그림 11-8). 사회화된 언어는 상대방에게 무언가를 전하려고 하는 것을 목적으로 표현하는 것으로서 명령, 요구, 질문 등이 많다. 7~8세를 경계로 점차 사회적 언어가 많아진다(Piaget, 1955).

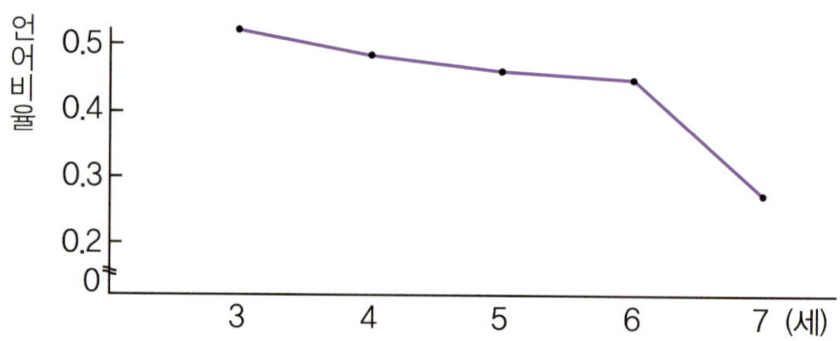

[그림 11-8] 자기중심적 언어의 감소(Piaget, 1955)

(2) 확인부가 의문문

유아가 사용하는 많은 문장은 확인 부가 의문문(tag guestion)이다. "이것 맛있어, 그렇지?"와 같은 문장이다. 확인 부가 의문문의 형태는 "그렇지?", "안돼?" 등이 많이 사용되는데 이는 유아가 자신의 말에 대한 확인이나 인정을 얻고자 하기 때문이라고 한다(Brown, 1973).

(3) 과잉규칙화 현상과 과잉일반화현상

유아는 문장을 발달시켜 가면서 언어에 여러 가지 문법적 형태소를 사용하게 되면서 유아의 언어는 과잉조정현상과 과잉일반화현상이 자주 나타난다.

유아가 과거형을 만들 때 나타나는 오류현상을 과잉규칙화현상(over regularization)이라 한다. 유아들은 새로운 형태소를 불규칙적인 경우들에까지 과잉확장한다. 영어에서는 과거형을 만들 때 일반적으로 동사+ed의 형태를 취한다. 그러나 불규칙 동사에는 ed를 붙여 과거형을 만드는 것은 아니다. 유아는 일단 동사에 ed를 붙여 과거형의 문장을 만들 수 있다는 것을 알게 되면 모든 동사에 ed를 붙여 과거형의 문장을 만든다. 2세 반~3세 유아들이 저지르는 과잉규칙화 실수의 공동적인 예이다. 예를 들어, go의 과거형은 went인데, 유아는 go에 ed를 붙여 과거형을 goed로 사용한다.

또 다른 현상은 유아는 언어의 사용 규칙을 배우고 나면 유아는 친숙한 맥락은 물론 새로운 상황에도 그 규칙을 적용한다. 이때 유아는 자신이 습득한 형태소를 적용시킬 수 없는 경우까지 확대시키는데 이를 과잉일반화라고 한다(Marcus et al., 1992). 우리나라 말에서 '아빠가'와 같이 받침이 없는 주어의 주격조사에 '가'를 붙여 사용한 것을 깨달으면 그 다음부터 유아는 모든 주어 다음에 '가'를 붙여 사용하여 '삼촌가' 와 같이 자신에게 익숙해진 주격조사를 모든 경우에 적용시킨다. 영어권에서도 단어의 복수형을 만들 때 '-s'를 붙인다는 것을 알게 된 유아들은 'foot'의 복수형으로 'feet'대신 'foots'를 사용하는 현상은 과잉일반화의 한 면이라 할 수 있다.

이와 같은 과잉일반화 현상은 유아들이 언어의 세부 규칙을 완전히 파악하지 못하였기 때문이기도 하지만, 언어 규칙을 자발적으로 내면화하고 있다는 증거이기도 하다. 그러나 과잉일반화 현상은 어휘력의 증가와 문법의 획득으로 사라지게 된다.

제12장

유아기의 사회정서 발달

유아기는 영아기에 비해 자신을 보다 확실하게 인식하기 시작하고, 이차적인 정서를 발달시키는 한편, 다른 사람의 정서 상태에 대한 이해가 더욱 발달한다. 또한 놀이를 통해 또래와의 사회적 관계를 형성하고 자아개념이 보다 구체적으로 발달하기 시작한다. 남근기를 거치면서 유아는 동성 부모와의 동일시를 통하여 도덕성을 발달시키고 성역할을 습득하는 등 사회적 기술과 역할을 습득하게 된다.

친사회적 행동의 발달, 성 역할 인식, 도덕적 기준 등이 사회화를 통해 습득되는 구체적 가치관이다(Zimmermann & Witnov, 1990). 이 장에서는 유아기 정서의 발달, 놀이, 성역할 및 친사회적 행동에 관해 살펴보기로 한다.

1. 정서 발달

인간의 정서 발달은 일반적으로 출생할 때 이미 생물학적으로 결정되어 있는 것으로 간주되어 왔다. 이는 인간이 출생과 동시에 끊임없이 정서적인 반응들을 표출하기 때문이다. 초기 심리학자들은 정서(emotion)와 감정(feelings)의 의미를 구분하여 사용하였다. 감정이란 기쁨, 불쾌감 등을 느끼는 것이고, 이러한 감정의 정도가 심해져 행동으로까지 나타나게 되면 정서라고 구분하였다. 즉, 정서는 감정보다 활동적이고 표현적이며, 포괄적인 것으로 보았다(강문희, 2005).

1) 유아기 정서

(1) 기쁨

기쁨이란 긍정적 정서로서 미소와 웃음으로 표현된다. 건강한 유아일수록 기쁨의 표현이 명확하고 빈번하다. 유아는 신체 활동, 성인의 칭찬, 목적의 성취를 통해서 기쁨을 느끼게 된다. 기쁨의 정서는 인격형성과 사회적 인간관계에 중요한 영향요인이 되므로 기쁨의 기회를 많이 가지도록 한다.

(2) 불안

불안은 공포로 인해 일어나는 반응이다. 불안은 부모와 떨어지거나 낯선 장소에서 느끼며 부모의 지나친 기대, 부적응 등에 의해 나타난다, 불안은 공포와 더불어 초조, 우울, 긴장, 압박감을 동반한다. 불안의 원인을 제거시켜주기 위해서는 부모의 사랑을 받아 자신감을 갖도록 하는 것이 중요하다.

(3) 공포

공포는 위험한 사태를 처리하지 못하고 위기를 느낄 때 일어나는 정서이다. 공포를 일으키는 원인은 어둠이나 큰 소리, 새로운 상황에 대해 공포를 보이게 된다. 유아기에는 상상력이 발달하여 자신이 직접 경험하지 않은 사건에 대해서도 공포감을 보이게 된다.

Bridges(1930)는 공포를 제거하기 위해서는 공포의 대상에 대한 자세한 설명과 올바른 적응을 할 수 있도록 자신감을 키워주는 것이 바람직하다고 하였다.

(4) 분노

자기주장을 위한 반응의 양식이다. 분노를 일으키는 요인은 유아가 하고자 하는 일을 못하게 하건, 어떤 일을 강요하건, 부모가 관심을 가져주지 않는 것 등을 들 수 있다. 예를 들면 떼쓰기, 고집 부리기나 땅바닥에 뒹귀는 행동 등으로 표출된다. 분노의 표출이 잦으면 습관화되기 쉬우므로 분노를 유발시키는 요인을 제거시켜야 하며 부모는 유아가 분노를 일으키지 않도록 환경조성을 해주어야 한다.

(5) 애정

유아의 애정은 감각적 자극으로 인한 즐거움과 가족과의 따뜻한 관계에서 형성된다. 유아기는 프로이드의 남근기에 속하므로 부모와의 애정관계가 중심이 되며 특히 남아는 어머니에게, 여아는 아버지에게 강한 애정을 보인다. 유아는 자기와 놀아주고 즐거움과 만족을 주는 사람이나 사물에 애정을 표현한다.

(6) 질투

질투는 분노와 공포 그리고 애정이 혼합된 정서로서 자신에게 향하던 사랑이나 관심이 다른 대상에게 빼앗겼다고 생각될 때 느끼는 정서이다. 유아들의 경우 새로 동생을 보게 되면서 부모가 동생에게 보이는 사랑에 대해 질투심을 보이게 된다. 이러한 질투심은 부모나 주위의 관심을 끌기 위한 퇴행 행동이나 공격성을 유발하기도 한다.

(7) 호기심

호기심의 정서는 특히 유아기에 강하게 나타난다. 이 시기는 주위 인물이나 사물에 대한 호기심이 가장 왕성하게 나타나며 보이는 것마다 "왜"라는 질문을 끊임없이 하는 질문의 시기이다(그림 12-1). 유아는 언어의 발달과

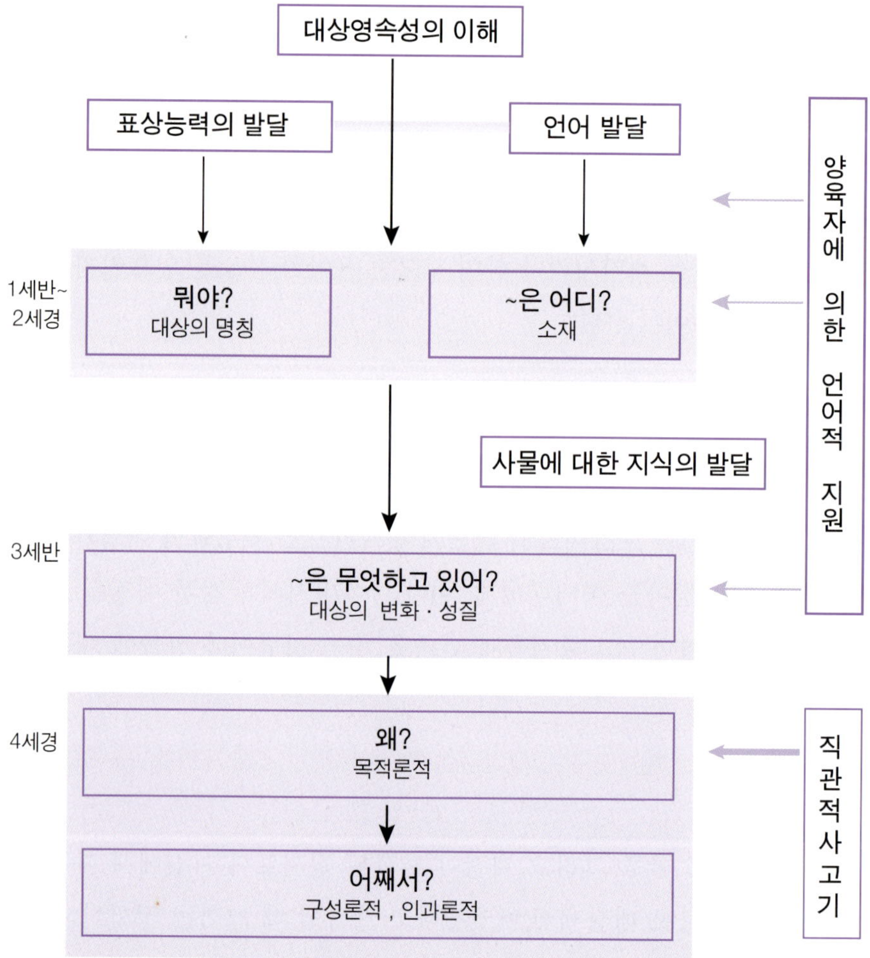

아동의 호기심은 지적 발달 수준에 따라 영향을 받는다.

1세반~2세경: 대상의 명칭을 묻는 질문을 한다(어, 이거 뭐야?)
~은 어디? 라는 질문 등은 대상영속성 인식의 성립이 전제가 되어야 한다.
3세경: ~은 무엇하고 잇어? 는 대상에 대한 지식을 얻기 위한 질문으로 바뀐다.
4세경: 논리성을 기초로 해서 왜?, 어째서? 라는 인과관계의 질문이 많아진다.

[그림 12-1] 질문 · 호기심의 발달적 변화

출처: 新井(2008).

더불어 호기심을 표현하고 그 응답에 만족하고 즐거워하므로 어른들은 가능하면 호기심을 충족시키고 많은 것을 배우도록 도와주어야 한다. 특히 성에 대한 호기심이 커서 자신의 생식기를 가지고 장난을 치기도 한다. 이러한 경우가 지나치게 심하면 놀이에 몰두하게 도와줌으로써 이로부터 벗어나게 해주는 것이 바람직하다.

2) 정서이해의 발달

유아기가 되면 유아는 정서를 표현하는 단어를 사용하거나 이해하는 능력이 급속도로 증가하면서 정서표현에 대해 많은 것을 이해하게 된다. 이는 정서적인 표현을 하기 위한 어휘력이 상당히 증가할 뿐 아니라 인지적인 발달과 함께 점차 어떤 감정의 원인과 결과를 이해하게 된다. 영유아기의 정서표현은 짧은 시간 동안에 지속되고, 표현이 격렬하며 상황이 바뀌면 바로 변하는 특징을 가진다. 대부분의 정서 표현은 출생 후 3년 내에 출현하고 발달하게 되는데 3~4세경이 되면 유아는 기쁨, 슬픔, 분노, 놀람 등의 비교적 단순한 정서와 이들 정서를 야기하는 원인에 대한 이해도 증가한다. 꾸중을 들었을 때, 시합에 졌을 때, 기대했던 것과 다른 선물을 받았을 때 등 다양한 상황에서 이야기 속의 주인공의 경험을 토대로 주인공이 어떠한 정서적 경험을 할 것인가를 예측할 수 있게 된다(Stein & Trabasso, 1989).

유아는 기쁠 때 작은 미소, 웃음, 요란하게 깡충깡충 뛰는 등 다양하게 기쁨을 표현하며, 주변의 양육자나 자신을 사랑해 주는 사람, 또래 친구에 대해 애정을 느끼고 표현을 하기도 한다. 한편 화가 나거나 건강 상태가 양호하지 않을 때, 분노의 감정을 떼쓰기나 혹은 공격적 행동으로 표현하게 된다. 또 지금까지 자기에게만 기울어져 있던 주의와 애정이 다른 사람에게 향하게 될 때, 자기가 고립되고 있음을 느끼게 될 때, 이런 질투의 감정을 공격적 행동이나 퇴행 행동으로 표현하기도 한다. 특히 이 시기는 상상력과 인지발달로 인해 이전에 모르던 잠정적 위험성을 인지할 수 있게 되므로 영아기에 비해 공포를 느낄 때가 많다.

한편, 유아기에는 서로 다른 모순된 단서가 있는 상황은 잘 이해하지 못하기 때문에 그 경우 주로 상황보다는 정서에 근거하여 이해하며 5~6세경이 되면 같은 정서적 사건도 다른 사람이나 다른 상황에서는 다른 감정을 불러일으킬 수 있다는 것을 이해하기 시작하며 격렬한 감정을 조절하는 능력이 크게 향상된다.

유아의 정서 발달이 생물학적으로 이미 결정되어 잇는 부분이 있고 이에 영향을 받는 다는 것은 분명한 사실이나(Fox & Davidson, 1998), 유아는 성장과정을 통해 부모, 형제, 또래, 교사, 이웃 등 사회적 경험의 범위를 확대해 나가면서 자신의 정서를 적합하게 표현하고 자신 및 타인의 정서를 이해하며 긍정적, 부정적 상황에서 자신의 정서를 적합하게 조절해야만 하는 요구에 직면하게 된다. 따라서 유아의 바람직한 정서 발달을 위해서는 무엇보다도 가정에서 정서적으로 안정된 환경을 조성하는 것이 중요하다.

2. 사회성 발달

1) 자아이해의 발달

유아기는 영아기에 비해 대인관계의 폭이 넓어지고 다양해지는 시기이다. 자기를 둘러싸고 있는 사회 속에서 겪는 사회화과정을 통해 유아는 자아개념을 형성하고, 성역할의 개념을 획득하며, 호기심을 보이게 된다. 유아의 사회성 발달에는 많은 요인들이 복합적으로 작용한다.

유아가 다른 사람과 관계를 맺어 가면서 주변 환경에 대처하는 행동을 사회적 행동이라 한다. 사회적 행동에는 타인과의 관계를 성공적으로 유지하려는 친사회적 행동과 그렇지 못한 반사회적 행동이 있는데, 친사회적 행동에는 도움 주기, 나누기 등 사람들 사이의 우호적 관계를 촉진시키거나 유지하기 위한 행동이 포함된다. 친사회적 행동을 수행하기 위해서 유아는 조망수용 능력과 감정이입 그리고 상황에 적절한 행동을 선택하고 수행하기 위한 문제 해결 기술을 가지고 있어야 한다.

유아들은 4~5세 정도가 되면 남성과 여성간의 신체적 차이를 알게 되며 자신의 성에 적합한 행동과 사회적 관계에 관심을 갖게 된다. 사회화 과정을 통해서 생물학적 성에 맞는 역할을 하도록 기대되며, 점차 행동 양식, 인성 특성 및 태도 등이 자신의 성에 적합한 사회적 역할을 습득하게 된다.

유아기에는 기초적이지만 무엇이 도덕적인지에 대한 개념을 가지고 있다. Freud에 의하면 이것은 초기적 형태의 양심 혹은 초자아라고 할 수 있다. 유아의 도덕성 수준은 인지 발달과 더불어 점차 높아지게 된다. 유아기 도덕성은 행위의 과정보다는 결과만을 고려하며, 부모나 주변 사람들로부터 받아들이는 타율적 도덕성에 해당한다. Kohlberg는 도덕성 발달을 6단계 모델로 제시하고 있는데, 이 중 유아기는 1~2단계에 해당하는 전 인습적 도덕 수준의 도덕 판단을 하는 단계이다.

한편 유아기에는 자아개념(self-concept)을 형성하기 시작한다. 자아 개념이란 자신의 대한 개인적 평가이다. 자신의 신체, 자신의 특성에 대해 갖는 조직화된 내적, 개인적 생각으로 영아기에는 신체 자아개념이 형성되며 유아기에는 범주자아를 갖게 된다. 유아기 때 출현하는 자아개념은 자신에 대한 가치 판단인 자아존중감이 발달한다. 성인처럼 명확한 발달은 이루어지지 않지만 유아기 아동의 자아존중감은 여러 가지 새로운 기술들을 숙련시켜야 하는 이 시기에 중요하며 이들이 갖게 되는 주도성에 기여하는 바가 크다.

(1) 자아개념

자아개념(self-concept)은 영아기의 자기 신체에 대한 개념의 발달을 시작으로 이루어지며, 유아가 성장하면서 자아개념도 확장되어 세분화되고 복잡해진다. 자아개념이란 인지적 요소와 정서적 요소를 포함하며, 자신의 신체뿐만 아니라 자신의 외모, 능력, 흥미 등의 특성에 대해 갖는 조직화된 내적 또는 개인적 생각이라고 정의할 수 있다. 다시 말해 자아개념이란 자신에 대한 개인적 평가이다. 유아의 자아개념을 범주자아라고 한다. 이 시기의 유아는 자신의 연령이나 성을 토대로 자아개념을 형성한다. 즉, 자신이 누구인가를 물어 보면 대부분의 유아는 나는 몇 살이고 여자 또는 남자라고 대답한다. 또한 유아기의 자아개념에서는 자신을 과대평가 하는 현상이 나타난다. 자신이 다른 유아와 다른 점이 무엇이냐고 물으면 대부분의 유아는 자신은 아주 잘한다고 대답을 한다. 예를 들어, 자전거를 잘 타느냐고 물으면 실제로 잘 타는가와 관계없이 아주 잘 탄다고 대답한다.

유아의 자기 정의가 강해질수록, “내 거야!”라고 주장하면서 사물에 대해 더 소유욕이 강해지는 경향이 있다(Levine, 1983). 이는 이기심의 증거라기보다는 사물에 대한 초기 투쟁은 자신과 타인 사이의 경계를 명백히 하기 위한 노력으로서 자아를 발달시키는 긍정적인 표시로 볼 수 있다. 자아에 대한 확고한 인식은 사물을 가지고 다투는 것을 해결할 수 있고, 게임도 할 수 있고, 서로 협조적으로 간단한 문제를 해결하는데 도움이 된다. 그러나 지나치게 자기 주장을 하고 우기기보다는 공유하도록 성인이 친근하게 또래 상호작용을 촉진시켜 주어야 한다(Brownell & Camiger, 1990). 유아의 자아개념은 부모가 유아를 어떻게 대하는냐에 의해 많은 영향을 받는다.

4~5세에 이르면 자신을 탐색하고 자신의 능력이나 한계를 확인하려고 한다. 따라서 유아가 생활 중에서 긍정적인 경험을 많이 하는 것은 유아의 자신감과 연결되고 성취감으로 발전한다. 자아개념은 사회적 상호작용을 통해 발달하며, 특정단계에서 완성되는 것이 아니라 일생 동안 변화를 겪으면서

발달해 간다. 자아는 유아가 성장, 발달해감에 따라 점진적으로 분화되어 집단이나 사회와의 관계 속에서 규정되기 시작한다. 즉 사회적 자아가 나타나기 시작한다. 따라서 유아들은 다른 사람들이 자신의 행동에 대해 어떻게 반응할 것인지를 예측할 수 있게 되며 대상에 따라 자신의 행동을 조절하기 시작한다(강문희 외, 2005).

(2) 자아존중감

유아기에는 자아의 각 측면에 대한 개념인 자아개념 외에도 자신의 가치에 대한 판단이나 감정을 자아존중감(self-esteem)이라 한다. 자아존중감은 유아기 초기에 나타나는데 유아기에는 일반적으로 자아존중감이 매우 높은 편이다.

자아존중감이라 함은 자신의 존재에 대한 긍정적 또는 부정적 견해로서, 자아개념이 자아에 대한 인지적 측면이라면 자아존중감은 감정적 측면이라 할 수 있다(Simmons & Blyth, 1987). Maslow(1965)에 의하면 모든 인간은 자아존중감에 관한 욕구가 있는데 이 욕구를 충족시킨 사람은 자신감이 있고 자신을 가치 있고 유용한 사람이라고 생각한다. 이에 반해, 욕구를 충족시키지 못한 사람은 열등감을 가지고, 자신을 보잘것없는 사람이라고 생각한다.

유아의 높은 자아존중감은 많은 새로운 기술들을 습득해야 하는 이 기간 동안 아주 바람직하고 유아기의 주도성 발달에 기여한다. 자아존중감이 높은 유아는 자신의 판단에 자신감을 갖고 사회적 상호작용에서 긍정적으로 자기주장을 하며 또래관계도 원만하다. 그럼에도 불구하고 4세 몇몇 유아들은 퍼즐이나 높은 탑 쌓기 같은 어려운 과제를 만나면 쉽게 포기해 버린다. 이 유아들은 과제를 할 수 없다고 생각하고, 실패를 한 다음에는 기가 죽게 된다(Cain & Dweck, 1995). 이러한 유아들에게 부모가 유아의 행동에 대하여 어떻게 대했는가에 의해 유아의 주도성이 지지를 받게 된다. 부모가 유아의 질문에 대답해 주고 이들의 상상놀이 활동을 억제하지 않을 때 유아의 주도성은 길러지고 자아존중감 발달에도 많은 영향을 준다는 것을 인식해야 한다.

2) 자기통제

자기통제(self-control)란 사회적으로 받아들여지지 않는 행동을 하려는 충동적인 욕구나 행동을 억제할 수 있는 능력을 말한다. 만약 충동을 억제하는 것을 배우지 않는다면 규칙을 어김으로써 다른 사람과 마찰을 일으키게 되며, 장기적인 목표달성에 필요한 인내심을 갖지 못할 것이다.

자기통제의 발달에 관한 많은 이론들(Bandura, 1986; Freud, 1960; Kopp, 1987; Mischel, 1986)은 다음과 같은 두 가지 가정을 하고 있다. 첫째, 아동들의 행동은 거의 전적으로 외적인 감독(부모 등에 의한)에 의해 통제된다. 둘째, 연령이 증가하면서 아동이 자기통제의 가치를 강조하는 규준을 채택하게 되고, 규준을 따르게 해주는 자기규제(self-regulatory)의 기술을 습득함에 따라, 자기통제는 점차 내면화되어 스스로 통제할 수 있게 된다는 것이다.

3세 중반쯤 되면 유아들이 자기의 충동을 통제하는 능력이 뚜렷이 나타난다. 어머니가 일을 마칠 때까지 선물을 풀어보지 못하도록 하였을 때 만족을 지연시킨다. 지시에 따라 기다리는 능력은 연령이 증가하면서 급격하게 증가한다(Vaughn, Kopp & Krakow, 1984). 그러나 유아기에 긴 시간 동안 만족지연을 하지 못했던 아동들은 청소년이 되어서도 충동적이고 참을성이 없으며, 반면에 긴 시간 동안 만족지연을 보였던 아동들은 학업에서 유능하고 사회적 관계에서도 원만했으며 자신감이 있는 것으로 나타났다(Mischel, Shoda & Peake, 1988).

3. 도덕성 발달

도덕성이란 개인이 다른 사람과의 관계에서 지켜야 할 사회집단의 규칙을 인식할 수 있는 능력이다. 도덕성 발달은 자신이 속한 사회의 문화규범에 따라 행동하도록 배우고 이를 자신의 것으로 받아들이는 과정을 통해 이루어진다.

도덕성 발달에 관한 이론으로는 도덕적 정서나 양심에 초점을 맞춘 심리성적 또는 심리사회적 이론과 도덕적 행동의 모델링이나 강화에 관심을 둔 사회학습 이론, 그리고 도덕적 사고에 초점을 둔 인지발달 이론이 있다.

1) 정신분석 이론

정신분석 이론에서는 성격의 구성 요소의 하나인 초자아(superego)의 발달을 도덕성 발달로 본다. 프로이트는 양심의 발달을 초자아의 발달로 보고 도덕적인 면에서 학생이 부모의 영향을 받는 과정을 Freud는 부모와의 동일시의 산물이라고 한다. 따라서 부모의 금지 사항이나 행동자체가 아동의 초자아를 형성시키고, 아동을 부모의 도덕적 규범에 따르려는 행동기제를 만들어 냄으로써 도덕성을 발달시켜 나간다. 부모와의 동일시는 오이디푸스 콤플렉스 시기에 나타나 초자아가 발달하기 때문에 도덕성 발달에 유아가 중요하게 고려되고 도덕적 발달과정은 5~6경에 대부분 완료된다고 보았다.

2) 학습이론

학습이론가들은 도덕적 행동에 초점을 두고 도덕적 행위라는 결과만을 중시한다. 예를 들면 정직성이라는 덕목은 정직한 행동이 요구되는 어떤 구체적인 상황에서 정직한 행동을 나타내느냐 나타내지 않느냐에 의해서 측정될 수 있다고 보는 것이다.

Bandura(1977)와 같은 사회학습 이론가들은 외적인 사회적 규범을 내적인 신념으로 내면화하는 과정을 통해 도덕성이 획득된다고 주장하는 이론이다. 도덕성도 다른 행동과 마찬가지로 모방과 강화에 의해 학습되는 행동으로 생각한다. 유아가 도덕적 행동을 하는 모델을 관찰하고 모방함으로써 도덕적 행동을 학습한다고 주장한다.

3) 인지발달이론

인지발달 이론에서는 아동의 도덕성 발달은 그를 둘러싸고 있는 사회적 환경을 어떻게 개념화하고 있는지에 의해 결정되며, 인지 또는 내면화하는 방법의 변화를 발달로 간주한다. 즉, 도덕적 행위의 이유를 아는 능력, 도덕 규범 및 타인과의 관계에서 상대방의 입장을 이해하는 능력, 합리적인 의사 결정과 판단능력 등이 포함된다.

아동이 어떠한 기준으로 옳고 그름에 대한 판단을 하는지에 대한 도덕적 사고에 대한 대표적인 이론은 Piaget와 Kohlberg의 이론을 들 수 있다. Piaget에 의하면, 아동은 경쟁, 협동, 공유 등 또래와의 상호작용을 통해 도덕성의 요소인 공정함과 정의로움에 대한 개념을 발달시키므로 또래의 역할이 강조된다. 한편, Kohlberg는 또래관계뿐 아니라 모든 사회적 관계가 다른 사람의 관점을 취할 수 있는 경험을 제공함으로써 도덕적인 발달을 가져온다고 주장한다(Papalia et al., 2003).

(1) Piaget의 도덕성 발달 이론

Piaget(1930)는 3~11세 아동을 대상으로 예화를 사용한 실험을 통해 아동의 도덕성발달 단계를 타율적 도덕성과 자율적 도덕성의 두 단계로 구분하였다.

예화 1 : 존은 저녁식사를 마친 후 어머니를 도와드리다가 문 옆에 컵이 있다는 사실을 모른 채 문을 열자 의자가 넘어지면서 15개의 컵을 모두 깨뜨렸다.

예화 2 : 헨리는 어머니가 외출한 동안 몰래 찬장위의 과자를 꺼내 먹으려고 의자 위에 올라갔다가 잘못해서 컵 한 개를 깨뜨렸다.

[그림 12-2] Piaget의 도덕성 판단

위와 같은 내용의 이야기를 아동에게 들려준 후 "이 두 아이 가운데 누가 더 나쁘다고 생각하는가?", "그 이유는 무엇인가?" 등의 질문에 대한 반응을 토대로 아동의 도덕적 판단의 수준을 규명하였다. 실험 결과 7세 이전의 유아는 그들의 일으킨 행위의결과에 의존하여 나쁘다고 판단하고, 8세 이후의 아이들은 물리적 결과보다는 행동의 의도를 중시하고 어머니 몰래 잼을 먹으려고 했던 헨리의 행동이 더 나쁘다는 반응을 보였다. Piaget는 이 연구 결과에 기초하여 도덕적 판단은 타율적 도덕성 단계에서 자율적 도덕성 단계로 발달해 간다고 주장하였다.

1단계 : 타율적 도덕 단계(3~7)

타율적 도덕성(heteronomous morality)은 권위주의적 도덕관념 즉 성인과 같은 권위자의 기준을 받아들인다. 규칙은 절대로 변화될 수 없는 것이며, 규칙을 어기면 즉시 벌을 받게 된다고 생각한다. 또한 옳고 그름을 판단할 때 행동의 결과에만 초점을 맞춘다. 예를 들어, 실수로 컵 15개를 깨뜨린 영수가 어머니 몰래 사탕을 먹으려다가 컵 1개를 깨뜨린 경우보다 도덕적으로 더 나쁘다고 판단한다. 의도와 결과를 동시에 고려하지 못하는 유아기의 도덕적 판단은 동시에 두 가지 측면을 고려하지 못하는 중심화경향과 외형에만 초점을 맞추는 전조작기 사고의 특성을 반영하는 것이라고 할 수 있다.

2단계 : 자율적 도덕 단계(8세 이후)

자율적 도덕성(autonomous morality)은 규칙은 상대적인 것이며 책임은 행위자의 의도와 더불어 규명되어야 하고 공정은 획일적인 것이 아니라 상황에 맞게 만족되어야 하는 것으로 여기게 된다. 이 단계의 아동은 또한 규칙을 위반하더라도 항상 벌이 따르지 않는다는 것을 스스로의 경험에 의해 알게 되었기 때문에 더 이상 내재적 정의를 믿지 않는다. 예를 들어, 어머니 몰래 잼을 먹으려고 했던 헨리의 행동이 더 나쁘다는 반응을 보여 아동들은 물리적 결과보다는 행동의 의도를 중시한다. 따라서 과자를 몰래 꺼내 먹으려다 컵을 한 개 깨뜨린 것이 어머니 설거지를 도우려다가 실수로 컵을 열 개 깨뜨리는 것보다 더 나쁘다고 생각한다.

결론적으로 Piaget는 인지발달론적 접근방법은 또래 아동들에게 어떠한 특정 문제 상황을 제시한 후 그것에 대해 어떻게 판단하고 있는지의 사고과정을 탐색하고 있다. 첫 번째 단계는 Piaget의 전조작적 사고단계와 일치하는 전인습적 수준으로 아동은 사회규칙이나 기대를 잘 이해하지 못한다. 외부의 권위자가 만든 규칙을 중요시하며 이에 따르지만, 행동은 벌을 피하고 상을 받기 위한 목적에서 이루어진다. 이에 대한 2가지 단계 중 첫 번째는 타율적 도덕성이다. 이 단계의 아동은 결과만 가지고 행동을 판단한다. 자아중심적인 견해를 가지며 단순히 벌을 피하기 위해 규칙을 따른다. 두 번째는 도구적 도덕성이다. 이 단계는 자신의 흥미와 욕구에 따라 도덕적 행위가 결정된다. 여전히 자아중심적인 견해를 갖지만 다른 사람들은 자신과 다른 견해를 가질 수 있다는 것을 인식한다.

(2) Kohlberg의 도덕성 발달 이론

Kohlberg(1927~1987)는 아동들에게 도덕적 딜레마가 포함된 가상적 이야기를 제시하고 도덕적 갈등 상황에 대한 광범위한 면접을 실시하였다. 다음은 도덕적 딜레마 이야기로 가장 유명한 하인츠씨 이야기이다.

> 유럽 어느 마을에 암에 걸려 죽어가는 한 여자가 있었다. 그녀를 살릴 수 있는 유일한 약이 있었다. 그것은 같은 마을에 사는 약사가 최근에 발견한 약이었다. 그 약은 원료가 비싸서 약사는 약값을 제조 비용의 10배로 책정했다. 그 약의 원가가 200달러였는데 약값으로 2,000달러를 받았다. 병든 여자의 남편인 하인츠씨는 약값을 빌리기 위해서 아는 모든 사람들을 찾아가 보았지만, 결국 약값의 절반인 1,000달러 밖에 마련하지 못했다. 그는 약사에게 아내가 죽어 가고 있으므로 약을 싸게 팔거나 나중에 모자란 약값을 갚도록 해 달라고 했다. 그러나 약사는 자신의 약을 발견했고 그 약으로 큰 돈을 번 것이라고 하면서 거절했다. 실의에 찬 하인츠씨는 아내를 위해 결국 약국에 침입해서 약을 훔쳤다.

이 이야기를 읽고 난 후 피면접자들은 이 도덕적 갈등 상황에 대해 일련의 질문에 답했다. 하인츠 씨는 약을 훔쳐야만 했는가? 훔친 것은 옳은 일인가, 그른 일인가? 그 이유는 무엇인가? 약을 구하는 다른 방법이 없을 때, 아내를 위해 약을 훔치는 것이 남편의 의무인가? 좋은 남편이라면 약을 훔쳐야 하는가? 약사는 가격에 상한선을 두는 법률이 없다고 해서 그렇게 비싸게 약값을 받을 권리가 있는가? 그 이유는 무엇인가? 이러한 질문에 대한 반응으로 "예", "아니요"라는 응답에 의한 것이 아니라, 왜 그렇게 생각하는지를 토대로 도덕성 발달 단계를 3수준 6단계로 나누었다.

수준 1 전인습적 수준 내면화의 부재	**수준 2** 인습적 수준 과도기적 내면화	**수준 3** 후인습적 수준 내면화의 완성
단계 1 **처벌과 복종 지향** 아이들은 처벌을 받지 않기 위해 어른들의 말에 복종한다.	**단계 3** **사람들 상호 간의 복종** 도덕적 결정에 있어서 타인에 대한 신의, 배려, 충성에 가치를 둔다.	**단계 5** **사회계약과 기본적 권리** 가치, 권리, 원칙이 법을 초월할 수 있다고 본다.
단계 2 **개인의, 도구적 목적, 교환** 동등한 교환이 이루어지는 상황에서 개인은 자신의 이해를 충족시키려 한다.	**단계 4** **사회질서 유지 지향 단계** 사회 질서, 법, 정의의 의미가 도덕적 결정의 기준이 된다.	**단계 6** **보편적인 윤리적 원칙** 도덕적 결정은 보편적인 인간의 권리에 바탕을 두고 이루어져야 한다고 믿는다. 법과 양심 사이의 딜레마의 경우, 개인의 양심을 지켜야 한다고 본다.

[그림 12-3] kohlberg 도덕 이론의 세 수준과 여섯 단계

제1수준 : 전인습적 도덕성(Preconventional morality)

인습적이란 말은 사회규범, 기대, 관습, 권위에 순응하는 것을 뜻하는데, 전인습적 수준에 있는 사람은 사회규범이나 기대를 잘 이해하지 못한다. 이 수준의 유아는 도덕적 규칙이나 선악의 개념은 알고 있으나 외적인 통제에 의해 행동하는 수준으로 도덕적 가치가 내면화되지 않은 상태이다. 이 수준에서 도덕성은 옳은 것이란 벌을 면할 수 있는 것, 혹은 개인적으로 만족할 수 있는 것이다.

제1단계 : 처벌과 복종지향의 단계(The Punishment and Obedience Orientation)

이 단계 아동은 옳고 그름은 그것의 결과만 가지고 행동을 판단한다. 아동은 벌을 피하기 위해 복종한다. 만약 들키지 않고 벌받지 않는다면 그 행동은 나쁜 것으로 생각되지 않는다. 피해가 크면 클수록, 처벌이 심할수록 그 행위는 더 나쁜 것이다. 따라서 남편이 나쁘다고 한 유아의 답변을 보면 "훔치면 벌을 받을 것이기 때문이다." 라고 한다. 반면에 남편이 훔치는 것에 동의한 유아는 "남편이 처음에 부탁을 했으며, 가져온 약은 2000달러가 아니라 200달러의 가치에 불과해, 훔친 물건이 큰 것이 아니기 때문에 괜찮다." 는 답변을 하였다. 즉, 권위자가 처벌을 하느냐 하지 않느냐가 도덕적 판단의 기준이 된다.

제 2단계 : 개인의 도구적 목적과 교환 지향(The Insterumental Relativist Orientation)

이 단계에서는 아동은 다른 사람의 입장을 고려하기 시작하지만 대부분 자신이 원하는 것을 얻기 위해서이다. 따라서 타인과의 관계에서 개인주의적 관점을 취한다. 보상을 얻고 개인적인 목적을 달성하기 위하여 규칙을 따른다. 즉, 남편이 아내를 사랑한다면 약을 훔칠 수 있다. 약제사도 만든 약으로 돈을 많이 벌기 위해 약을 싼값에는 팔지 않을 수도 있다고 답변한다.

제 2수준 : 인습적 수준(The Conventional Level)

이 수준에 있는 아동이나 청년은 다른사람들의 인정을 받거나 사회 질서를 유지하기 위하여 규칙들 및 사회적 규범들에 복종하려고 노력한다. 타인의 입장을 더 잘 이해하게 되고 이제 도덕적 추론은 사회적 질서를 지지하고 사회적 권위에 기초하며 보다 내면화된다.

제3단계 : 사람들 상호간의 동조성 또는 '착한 아이'의 지향(The Interpersonal Concordance or "good boy-nice girl" Orientation)

이 단계에서는 동기나 의도가 중요하며, 신뢰, 충성, 존경, 감사의 의미가 중요하다. 따라서 다른 사람들의 기대 때문에 그리고 다른 사람으로부터 인정을 받기 위해 착한 아이로 행동한다. 10세경이 되면 착한 사람의 행위에 초점을 두며 착하다는 것은 동기와 감정 면에서 정의된다. 즉, 남편이 약을 훔친 것은 부인의 생명을 구하려는 것이기 때문에 남편은 착하다. 그러나 약제사는 탐욕스럽게 자신의 이익만을 보려고 하기 때문에 나쁜 사람으로 판단한다. 따라서 타인에 대해 이로운 행위를 하는 것은 옳은 일이다.

제4단계 : 사회질서 유지 지향 단계(Society Maintaining Orientation)

사회질서를 위해 법을 준수하는 행동이 도덕적 행동이라고 생각한다. 사회나 집단의 이익을 위해 최선을 다하는 것은 옳은 일이다. 따라서 그 남편에 대해 동정은 할 수 있지만 약을 훔치는 것은 도둑질이기 때문에 용서되지 않는다고 본다.

제2수준에서는 '정의'는 교환과 분배의 구체적 상호성이라는 의미에서 공정성을 의미한다. 즉, '정의'란 그 자신의 욕구나 다른 사람의 욕구를 충족시키는 것과 관련된 구체적 교환에 있어서 공정하게 거래하는 것, 즉 동등한 조건에서 교환과 거리 및 협정에 있다. 이 단계에서는 너는 나를 해치거나 간섭하지 않아야 한다는 것이다.

제3수준 : 후인습적 도덕성(Postconventional morality)

후인습적 수준에 있는 사람은 사회규범을 이해하고 기본적으로는 그것을 인정하지만 법이나 관습보다는 개인의 가치기준에 우선을 둔다.

제5단계 : 사회계약과 기본적 권리(The Social Contract Orientation)

이 단계는 인간의 기본적 권리와 가치가 법을 능가하는 중요한 가치라고 생각한다. 따라서 법에 의하면 남편이 약을 훔친 것은 나쁜 일이나 인간이 살아야 할 권리를 생각한다면 그 부인의 남편을 나쁘다고 할 수 없다고 답변한다. 즉, 생명권 등의 절대적 가치 외에는 가치가 상대적임을 인식한다. 범과 의무는 전체적 유용성(최대 다수의 최대 이익)에 근거해야 한다고 생각한다.

제6단계 : 보편적 도덕원리 지향(The Universal Principle Orientation)

이 단계는 옳은 것은 인류가 따라야 하는 보편적 도덕원리이다. 즉, 보편원리란 인간의 존엄성, 인간의 평등성, 정의 같은 것을 말한다. 따라서 그 남편이 부인을 위해 도둑질할 권리는 없으나 인간의 생명을 살린다는 상위의 도덕적 원리를 갖고 있기 때문에 사랑하는 사람뿐 아니라 어떠한 사람이라도 구제할 의무가 있다고 본다.

이 수준은 도덕 발달 단계에서 가장 높은 수준으로서 외부의 권위가 사회의 인습에 얽매이지 않고 가치에 대한 자기 자신의 내적 이해 또는 내적 확산을 토대로 하여 도덕적 갈등을 해소한다. 후인습적 수준의 가장 큰 특징은 자율적인 도덕원리를 추구하는 것이다.

이처럼 Kohlberg는 도덕성 발달 단계를 6단계로 구분하고 최고로 성숙한 제6단계에서는 보편적 원리로서 정의의 원리를 최고의 행위원리로 채택한다고 주장하였다.

4. 성역할 발달

한 개인이 그가 속해 있는 사회에서 규정하는 성에 적합한 행동, 태도 및 가치를 습득하는 과정을 성역할 사회화라 하며 이 성역할 사회화과정을 통해서 우리는 자신의 성에 적합한 성역할 개념을 습득하게 된다. 이와 같은 성에 적합한 사회적 역할을 학습하는 과정은 그 기초가 가정에서 이루어지며, 동성의 부모와 동일시하려는 심리적 과정에서 진행된다. 아동은 자신의 성에 맞는 성역할을 어떻게 배워나가는지에 대한 성역할 개념의 발달에 대해서는 Freud의 정신분석 이론, Mischel의 사회학습이론, 그리고 콜버그의 인지발달이론이 각각 다르게 설명하고 있다.

1) 성역할(gender role) 개념의 발달

성이란 남녀라는 생물학적 차원의 성(sex)과 남성, 여성의 사회적 차원의 성(gender)으로 나누어 이야기 할 수 있다. 사회적 차원의 성의 개념인 성역할(gender role)은 한 개인이 그가 속해 있는 사회에서 남자 또는 여자로 특징지을 수 있는 여러 특성, 즉 행동양식, 태도, 가치 및 인성 특성을 의미한다.

2~3세 된 유아들은 성에 관해 "엄마", "아빠" "남자", "여자"라는 명칭을 습득하고 정확하게 사용하여 자신이 남자인지, 여자인지를 알고 이야기 한다(Thompson, 1975). 이 시기부터 고정관념이 나타나서 유아는 다른 아동들의 사진을 보고 정확하게 여자와 남자로 명명할 수 있다. 성역할에 대한 고정관념(gender-role stereotypes)은 특정 행위나 활동이 남성 또는 여성에게 배타적으로 적용 되는 것으로 판단하는 사고를 의미한다. 성역할에 대한 사회적 기준이 각각의 성에 적합한 역할을 하도록 요구할 때 남성과 여성에 대해 고정관념을 가지게 된다. 4세가 되면 성은 변할 수 없다는 성안정성을 갖는다. 여아는 커서 엄마가 되고 남아는 아빠가 된다는 것을 안다. 5~6세경에

는 고정관념이 급격히 높아지고 일반적으로 여아보다 남아가 더 강한 고정관념을 나타낸다.

2) 성역할 발달 이론

(1) 정신분석 이론

프로이트에 의하면 남성과 여성의 성역할 차이는 심리성적 발달의 5단계 중에서 제3단계인 남근기에서 비롯된다고 한다. 이 단계에서 남아는 이성부모에 대한 근친상간적인 성적 욕망인 오이디푸스 콤플렉스(Oedipus Complex)를 그리고 여아는 엘렉트라 콤플렉스(Electra Complex)를 각각 경험하게 되는데, 이러한 콤플렉스를 해결하기 위한 수단으로 성역할 동일시가 이루어진다. 즉, 오이디푸스 콤플렉스를 경험하는 남아는 엄마를 사랑하고 아버지가 그를 거세함으로써 보복할지도 모른다는 두려움을 깨닫게 된다. 이때 남아는 거세불안(castration anxiety)을 감소시키기 위해 방어적으로 아버지와 동일시하게 된다. 여아는 아버지에 대한 욕망과 엄마에 대한 경쟁으로 인한 엘렉트라 콤플렉스를 경험한다. 어머니의 애정을 잃을까봐 두려워서 근친상간적 욕망을 억압하고 어머니를 동일시하여 여성적 역할을 동일시한다. 즉 유아는 4, 5세 무렵에 동성의 부모의 여성적, 남성적 성격특성을 내면화하고 부모의 가치와 특성을 채택한다.

(2) 사회학습 이론

Bandura(1977)등의 사회학습자들에 의하면 성역할 행동은 다른 모든 종류의 행동과 마찬가지로 조작적 조건화에 의해 학습되는 것이다. 유아는 강화를 통해 자신의 성에 적합한 행동에 대해 격려와 보상을 받고 그렇지 않은 경우에는 벌을 받음으로써, 또한 관찰학습을 통해 동성 모델의 행동과 태도를 받아들임으로써 성역할 행동을 배우게 된다. 예를 들어, 가정에서 부모는 여아가 인형을 갖고 놀거나 엄마를 돕는 행동을 할 때 긍정적인 반응을 보이는 반면, 남아의 경우는 트럭을 갖고 놀거나 조작을 할 수 있는 장난감을 가지고 놀 때 긍정적으로 반응을 한다. 즉, 유아들은 부모나 다른 성인들의 가르침을 통해 성유형화된 행동은 더욱 강화된다. 특히 유아기는 사회화에서 중요한 시기이므로 부모나 또래, 대중매체 등은 성역할 발달에 상당한 영향을 미친다.

(3) 인지발달 이론

인지발달 이론가들은 성역할 학습은 초기에는 일반적인 인지발달에 의해 이루어진다고 주장한다. Kohlberg(1966)는 성유형화된 행동이 나타나려면 우선 자기에 대한 인식이 형성되어야 한다고 주장한다. 즉, '나는 남자다'라는 인식이 먼저 일어나며 그 다음 남성에게 적합한 행동을 동일시하게 된다. 이러한 견해는 유아가 가정환경에 관계없이 성역할 고정관념에 대한 지식을 매우 어렸을 적에 습득한다는 사실에 근거한다.

Kohlberg가 설명한 성 정체성의 3단계는 다음과 같다.

1. 기본적 성 정체성. 3세가 되면, 유아는 남아 혹은 여아라고 명명한다.
2. 성 안정성. 성은 시간적으로 안정적인 것으로 지각되는 것으로, 남아는 반드시 성인남자가 되고 여아는 성인여자가 된다.
3. 성 항상성(성 일관성). 성 개념은 자신의 성이 상황적으로 안정적이라는 것을 깨달았을 때 완성된다. 이 단계에 도달한 5~7세 유아는 성은 이성의 옷을 입거나 혹은 이성의 활동을 함으로써 수정될 수 없음을 안다. 성항상성 개념을 획득한 유아는 자기가 살고 있는 사회의 여성과 남성의 적절한 행동과 역할을 관찰하고 스스로 강화해감으로써 성역할 고정관념을 배워간다. 이러한 인지발달이론의 주장은 성역할 고정관념이 매우 일찍 나타난다는 점을 잘 설명하지만, 유아의 성 항상성을 완전히 이해하기 전에도 성 유형화된 행동을 나타내는 것에 대한 설명을 제시하

지 못한다는 점이 비판을 받고 있다. 2~3세경 유아는 성정체감을 갖기 이전부터 이미 여자아이는 인형을, 남자아이는 자동차를 좋아하며 성전형화가 진행되고 있다. 즉, 성 항상성 획득이 성 유형된 행동에 선행되어야만 하는 개념은 아니며 성에 대한 인지적 판단이 성전형화와 성역할 발달에 필수적이라는 Kohlberg 이론은 다소 과장된 것으로 볼 수 있다(송길연 외, 2000).

(4) 성도식 이론

Bem(1985)의 성도식(gender schema)이론은 사회학습 이론과 인지발달 이론의 요소를 결합한 것이다. 즉, 성도식 이론은 유아가 성유형화가 사회문화적 요인의 영향을 받지만 동시에 성도식화 과정을 통해 형성된다고 한다. 성도식이란 성에 따라 조직되는 행동양식으로서 사람들로 하여금 일상생활에서 남성적 특성 또는 여성적 특성을 구분하게 해준다. 즉, 남자와 여자는 다른 종류의 옷을 입고, 가지고 노는 장난감이나 놀이도 다르다는 것을 말하며, 일단 자기가 어떤 성이라는 것을 알게 되면 남아나 여아가 하기로 되어 있는 문화적인 행동도식에 따라 자신의 행동을 맞추어 간다. 그러나 성에 대한 인식 또는 지식이 증가할수록 성 유형화된 행동이 더 강해지는 것이 아니라 더 약화된다는 점(Bussey & Bandura, 1999)에서 볼 때 성도식 이론은 설득력이 약하다(곽금주 외, 2006).

3) 새로운 성역할 개념

남성성과 여성성에 대한 전통적인 개념에 대한 대안으로서 Bem(1975)은 양성성으로의 사회화가 전통적인 성역할보다 훨씬 더 기능적이라고 주장한다. 양성성이란(androgeny)의 어원은 그리스어로 남성을 일컫는 앤드로(andro)와 여성을 일컫는 진(gyn)으로 구성된 용어이며, 하나의 유기체 내에 여성적 특성과 남성적 특성이 공존하는 것을 의미한다, 양성성은 한 개인이 남성성과 여성성을 동시에 가질 수 있기 때문에 상황에 따라서 남성적 특성 및 여성적 특성의 역할을 융통성있게 잘 수행할 수 있는 보다 효율적인 성역할 개념이다.

양성성을 가진 사람들은 상당히 적응력이 높아서 상황의 요구에 따라 자신의 행동을 조절할 수 있고, 어느 한 쪽으로 성유형화된 사람들보다 유연성 있게 행동한다는 것이 밝혀졌다. 예를 들면 양성적인 사람들은 남성적인 특성을 보이면서도 아기와 긍정적이고 애정적인 상호작용을 하는 여성적인 특성을 보일 수 있다. 양성적 아동들과 청소년들은 높은 자아존중감을 갖고, 성유형화된 또래들보다 인기가 높았고 잘 적응하는 것으로 나타났다(강문희, 2005).

양성적인 사람은 다차원적인 행동을 할 수 있고 상황에 따라 남성적인 특성과 여성적인 특성의 역할을 적절하게 수행하기 때문에 적응력이 높다는 것이다. 자녀에게 양성성을 갖도록 하기 위해서는 부모들이 적극적인 역할이 도움이 된다고 주장한다. 즉 자녀들에게 자신의 성에 맞는 놀이는 물론 반대 성의 아동들이 흔히 노는 놀이도 하도록 하고, 가사일에도 남자 일, 여자 일을 구분하지 않고 가족들이 함께 참여함으로써 성 고정관념에 노출시키지 않도록 할 것을 강조하였다(Bem, 1983, 1989). 그러나 Jones(1978) 등은 일련의 연구를 통하여 개인의 적응력에 결정적인 역할을 하는 것은 양성성이 아니라 남성성이라고 밝히면서, Bem 등이 주장한 "양성성이 곧 적응성(androgyny equals adaptability)"이라는 가설을 부정하였다.

성역할에 관한 많은 연구들이 양성성이 가장 융통성 있는 성역할 유형이라고 보고한 반면, 남성성이 보다 효율적인 성역할 유형이라고 하는 연구 또한 상당수 있어 이 분야에 관해 앞으로 더 많은 연구가 이루어져야 할 것으로 보인다(정옥분, 2002).

4) 성역할 발달 과정

(1) 성 정체성(gender identity) 획득시기 : 2~4세

'성 정체성'이란 개인이 남 · 여 중 한 쪽 성별에 속해 있고 다른 쪽 성별에는 속해 있지 않다는 것을 인식하는 것이다. 유아는 2세경부터 타인과의 유사점, 차이점에 대해 인식하며 이를 통해 성에 관심을 갖기 시작하지만, 아직 자신의 성별을 정확하게 인식하지 못한다. 3세가 되면 대부분의 유아가 자신의 성을 뚜렷하게 인식하고 정확한 성 명칭을 사용한다. 이 시기 유아가 성역할에 대한 사회적 기대에 의해 어는 정도 영향을 받는다는 것을 알 수 있다. 4세 유아는 성에 대한 사회적 규범에 따라 적절한 성역할 행동과 태도를 나타내며 사회적 기대를 별다른 갈등 없이 쉽게 무시하는 이중적인 성향을 보인다. 무엇보다 이시 기 유아는 외형이 바뀌더라도 성이 바뀌지 않는다는 사실을 아직 깨닫지 못한다.

(2) 성 안정성(gender stability) 획득시기: 5~6세

'성 안정성'이란 성 정체감이 자리 잡아 안정적으로 자신의 성을 인식하는 것으로, 이러한 개념이 획득되면 유아는 자신의 성이 변하지 않는다는 사실을 깨닫는다. 5세경이 되면 유아는 성 정체성이 더욱 분명해지며 성 안정성을 인식하기 시작한다. 이 시기에는 성에 대한 선호도가 부각되어 자신과 동일한 성에 적극적인 호감을 표시한다. 즉 긍정적인 것은 모두 자신의 성과 관련시키고, 부정적인 것은 다른 성에 속한 것으로 분류하는 경향을 보인다. 6,7세가 되면 이러한 경향이 감소하는데, 이는 사회적으로 어떠한 성역할이 기대되는지 성역할 범주자체를 완전히 습득했기 때문이라고 여겨진다.

(3) 성 항상성(gender constancy) 획득시기: 7~8세

'성 항상성이란 겉모습과 상관없이 자신의 성이 평생 불변으로 지속된다는 사실을 깨닫는 것이다. Kohlberg는 성 항상성이 6~7세경 보존과 범주화

능력에 발달되면서 생긴다고 했다. 유아는 머리모양, 옷차림, 행동이 달라져도 자신은 언제든지 동일한 성을 유지한다는 것을 알게 된다. 성에 따라 정보를 분류하는 성 유형화 지식이 성인 수준으로 증가하고, 이러한 지식은 이미 탄탄하게 유아의 내면에 자리 잡아 시 기에는 오히려 성에 따른 정보 범주화의 경향이 급격히 감소한다. 7세부터는 성 역할 개념들이 성역할 고정관념으로 확고해져가기 시작하지만, 일부 연구자들은 성에 따른 범주화 행동 및 태도가 사라지면서 성역할에 대한 유연성이 증가한다(유희정, 2000).

5. 또래관계와 놀이

유아의 사회성발달은 가족 이외에도 여러 다른 요인의 영향을 받는다. 그 대표적인 것이 또래와 놀이이다.

1) 또래관계

유아는 출생과 동시에 주변 사람들과의 관계 속에서 다양한 상호작용을 경험하게 된다. 유아가 성장하면서 또래와 보내는 시간은 점점 증가한다. 또래란 나이, 성, 학년 등과 같은 영역에서 동등한 지위에 있는 동년배를 의미하며, 이들은 정신적, 신체적 발달과 행동이 유사하고 사회적으로 동등한 사회적 관계로 유아발달에 중요한 영향을 미친다. 유아기는 발달적으로 또래집단이 형성되는 시기로서 또래와의 관계 형성이 매우 중요하다. 또래의 중요성을 지적하는 예로 안나 프로이트(Freud & Dann, 1951)의 고전적 연구가 있다. 그녀는 제2차 세계대전 때 부모들을 잃은 뒤 함께 자란 아동 여서 명을 대상으로 연구하였다. 여섯 명의 아동은 서로에게 강한 또래애착을 형성하였으며, 단단히 뭉쳐 서로에게 의존하고 타인에게는 냉담하였다. 부모들의 보호가 없었는데도 이들은 정신적 장애나 범죄 등의 문제를 보이지 않았다. 이 연구결과는 또래관계가 정상적인 사회성발달에 필요하다는 점을 시사한다.

한편, 유아는 또래와의 상호작용을 통해 자기중심성에서 벗어나 타인과의 관계를 이해하게 되고 또래 관계에서 나타나는 다양한 문제들을 해결할 수 있는 능력을 발달시킬 수 있게 된다. 또한 유아에게 새로운 행동 형태를 가르치고 상황에 따라 어떠한 행동이 적합한지를 알게 되어 자신의 유능성을 평가할 수 있는 기준을 형성하게 되며, 유아가 자신감을 형성 하게 된다(Perry & Bussey, 1984).

유아기인 3세경이 되어야 비로소 친구와 함께 놀기 시작한다. 3~5세 유아들은 자기와 비슷한 놀이를 하거나 좋은 경험을 했던 소수의 친구들과 노는 경향이 있다. 좋아하는 또래와 자주 오랜 시간 같이 놀면서 유아는 생애 최초로 친구관계를 형성한다. 특히 유아는 다른 또래보다 호감을 가진 친구에게 몇 배 더 친근하게 애정을 표현하며(Hartup & Stevens, 1999) 친구가 있을 때 집단생활에서 훨씬 더 적응을 잘한다(Ladd & Price, 1987).

2) 놀이

놀이는 유아에게는 생활의 전부라 할 만큼 중요한 의미를 갖는다. 유아들은 놀이에서의 사회적 상호작용을 통해 자신과 타인은 서로 다른 관점이 있다는 것을 학습하게 되고 자기 자신을 탈중심화하여 마음의 이론을 발달시키게 되므로 사회적 능력이 발달하게 된다(Fromberg, 2002). 또한, 유아는 타인과 놀이를 하면서 놀이각본을 함께 공유하게 되고 자신의 역할을 수행해 가는 과정에서 언어적인 각본의 이해가 향상되고 자신의 역할과 역할에 대한 또래의 해석을 모두 상상할 수 있게 되어(Pellegrini & Galda, 1982), 유추하고 놀이를 발달시키는 예측능력이 발달하게 된다. 이는 놀이를 통해 언어능력과 인지능력이 함께 발달하는 것을 의미한다.

놀이의 유형을 인지적 수준과 사회적 수준으로 나누어 살펴보기로 한다.

(1) 인지적 수준에 따른 놀이의 유형

Smilansky(1968)는 유아기의 놀이를 인지적 수준에 따라 기능놀이(functional play), 구성놀이(constructive play), 가상놀이(pretend play), 그리고 규칙 있는 게임(games with rules) 등 네 가지 형태로 구분한다.

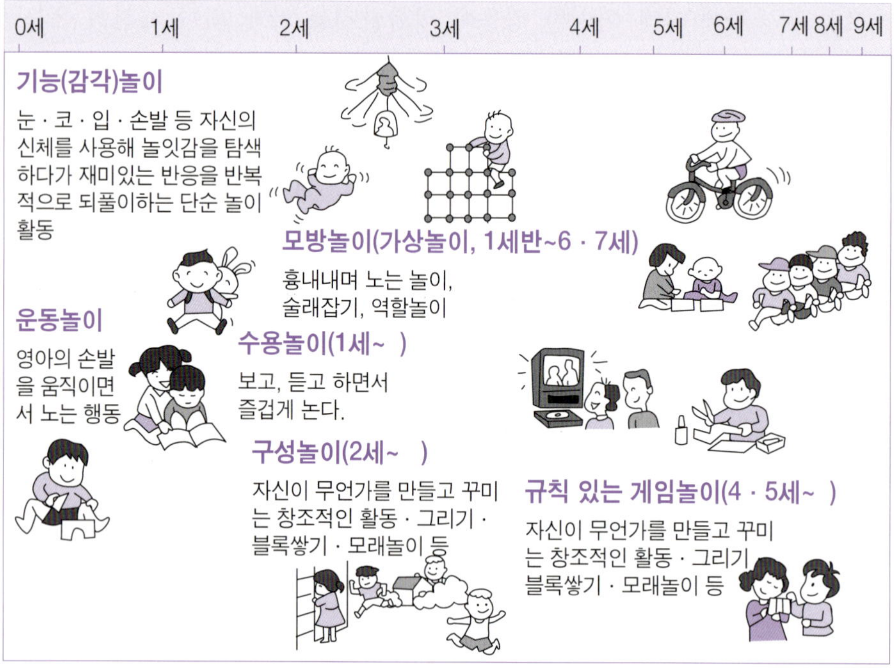

[그림 12-4] 놀이의 발달적 변화

① 감각놀이 : 영아가 감각운동 기술을 습득한 후 목표를 위해 물체를 가지고 또는 물체 없이 반복적으로 운동행동을 하는 놀이이다. 영아기에는 딸랑이를 흔들거나 자동차를 앞뒤로 굴리는 것과 같이 단순히 반복적으로 근육을 움직이는 기능놀이가 주를 이룬다. 생후 2년 동안 주로 볼 수 있다.

② 구성놀이 : 유아 자신의 아이디어로 창작품을 만들어내는 놀이를 말한다. 예를 들어, 블록쌓기, 그림 자르기와 같이 무엇인가를 만들어 내는 놀이이다.

③ 가상놀이: 정신적인 표상이나 상징을 활용할 수 있게 되면서 나타나는 놀이 형태로 병원놀이, 소꿉놀이 등이 가상놀이에 해당된다. 가상놀이는 유아기에 가장 흔히 볼 수 있는 놀이형태로 존재하지 않는 것이 존재한다고 가정하려면 최소한의 인지적 능력이 요구되므로 인지발달이 선행되어야 가상놀이가 가능하고 가상놀이를 많이 할수록 인지발달이 촉진되는 순환이 이루어진다.

④ 규칙있는 게임 놀이: 줄넘기 놀이, 숨바꼭질과 같이 미리 만들어진 규칙에 따라 놀이를 하는 게임이 주류를 이루게 된다. 때로는 놀이 그 자체보다는 규칙을 새로 만들고, 바꾸고, 협상하는 데게 시간을 더 많이 보내게 된다. 규칙 있는 게임놀이는 유아기 말에 나타나기 시작해서 아동기 말에 절정을 이룬다(Rubin & Krasnor, 1980).

(2) 사회적 수준에 따른 놀이의 유형

놀이활동에서 사회적 상호작용이 얼마나 많이 이루어지느냐에 따라, Parten(1932)은 2~5세 아동놀이의 관찰을 통해 놀이를 6가지 유형으로 구분하였다.

① 비참여적 놀이(unoccupied play) : 영아는 놀고 있지 않는 것처럼 보이지만 주변의 일에 흥미를 가지고 있으며, 주로 자신의 신체를 가지고 논다.

② 혼자놀이(solitary play) : 다른 유아와 상호작용을 하기보다는 아이들 속에서 혼자서 독립적으로 장난감을 가지고 논다. 다른 것에 대해 별 관심이 없다. Parten의 연구에 의하면 2세 유아의 놀이 중 절반 정도가 이 놀이에 속하였다고 한다.

③ 방관자적 놀이(onlooker play) : 2세 유아의 대부분은 다른 유아가 노는 것을 관찰하면서 보낸다. 질문이나 요청을 받아도 자신이 직접 놀이에 끼어들지 않는다.

④ 병행놀이(paraller play) : 같은 공간에서 다른 유아와 같거나 비슷한 성질의 장난감을 가지고 놀지만 서로 독립적으로 논다. 2세 반에서 3세 반 사이의 유아들의 사회놀이이다.

병행놀이는 사회적으로 미성숙한 수준의 혼자놀이와 사회적으로 정교한 수준의 순수한 협동놀이 사이에 위하치는 것으로 보인다(Damon, 1983).

⑤ 연합놀이(associative play) : 여럿이 같이하는 놀이로서 장남감을 주고 받거나 같이 몰려다니며 놀이를 한다. 그러나 놀이에서 리더나 일정한 목표, 역할분담은 없다. 3세 반에서 4세 반 유아들의 놀이이다.

⑥ 협동놀이(cooperative play) : 아동은 한 가지 활동을 함께 하고 조직적 집단으로 편을 이루어 놀이를 한다. 규칙에 따라 놀이가 이루어지며 리더나 공동의 목표, 일정한 역할분담이 존재한다. 유아기에는 그리 흔하지 않고 나이 든 유아에게서 볼 수 있는 놀이이다. 4세 반 이후의 유아들에게 많이 나타나는 놀이로서 병원놀이, 가게 놀이, 공차기 등이 그 예이다.

Parten은 유아가 점차 성장하고 사회성이 발달함에 따라 혼자놀이나 방관자 놀이 등 비사회적인 형태의 놀이에서 전환기적 형태의 병행놀이를 거치고, 점차 연합놀이와 협동놀이 등 사회적 형태의 놀이로 발달한다(그림 12-5, 그림 12-6)고 보았다.

영아기나 초기 유아기 동안 다른 아이들과
상호작용 없이 혼자 노는 놀이 형태

혼자놀이

놀이에 직접 참여하지 않고 다른 아동이
노는 것을 바라보기만 하는 놀이형태

방관자놀이

같은 공간에서 비슷한 성질의 장난감을
가지고 나란히 놀이를 하는 유아기 초기의
놀이형태이다. 서로에게 주목하거나
참견하지 않는다.

병행놀이

두세 명이 같은 놀이를 하지만 부분적으로만
함께 노는 놀이 형태이다. 유아기 중기에
나타난다.

연합놀이

여러 명이 같은 놀이를 하면서 정해진
목적을 향해 행동하며 노는 놀이 형태이다.
각각의 역할을 분담하고 규칙에 따른다.

협동놀이

[그림 12-5] 놀이의 발달

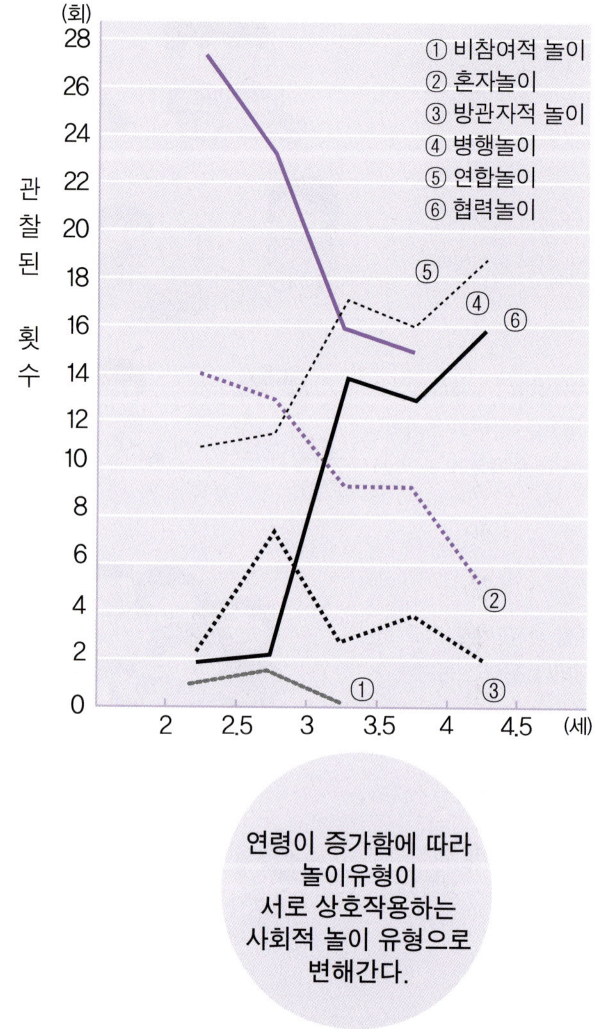

[그림 12-6] 연령에 따른 놀이의 유형(Parten, 1932)

6. 친사회적 행동

인간은 태어나면서부터 다른 사람과의 관계 속에서 세상을 살아가는 방법을 배우고 터득하게 된다. 특히, 다른 사람과 함께 생활하는 사회에서 원만한 생활을 해 나가기 위해서는 다른 사람의 입장을 이해하고 배려하는 마음과 태도를 갖게 되는 친사회적 행동은 중요하다.

1) 친사회적 행동의 정의

친사회적 행동(prosocial behavior)이란 타인을 돕거나 도우려는 어떤 행동을 포함하는 폭넓은 개념을 의미한다. 친사회적 행동은 종종 도덕적 행동과 동일한 의미로 사용되지만 일반적으로 도덕적 행동이 보다 상위의 개념으로 간주된다. 친사회적 행동이란 용어에서 'pro'는 '~을 위하여'라는 뜻의 라틴어 접두사이다. 그러므로 친사회적 행동은 다른 사람에게 이익을 주는 개인의 사회적인 반응을 지칭한다.

친사회적 행동이란 타인의 사고와 감정을 이해하고 타인에게 도움이 되는 자발적인 행동으로 정의된다. 이러한 친사회적 행동은 '돕기', 나누기, 위로하기, 협동하기 등의 좁은 범위에서부터 다른 사람에게 관심보이기, 배려하기 등의 좀 더 넓은 범주에 이르기까지 타인을 돕거나 도우려는 의도를 가진 자발적인 행동'을 뜻한다(Eisenberg, 1983). Shaffer(1999)는 친사회적 행동을 공격적 행동과 분리된 성격 차원으로 간주하면서, 타인에게 이로움을 주려는 행위로 정의하고 있다. 즉, 친사회적 행동은 외부의 보수를 기대하지 않고 자발적으로 다른 사람에게 혜택을 주는 행동을 말한다.

친사회적 행동은 크게 행동적 정의와 동기적 정의로 나누어 볼 수 있다. 행동적 정의는 돕는 이의 동기와 관계없이 타인에게 도움을 주고자하는 행동을 의미하고, 동기적 정의는 돕는 사람의 근본적인 동기가 타인에게 긍정적인 결과를 주려고 할 때 나타나는 행동을 의미한다(Honig, 1982). 즉, 동기적 정의에 의하면 타인을 이롭게 하기 위한 그 행동 자체의 목적 때문에 보상의 기대나 의무감 없이 행해지는 이타행동(alteuistic behavior)이 친사회적 행동에 속한다고 볼 수 있다. 이타행동은 개인에게는 직접적인 이득이 없으면서 타인을 돕는 친사회적 행동이다. 즉, 다른 사람을 도우는 데 있어서 자기중심적이지 않는다. 따라서 친사회적 행동과 이타 행동을 구별하면 이타 행동은 어떤 형태의 보수를 받는다는 기대가 없이 다른 사람을 도와주려는 행위를 말하는 것이며, 친사회적 행동은 타인들을 돕거나 도우려는 행위를 전체적으로 통칭하는 폭 넓은 범주라 하였다 그러나 행동적 정의에 의하면 자신이 타인에게 손해를 입혔거나 도움을 받았기 때문에 의무감에서 나오는 보은행동(restitution)까지도 친사회적 행동의 범주에 속하게 된다.

친사회적 행동은 가장 포괄적인 개념으로 다른 사람들에 의해 긍정적으로 여겨지는 모든 행동으로 타인의 어려움을 감소 또는 해소시키는 결과를 가져오는 것이다.

2) 친사회적 행동 이론

친사회적 행동이 어떻게 형성되는지를 설명하는 이론은 생물학적 이론, 정신분석 이론, 사회학습 이론, 인지발달 이론 등을 들 수 있다.

(1) 생물학적 이론

생물학적 이론(biological)에서는 친사회적 행동을 생물이 자신의 생존을 위해 하는 협력 또는 신뢰, 정직, 권위와 같은 친사회적 성향이 필요하다는 진화론적 접근으로 설명하고 있다.

(2) 정신분석 이론

정신분석학적 이론(psychoanalytic theory)에서는 친사회적 행동이 타인의 감정과 요구에 대한 충분한 고려가 있어야 한다. 즉 초자아의 중요성을 지적한다. 초자아가 발달할 때까지 친사회적 행동이 가능하지 않으며 대체로 5~6세가 되어서야 초자아에 의해서 죄의식이 생기면서 벌 받는 행동을 피하고 친사회적인 도덕 가치를 따르려는 행동을 하기 시작한다. 부모의 태도, 가치, 행동 등을 내면화하려는 과정에서 사회적, 도덕적 가치를 따르게 되며, 친사회적 행동을 하게 된다는 것이다(Honing, 1982).

(3) 사회학습 이론

사회학습 이론(learning theory)에서는 아동의 친사회적 행동발달을 물질적, 정신적 보상이라는 외적 자극에 의해서 직접적으로, 그리고 친사회적 행동 모델에 의해서 간접적으로 학습될 수 있는 것으로 본다. 이들에 따르면 인간의 행동이 변해가는 것은 다른 사람이 하는 것을 자연스럽게 관찰함으로써도 가능하다는 것이다(Beaty, 1999). 유아는 상을 받거나 벌을 받는 등의 외적 보상도 고려하지만, 이와 더불어 그 행동을 수행했을 때 겪을 자기만족감이나 죄책감 등의 내적 보상도 고려한다는 것이다. 특히 모델링이나 모방은 사회학습 이론의 기본 개념으로 유아는 관찰과 모방에 의한 모델학습, 언어교수법, 직접적인 경험등을 통해 친사회적 행동을 발달시킨다.

(4) 인지발달 이론

인지발달 이론(cognitive theory)에서는 친사회적 행동이 인지구조의 성숙과 발달에 따라 일어난다고 가정하고 있다. 이들은 친사회적 행동의 기본요소를 타인의 관점이나 감정을 지각하거나 이해하는 감정이입과 조망수용 능력으로 설명한다. 감정이입은 긍정적인 사회적 행도의 중요한 동기부여자로 작용한다. 사회성이 발달하고 자기주장을 하며 감정 조절을 잘하는 유아는 대부분 감정이입에 의한 반응을 한다. 감정이입 발달은 인지적, 언어적 발달에 의존하며 유아의 기질과 사회적 경험에 의해 영향을 받는다.

Piaget는 구체적 조작기에 이르면 자기중심적 견해에서 탈 중심화 되고, 인지수준이 발달됨에 따라 타인의 요구, 견해, 역할 등을 받아들이는 능력이 발달하여 타인의 반응에 민감하게 반응하므로 친사회적 행동이 발달한다고 보았다.

3) 친사회적 행동의 발달

친사회적 행동은 인간이 사회생활을 하는 기본으로서 유아기에 이미 그 기초가 형성된다고 한다(Kostelnik stein, Whiren & Soderman, 1993). 이타주의의 단순한 행동은 18개월경에 나타난다. 걸음마기와 학령 전기 아동은 다치거나 흥분한 사람들을 볼 때 관심을 보이면서 사진 속의 아동처럼 행동한다. 안아 주거나 달래 줌으로써 편안하게 하고자 노력한다(Zahn-Waxler et al., 1992). 걸음마기와 학령 전기 아동은 점진적으로 타인의 요구를 이해하고 적절한 이타적인 반응에 대해 배우게 된다(van der Mark, van Ljzendom, & Bakermans-Kranenburg, 2002). 2~3세 유아는 다른 유아에게 도움을 주고 위로하려고 하며 장난감을 나눠주기도 한다. 이러한 초기의 친사회적 행동은 다른 사람의 관심을 받고자 하는 의도에서거나 호의적인 상호작용을 하고 싶다는 일종의 선호의 의미이기도 한다(박성연, 2006).

그러나 친사회적 행동은 4~6세경부터 증가하기 시작하여, 9~10세경에 가장 높은 수준을 보인다. 이 시기의 아동은 구체적 조작기로서 다른 아동과 상호 작용하는 경험을 통해서 자신과 타인의 관점 차이를 깨닫게 된다. 또한 이 시기의 아동은 타인의 입장을 이해 할 수 있고 타인을 기쁘게 하거나 즐겁게 하는 요인을 파악할 수 있으므로 타인을 기쁘게 하기 위하여 친사회적 행동을 한다.

7. 공격성

1) 공격성의 정의

공격성이란 부정적인 관계의 대표적인 것으로 자신이 원하는 것을 얻고자 할 때 또는 다른 사람으로부터의 위협에 방어하기 위한 수단으로 나타나는 행동이다.

Buss(1961)는 공격성을 인간의 상호작용 상황에서 유해한 자극을 나타내는 행동이라 하였고, Bandura(1986)는 공격성이란 개인에게 해를 주고 재물의 파손을 일으키는 행위라고 하였다. 결론적으로 공격성이란 폭넓게 정의하면, 공격성은 행위자가 의도적이든 아니든 타인에게 해를 입히는 모든 동기와 행동을 말한다.

유아기부터 나타나는 공격성의 원인은 개인내적, 개인외적(환경적)요인이 지적되고 있으며, 경우에 따라 복합적인 원인에 의해 그 심각성에 차이가 나타난다. 발달과정상 문제를 일으킬 수 있는 위험요인이 많았거나 위험으로부터 보호해 주는 보호요인(protective factor)이 적은 경우, 문제는 더 악화되고 지속된다. 공격성의 개인내적 변인으로는 욕구좌절 및 기질, 사회인지 능력의 부족 등이 포함된다.

2) 공격성의 원인

(1) 생물학적 이론

공격성은 인간의 본능과 관계있다고 보는 입장이다. Lorenz는 공격성이란 인간을 포함한 동물에게 있는 생활영역의 확보와 종족 유지를 위한 투쟁의 본능이라고 하였다. 특히 자신의 안전이나 기본적 욕구의 충족이 위협을 받을 때 더욱 공격적이 된다고 하였다. 유아의 기질도 공격성에 작용한다고 본다. 기질적으로 까다로운 영아는 느린 영아보다 유아기에 공격적인 행동을 할 가능성이 높다(Russel et al., 2003; Sanson et al., 2002).

그러나 사람들은 많은 경우에 있어서 공격 충동을 느끼면서도 항상 공격 행동을 하는 것이 아니라 공격적 행동을 억제하기도 하므로 공격성의 생물학적 이론은 공격성의 개인차에 대해 설명하고 있지 못하고 있다.

(2) 욕구좌절

욕구좌절이론은 인간의 생리적 · 본능적 힘에 의해서 보다 욕구좌절을 유발하는 충동에 의해서 공격적으로 행동을 하게끔 동기화 된다는 입장이다. 욕구좌절이란 목표 획득에 간섭을 받거나 방해를 당할 때 나타나는 심리적 긴장 상태를 말한다. Dollard 등(1939)에 의하면 목표달성이 방해를 받거나 불가능해지면 좌절하게 되고 좌절을 가져온 대상이나 다른 사람, 혹은 물체에 공격을 가하게 만든다고 본다. 즉, 통제적 양육행동을 통해 좌절된 경험이나 부모로부터 원하는 관심과 사랑을 받지 못하고 거부당하는 경험, 혹은 보육시설에서의 관심부족과 부적절한 환경 및 상호작용 등을 통해 거부되거나 좌절된 경험이 아동으로 하여금 반발하는 태도를 가지게 하고, 결과적으로 다른 물체나 대상에게 공격을 가하게 된다고 설명할 수 있다(Davis & Cummings, 1994).

Barker 등(1941)은 유아들을 대상으로 실험연구를 하였다. 한 집단의 유아들을 재미난 장난감이 많이 있는 방으로 데리고 가서 유아들에게 보는 것은 좋으나 절대로 장난감을 만져서는 안 된다고 주의를 주었다. 그리고 다른 집단의 유아들에게는 그러한 지시를 주지 않았다. 나중에 두 집단의 유아들에게 장난감을 가지고 놀 수 있도록 허용하였을 때, 그 욕구좌절을 경험한 유아들은 매우 적대적이며 파괴적으로 장난감을 가지고 놀았음이 발견되었으며, 반면에 두 번째 유아들은 똑같은 장난감을 온순하게 가지고 놀았음이 발견되었다.

(3) 사회학습이론

사회학습이론은 아동 안에 잠재된 원인을 찾기보다 외적인 원인제공에 의해 공격성이 학습되어진다고 설명한다. 특별한 인간의 본능을 전제로 하지 않고 삶의 경험을 통해 인간의 행동양식이 학습된다는 것이다. 이는 아동의 공격적인 행동을 관찰 및 모방함으로써 학습되고 허용이나 보상을 통해 강화된다고 보는 것이다(그림 12-7). 즉, 처벌적인 양육행동을 아동이 보고 모델링 하여 신체적인 공격성을 사용하는 것을 배우게 되고, 공격성에 대한 무언의 허용이 강화로 작용하여 공격적인 아동으로 성장하게 된다고 볼 수 있다. 또한 아동은 처벌적인 행동을 보이는 교사의 태도를 통해서도 학습 및 강화될 수 있을 것이다. 즉, 공격성이란 사회문화적 요인의 산물로서 배우는 과정을 통해서 얻어진다는 것이다. Sears, Maccoby 및 Levin(1957)은 공격행동을 심하게 처벌하는 양친의 자녀 또한 공격적이 된다는 것을 발견하였다. 또 Atkinson와 Hillgard(1983)는 TV의 폭력을 시청할 경우 특히 아동들에게서 대인공격성이 증가한다는 것을 밝혔다. 이와 같이 사회학습이론에서는 관찰과 강화를 통해 공격성이 학습되어 진다는 Bandura의 설명으로 집약될 수 있다.

[그림 12-7] 유아의 공격행동(Bandura, Ross & Ross, 1963)

출처 : 林(2007).

폭력 영상 시청 유아 공격적으로 변해

2살부터 5살 사이의 남자아이가 하루 한 시간 이상 폭력적인 내용의 영상물을 본다면 유년기에 공격적으로 변할 가능성이 높다는 연구 결과가 나왔습니다. 하지만 같은 연령대의 여자 아이는 폭력적인 영상물에 별 영향을 받지 않는 것으로 나타났습니다.

디미트리 크리스타키스 박사가 이끄는 시애틀 아동병원연구소 연구진은 2살부터 5살까지 남아 184명과 여아 146명을 대상으로 매일 한 시간 가량 폭력적인 내용의 TV 영상물을 보여준 그룹과 그렇게 하지 않은 그룹으로 나눠 5년 후 어떻게 변하는 지를 관찰했습니다.

그 결과 184명의 남자 아이 중 25명은 폭력물을 보지 않은 아이들에 비해 3배가량 폭력성이 두드러지는 것으로 조사됐습니다. 크리스타키스 박사는 그 나이 또래의 아이들은 현실과 판타지를 구분하지 못하기에 아이들에게 현실과 판타지의 구분을 설명해 줄 필요가 있다고 말했습니다(YTN 뉴스, 2007-11-05 09:59).

3) 유아기의 공격성

영아기부터 나타나는 공격성은 연령이 증가함에 따라 형제나 또래와의 상호작용이 많아지면서 좀 더 빈번해지다. Tremblay(2004)는 비록 의도를 가지고 았지 않다 하더라도, 자신의 물건을 빼앗길 때 나타내는 이와 같은 반응도 분명히 공격적인 행동에 포함된다고 하였다. 또한 영아기 공격성에 의도성이나 심각성이 뚜렷하게 나타나지 않는다고 하여 공격성으로 보지 않는 것은 성인중심적인 사고라고 지적하였다. 따라서 만 2세 이전의 영아가 의도성을 가지는 공격성을 나타내지 않을지라도, 반응적인 형태로 타인에게 해를 입히는 공격성을 나타낸다면, 영아 공격성의 범주 안에 포함시키는 것이 타당할 것이다. 즉, 영아기에는 갖고 싶은 물건이나 원하는 것을 얻기 위해 무조건 때리고 빼앗는 등 도구적이거나 신체적인 공격성이 일반적이나 좀 더 연령이 증가하여 3~6세는 놀리고 흉보고 욕하고 상대방을 위협하고 모욕하는 등의 언어적 공격이 증가한다. 또한 유아기에 이르면 다른 사람이 한 행동의 의도를 이해하게 됨에 따라 다른 사람에 대한 적대적인 공격성을 보이게 된다. 이는 타인의 의도를 더 잘 추론할 수 있기 때문이다.

많은 연구들에 의하면 일반적으로 공격성은 남아에게 더 두드러지는 특성으로 나타난다(Hyde, 1984; Maccoby & Jacklin, 1980). 영유아로부터 아동, 청소년기에 이르기까지 대체적으로 남아가 여아보다 공격적인 성향을 나타낸다. 이러한 공격성의 성차의 원인에 대해서는 공격성의 성차가 성별에 따른 생득적 특성에 기인한다고 보는 관점이고, 또 다른 관점은 공격성의 발달이 성에 따라 서로 다른 사회화 과정을 거쳐 이루어진다고 보는 것이다(Ladd & Ladd, 1988).

어느 정도의 공격성은 정상적인 발달과정으로 볼 수 있으나 경우에 따라서는 충동적인 행동이나 불복종하는 행동이 장기적인 문제행동으로 이어질 수 있다. 대개의 경우 부모의 권위적인 양육방식이 공격성과 연관되는 중요한 관련 변인으로 지적되고 있다(Russel, Hart, Robinson & Olsen, 2003).

참고문헌

강란혜(2008). 아동발달. 서울: 창지사.
곽금주·김연수(2014). 영아발달. 서울: 학지사.
김호성(2015). [건강한 인생] 저체중 출생아 '성장 따라잡기', 한국경제 신문, 2015.01.22.
두산백과사전 두피디아(2015). 태아와 태반. (주)두산.
삼성출판사 편집부(2006). 임신출산육아대백과. 서울: 삼성출판사.
삼성출판사 편집부(2011). 임신출산육아대백과. 서울: 삼성출판사.
서울과학교사모임(2011). 묻고 답하는 과학톡톡카페. 서울: 북멘토.
성기산(2008). 플라톤의 정치교육론. 교육철학, 34, 169-190.
송길연 외(2000). 발달심리학. 서울: 시그마프레스.
송길연·김수경·이지연·양동규 공역(2000). 발달심리학. 서울: 시그마프레스.
송명자(2001). 발달심리학. 서울: 학지사.
송현주(2014). 심리학용어사전. 한국심리학회.
신은수·김명순·신동주·이종희·최석란(2001). 놀이와 유아. 이화여자대학교출판부.
웅진 리빙하우스 편집부(2007). 소문난 임신출산책. 웅진리빙하우스.
유효순·윤혜경·김정희(2013). 영아발달. 서울: 창지사.
유희정(2000). 취학전 아동의 양성평등의식 교육프로그램 개발. 한국여성개발원.
이숙재·이봉선(1999). 영유아의 발달과 교육. 서울: 창지사.
이오경(2005). 쌍생아. *Korea journal of Pediatrics*, Vol. 48. Wo. 7.
이정민·김정란(2000). 마음의 구조. 경기: 태학사.
정옥분(2003). 아동발달의 이해. 서울: 학지사.
최영균(2008). 미숙아 및 저체중 출생아의 관리, *Continuing Education Column, 51*(8): 745-754.
최현식(2009). 인간의 모든 감각. 서울: 서해문집.
추영국 외(2000). 신경향 성의 과학. 대구: 아카데미 서적.
한국인간발달학회(1995). 유아의 발달 심리. 서울: 중앙 동성 출판사.
홍창의(2003). 소아과진료 9판. 서울: 고려의학.
Acredolo, L. P., & Goodwyn, S. W. (1988). Symbolic Gesturing in normal infants. *Child Development, 59,* 450-466.

Adams, R. J. (1989). Newborns' discrimination among mid-and long-wavelength stimuli. *Journal of experimental child psychology, 47*, 130-141.

Ainsworth, M. (1973). The development of infant mother attachment. In B. M. Caldwell & H. N. Ricciuti (Eds.), *Reciew of child development research* (Vol. 3). Chicago: University of Chicago Press.

Ainsworth, M. D. S. (1979). Infant-mother attachment. *American Psychologist, 34*, 932-937.

Ainsworth, M. D. S., & Bowlby, J. (1991). An ethological approach to personality development. *American psychologist, 46*, 331-341.

Ainsworth, M. D. S., Bell, S. N., & Stayton, P. J. (1971). *Individual differences in strange situation behavior of one-year-olds*. In H. R. schaffer (Ed.), *The origins of humans social relations* (pp. 17-58). Oxford, England: Academic Press.

Ainsworth, M.D.S., Blehar, M. C., Waters E., & Wall, S. (1978). *Patterns of attachment: A psychological study of the Strange Situation*. Hillsdale, NJ: Eribaum.

Allport, G. W. (1961). *Pattern and growth in personality*. New York: Holt, Rinehart & Winston.

Apgar, V. (1953). A proposal for a new method of evaluation in the newborn infant. *Current Research in Ancesthesia and Analgesia, 32*, 260-267.

Arend, R., Gove, F., & Sroufe, L. A. (1979). Continuity of individual adaptation from infancy to kindergarten: A predictive study of ego-resiliency and curiosity in preschoolers. *Child Development, 50*, 950-959.

Aslin, R. W. (1987). *Visual and auditory development in the infancy*. In J. Osofksy(Ed.), *Handbook of Infant development* (2nd ed.). New York: Wiley.

Atkinson, R. N., Atkinson, R. C., & Hilgard, E. R.(1983). 심리학개론. 홍대식 역(1984). 서울: 박영사.

Bailey, B., Forget, S., & Koren, F. (2002). Pregnancy outcome of women who failed appointments at a teratogen information service clinic. *Reproductive Toxicology, 16*, 77-80.

Baillargeon, R., & DeVos, J. (1991). Object Pemanence in Young Infants: Further Evidence. *Child Development, 62*, 1230.

Baltes, P. B., Cornelius, S. W., & Nesselroade, J. R. (1979). *Cohort effects in developmental psychology*. In J. R. Nesselroade, & P. B. Baltes(Eds.), *Longitudinal research in the study of behavior and development.* Academic Press.

Baltes, P. B., Reese, H. W., & Nesselroade, J. R. (1977). *Life-span developmental psychology: Introduction to research methods.* Belmont: Wadsworth Publishing.

Bandura, A. (1977). *Social learning theory.* Englewood Cliffs, NJ: Prentice-Hall.

__________(1986). *Social foundations of thought and action: A social cognitive theory.* Englewood Cliffs, NJ.: Prentice-Hall.

__________(2001). Social cognitive: An agentic perspective. *Annual Review of Psychology, 52*, 1-26.

Bandura, A., Ross, D., & Ross, S. (1963). Imitation of film-mediated aggressive models. *Journal of Abnormal and Social Psychology, 66*, 3-11.

Bandura, A., & Ross, S. (1963). Imitation of film-mediated aggressive models. *Journal of Abnormal and Social Psychology, 66*, 3-11.

Bandura. A. (1973). *Aggression: A social learning analysis.* NY: Holt.

Banks, M. S., & Salapatek, P. (1983). *Infant visual perception.* In M. M. Haith, & J. J. Campos(Eds.), *Handbook of child psychology* (vol. 2). *Infancy and developmental psychology*(4th ed., pp. 436-571). New York: Wiley.

Bates, J. E. (2001). *Adjustment style in childhood as a product of parenting and temperament.* In J. D. Wachs, & G. A. Kohnstamm(Eds.), *Temperament in context.* Mhwah, NJ:Erlbaum.

Bayley, N. (1943). *Mental growth during the first three years.* In R. G. Barker, J. S. Kounin, & H. F. Wright(Eds.), *Child behavior and development.* New York: McGraw-Hill.

________(1969). *Manual for the Bayley Scales of Infant development.* New York: The Psychological Corporation.

________(1993). *Bayley scales of infant developmen*t (2nd ed.). San Antonio, TX: Pcychological Corporation.

Beal V. (1980). *Nutrition in the Life Span.* New York: Wiley.

Bee, H. L. (1989). *The developing child.* New York: Harper & Row Publishers.

__________(1997). *The developing child* (8th ed). New York: Addison-Wesley Educational Publichers Inc.

Bem, S. L. (1975). Sex-role adaptability: One consequence of psychological androgny. *Journal of Personality and Social Psychology, 31*, 634-643.

Bem, S. L. (1983). Gender schema theory and its implications for child development:

Raising hender aschematic children in a gender-schematic society. Signs: *Journal of Women in Culture and Society, 8*, 598-616.

Bem, S. L. (1989). Genital Knowledge and gender constancy in preschool children. *Child Development, 60*, 649-662.

Berk, L. E. (1994). Vygotsky's theory: The importance of make-believe play. *Young Children, 50*, 30-39.

Berk, L. E.(1996). *Infants, children, and adolescent*s (2nd ed.). MA: Allyn & Bacon.

_________(2000). *Child Development* (5th ed.). Boston: Allyn & Bacon.

_________(2005). I*nfants and Children: Prenatal through middle childhood* (5th ed.). Published by Pearson Education, Inc., Publishing as Allyn & Bacon.

Berk, L. E. (2008). *Infants Children and Adolescents: Prenatal through middle childhood* (6th ed.). Published by Pearson Education, Inc., Publishing as Allyn & Bacon.

Bernstein, B. (1971). *Class, Codes and Control (*vol. 1). London: Routledge & Kegan Paul.

Bernstein, M. H. (1989). Sensitive periods in the development: Characteristics and causal interpretations. *Psychological Bulletin, 105*, 179-197.

Beyk, L. E. (1996). *Infants, children, and adolescents* (2nd ed.). MA: Allyn & Bacon.

Bjorklund, D. F., & Harnishfeger, K. K. (1987). Developmental difference in the mental effort requirements for the use of an organizational strategy in free recall. *Journal of Experimental child psychology, 44*, 109-125.

_________________________________(2008). *Infants and Children: Prenatal through middle childhood* (6th ed.). Published by Pearson Education, Inc., Publishing as Allyn & Bacon.

Bjorklund, D. F. (1995). *Children's thinking: Developmental function and individual differences*(2nd ed.). Pacific Grove, CA: Brooks/Cole.

Bookstein, F. L., Streissguth, A. P., Sampson, P. D., Connor, P. D., & Barr, H. M. (2002). Corpus callosum shape and neuropsychological deficits in adult males with heavy fetal alcohol exposure. *Neuroimage, 15*, 233-251.

Bornstein, M. H. (1989). Sensitive periods in the development: Structural characteristics and causal interpretations. *Psychological Bulletin, 105*, 179-197.

Bornstein, M. H., & Kessen, W. (1979). *Psychological development from infancy: Image to intention*. Hillsdale, NJ: Erlbaum.

Bower, G. H. (1970). *Mental imagery and associative learning*. In Lee Gregg(Ed.), *Cognition in learning and memory*. New York: Wiley.

Bowlby, J. (1969). *Attachment and loss(Vol. 1): Attachment*. New York: Basic Books.

_________(1980). *Attachment and loss(Vol. 3). Loss*. New York: Basic Books.

_________(1988). *A secure base: Clinical applications of attachment theory*. London: Routledge.

Brazelton, T. B. (1974). *Neonatal Behavioural Assessment Scale(C;omocs om Developmental Medicine*, No. 50), Spastics International medical Publications/Heinemann, London.

Brazelton, T. B., Tronick, E., Adamson, L., Als, H., & Wise, S. (1974). *Early Mother-infant reciprocity. in: Parent-Infan*t[Ciba Foundation Symposium, 33]. Elsevier, Amsterdam: 137-154.

Brent, R. L., & Fawcett, L. B. (2000). Environmental causes of human birth defects: What have we learned about the mechanism, nature, and etiology of congenital malformations in the past 50 years: Paper presented at the joint meeting of the Pediatric Academic Societies and the American Academy of Pediatrics, Boston.

Bretherton, I. (1992). The origins of attachment theory: John Bowlby and many Ainsworth. *Developmental Psychology, 28*, 759-775.

Bridges, K. M. B. (1930). Genetic theory of emotions. *Journal of Genetic Psychology, 37*, 514-527.

_______________(1932). Emotional development in early infancy. *Child development, 3*, 324-341.

Bronson, G. W. (1999). Infant differiences in rate of visual encoding. *Child Development, 62*, 44-54.

Brooks, J. B. (1991). *The process of parenting* (3rd ed.). Mountain View, CA: Mayfield.

Brown, R. (1973). *A first language: The early stage*s. Cambridge, MA: Harvard University Press.

Brownell, C. A., & Carriger, M. S. (1990). Changes in cooperation and self other differintiation during the second year. *Child Development, 61*, 838-848.

Bruce, J. M., Olen, K., & Jensen, S. J. (1999). *The role of emotion and regulation in social competence, paper presented at the meeting of the society for research in child development,*

Albuquerque.

Bruner, J. S. (1983). *Child talk*. New York: W. W. Norton.

__________(1996). *The culture of education*. Cambridge, NA: harvard University Press.

Bullock, M. (1985). Animism in childhood thinking: A new look at an old question. *Developmental Psychology, 21*, 217-225.

Bush, P. G., Mayhew, T. M., Abramovich, D. R., Aggett, P. J., Burke, M. D., & Page, K. R. (2001). Maternal cigarette smoking and oxygen diffusion across the placenta. *Placenta, 21*, 824-833.

Buss, A. H. (1961). *The Psychology of aggression*. New York: John Wiley.

Buss, A. H., & Plomin, R. (1984). *Tempetament: Early developing personality traits*. Hillsdale, NJ: Erlbaum.

________________________(1986). *The EAS approach to temperament*. In R. Plomin, & J. Dunn (Eds.), *The study of temperament: Changes, continuities and challenges*. Hillsdale, NJ: Erlbaum.

Cain, K. M.,m & Dwect, C. S. (1995). The relation between motivational patterns and achievement cognitions through the elementary school years. *Merrill-Palmer quarterly, 41*, 25-52.

Camaioni, L. (2002). *Garly language*. In U. Goswami(Ed.), *Blackwell handbook of Childhood cognitive development*. Malden, MA: Blackwell.

Campos, J. J., Langer, A., & Krowitz, A. (1970). Cardiac responses o the visual cliff in pre locomotor human infants. *Science, 170*, 196-197.

Casey, B. M., McIntive, D. D., & Leveno, K. J. (2001). The continuing value of the Apager score for the assessment of newborn infants. *New England Journal of Medicine, 344*, 467-471.

Cassidy, J., & Berlin, L. J. (1994). The insecure/ ambivalent pattern of attachment: Theory and research. *Child Development, 65*, 971-991.

Chall, J. S. (1979). *The great debate: Ten years later with a modest proposal for reading stages*. In L. B. Resnick, & P. A. Weaver(Eds.), *Theory and practice of early reading. Hillsdale*, NJ: Erlbaum.

Chan, A., Keane, R. J., & Robinson, J. S. (2001). The contribution of maternal smoking to preterm birth, small for gestational age, and low birth weight among

Aboriginal and non-Aboriginal births in South Australia, *Medical Journal of Australia, 174*, 389-393.

Chance, P., & Fischman, J. (1987). The magic of childhood. *Psychology Today, 21*, 48-58.

Chess, S., & Thomas, R. (1984). *Origins and evolution of behavior disorders*. New York: Brunner/Mazel.

Chomsky, N. (1957). *Syntactic structures*. The Hangue: Mouton.

Clarke, E., & Broca, P. P. (1970). In C. C. Gilispie(Ed.), *Dictionary of Scientific biography, 2* (pp. 477-478). New York: Scribner's Sons. 477-478.

Cole, D. A. (1991). Chang in self-perceived competence as a function of peer and teacher evaluation. *Developmental Psychology, 27*, 682-688.

Coles, C., Smith, L., & Falek, A. (1987). Prenatal alcohol exposure and infant behavior: Immediate effects and implications for later development. *Advances in Alcohol and Substance Abuse, 6*(4), 87-104.

Coles, C. D., Smith, I. E., & Falek, A. (1987). Prenatal alcohol exposure and infant behavior: Immediate effects and implications for later development. *Advances in Alcohol and Substance Abuse, 6*(4), 87-104.

Conel, J. L. (1959). *The cortex of a twenty-four month old infant*. In: *The Post natal development of the human cerebral cortex*. Cambridge MA: Harvard University Press.

Cook, J. L., & Cook, G. L. (2004). *Child Development: Principles and perspective*(S.O.S ed.). Boston: Allyn & Bacon.

Coopersmith, S. (1967). *The Antecedents of Self-Esteem*. San Francisco: Freeman And Company.

______________(1998). *The Antecedents of Self-Esteem*. Consulting Psychologist Press Inc.

Cox, K., & Schwartz, J. D. (1990). *The well-informed patient's guide to caesarean births*. New York: Dell.

Crain, W. (2000). *Theories of development: Concepts and applications*(4th ed.). Englewood Cliffs, NJ: Prentice Hall.

Cratty, B. J. (1986). *Perceptual and motor development in infants and children* (3rd ed.). Englewood Cliffs, NJ: Prentice-Hall.

Cratty, B. J. (1986). Motor planning abilities in deaf nad hearing Children. *American Annals of the Deaf, 131*(4), 281-284.

Damon, W. (1983). *Social and Personality development.* New York: Norton.

David, G. M. (2014). *Exploring Psychology*(9th ed.). New York: Warth publishers com.

Davis, P. T., & Cummings, E. M. (1994). Marital conflict and child adjustment : An emotional security hypothesis. *Psychological Bulletin, 116*, 387-411.

DeCasper, A. J., & Fifer, W. P. (1980). Of human bonding: Newborns prefer their mothers' voices. *Science*, 1174-1176.

DeCasper, A. J., & Spence, M. J. (1986). Prenata maternal speech influence newborns'perception of speech sounds. *Infant Behavior and Development, 9*, 133-150.

De Weerd, A. W., & van den Bossche, R. A. S. (2003). The development of sleep during the first months of life. *Sleep Medicine Reviews, 7*(2), 179-191.

__________(1994). Self-efficacy, In V. S. Ramachaudran(Ed.), *Encyclopedia of Human Behavior* (Vol. 4, pp. 71-81). New York: Academic Press.

Dollard, J., Doob, L. W., Miller, N. E., Mower, O. H., & Sears, R. R. (1939). *Frustration and aggression.* New Haven, CT: Yale University Press.

Dorling Kindersley, Inc. (2015). *Watch My Grow.* New York: DK Press.

Dunkel-Schetter, C., Gurung, R. A. R., Lobel, M., & Wadhwa, P. D. (2001). Stressprocesses in pregnancy and birth. In A. Baum, T. A. Revenson, & J. E. Singer(Eds.), *Handbook of health psychology*. Erbaum.

Dworetzky, J. P. (1990). *Introduction to child development* (4th ed.). MN: West Publishing.

Egeland, B., & Farber, A. E. (1984). Infant-mother Attachment: Factors Related to its Development and Changes over Time. *Child Development*, 55.

Eimas, P. D., Siqueland, E. R., Jusczyk, P., & Vigorito, J. (1971). Speech perception in infants. *Science, 171*, 303-306.

Eisenberg, N(1983). *Prosocial developmental in early and middle adolescence.* In R. Nontemayor, G. R. Adams, & T. P. Gullotta(Eds). From childhood to adolescence: A transitional period. Newbury Park, CA: Sage.

Emde, R. A., Gaensbauer, T. G., & Harmon, R. J. (1976). Emotional expression in infancy: A biobehavioral study. *Psychological Issues: Monograph Series, 10*(37).

England, L. J., Kendrick, J. S., Gargiullo, P. M., Zhniser, S. C., & Hannon, W. H. (2001). Measures of maternal tobacco exposure and infant birth weight at term.

American Journal of Epidemiology, 153, 954-960.

Fantz, R. L. (1961). The origin of form perception. *Scientific American, 204*, 66-72.

__________(1963). Pattern vision in newborn infants. *Science, 140*, 296-297.

Feinman, S., & Lewis, M. (1983). Social referencing at 10 months : a second-order effect on infants' responses to strangers. *Child Development, 54*, 878-887.

Field, T. (1990). *Infancy*. Cambridge, MA: Harvard University Press.

Field, T. M., Woodson, R., Greenberg, R., & Cohen, D. (1982). Discrimination and imitation of facial expressions by neonates. *Science, 218*, 179-181.

Fischer, K. W., & Lazerson, A. (1984). *Human development*. New York: Freeman.

Flavell, J. H. (1985). *Cognitive development* (2nd ed.). Englewood Cliffs, NJ: Prentice Hall.

Flavell, J. H., Miller, P. H., & Miller, S. A. (2002). *Cognitive development*(4th ed.). Upper Saddle River, NJ: Prentice Hall.

Fox, N., & Calkins, S. (1993). Multiple measure appoaches to the study of infant emotion. In M. Lewis, & J. M. Haviland(Eds.), *Handbook of emotions*. New York: The Guilford Press.

Freedman, D. G. (1974). *Human infancy: An evolutionary perspective*. NY: John Wiley.

Freiberg, K. (1992). *Human development: A life-span approach*(4th ed.). Boston: Jones & Bartlett Publishers.

Freud, A., & Dann, S. (1951). *Instinctual anxietyu during puberth*. In A. Freud(Ed.), *The ego and its mechanisms of defense*. New York: International Universities. Press.

Freud, S. (1960). *A general introduction to psychoanalysis*. New York: Washington Square Press. (Original work published 1935).

Frombert, D. P. (2002). *Play and meaning in early childhood education*. Boston: Allyn and Bacon.

Gibson, E. J., & Walk, R. D. (1960). The "visual cliff." *Scientific American, 202*, 64-71.

Ginsburg, H., & Opper, S. (1969). *Piaget's theory of intellectual development*. Englewood Cliffs, NJ: Prentice-Hall, Inc.

Goldfield, B.A., & Reznick, J. S. (1990). Early lexical acquisition: Rate, content, and the bocavulaly spurt. *Journal of Child Language, 17*, 171-184.

Goldstein, E. B. (1984). Sensatio and perception (5th ed.). *Pacific Grove*, CA: Brooks/ Cole.

Goldstein, M. H., & Schwade, J. A. (2008). Social feedback to infants' babbling facilitates rapid phonological learning. *Psychological Science, 19*(5), 515-523.

Green, M. (1989). *Theories of human development: A comparative approach.* Englewood Cliffs, NJ: Prentice-Hall.

Greenough, W. T., Black, J. E., & Wallace, C. S. (1987). Experience and brain development. *Child Development, 58*, 539-559.

Grigorenko, E. L. (2001). Developmental dyslexia: An update on genes, brains, and environments. *Journal of Child Psychology and Psychiatry, 42*, 91-125.

Guilford, J. P. (1959). The Three Faces of Intellect. *American Psychologist*, 14.

Haith, M. M., Bergman, T., & Moore, M. J. (1977). Eye contact and face scanning in early infancy. Scanning in early infancy. *Science, 198,* 853-855.

Haith, M. H. (1991). Setting a path for the 90s: Some goals and challenges in infant_ sensory and perceptual development. Paper presented at the Society for Research in Child Development, Seattle.

Haith, M. M. (1980). *Rules that babies look by.* Hillsdale, NJ: Erlbaum.

Hall, W. S. (1989). Reading comprehension. *American Psychologist, 44,* 157-161.

Halliday, M. A. K. (1975). *Learning how to mean: Exploration in the development of language.* London: Arnold.

Halverson, H. M. (1931). An experimental study of prehension in infants by means of systematic cinema record. *Genet psychol Monogr, Vol. 10*, 107-285.

Harlow, H. F., & Mears, C. (1979). *The human model: primate perspective.* Washington: Winston & Sons.

Harlow, H. F., & Zimmerman, R. R. (1959). Affectional responses in the infant monkey. *Science, 130,* 421-432.

Harris, F., Thomas, A., & Booth, D. A. (1990). Development of salt taste in infancy. *Developmental Psychology, 26*, 534-538.

Hart, D., & Karmel, M. P. (1996). S*elf-awareness and self-knowledge in humans, great apes, and monkeys*, In A. Russon, K. Bard, & S. Parker(Eds.), *Reaching into thought.* New York: Cambridge University Press.

Hartup, W. W., & Stevens, N. (1999). Friendship and adaptation across the life span. *Current Directions in Psychological Science, 8,* 76-79.

Hoffman, W. (2001). Fallout from the Chernobyl nuclear disaster and congenital malformations in Europe. *Archives of Enviromental Health, 56*, 478-483.

Honig, A. S. (1982). Prosocial development in children: Resarch in review. *Young Children, 37*(5), 51-62.

Hopkins, J. R. (2000). Erikson, E. H. In A. Kazdin(Ed.), *Encyclopedia of psychology*. Washington, DC, & New York: American Psychological Association and Oxford University Press.

Hulse, G. K., O'Neill, G., Pereira, C., & Brewer, C. (2001). Obstetric and neonatal outcomes associated with maternal naltrexone exposure. Australian and New Zealand. *Journal of Obstetrics and Gynecology, 41*, 424-428.

Huttenlocker,J., Levine, S., & Vevea, J. (1998). Environmental input and cognitive growth: A study suing time-period comparisons, *Child Development, 69*, 1012-1098.

Huttenlocher, P. R. (1994). *Synaptogenesis, synapse elimintion, and neural plasticity in the human cerebral cortex*. In C. A. Nelson(Ed.), *Threats to optimal developmentL Integreating biological, psychological, and social risk factors: Minnesota symposia on child psychology*(Vol. 27). Hillsdale, NJ: Erlbaum.

Huttenlocker, J., Levine, S., & Vevea, J. (1998). Environmental input and cognitive growth: A study suing time-period comparisons. *Child Development, 69*, 1012-1098.

Hyde, J. S. (1984). How large are gender differences in aggression? A developmental meta-analysis. *Developmental Psychology, 20*, 722-736.

Illingworth, R. S. (1973). *Basic Development screening: 0~2 years*. Oxford: Blackwell Scientific.

Ingra, D. (1989). *First language acquisition: method, description and explanation*. Cambridge: C. U. P. 263-288.

Izard, C. E. (1978). On the ontogenesis of emotions and emotion-cognition relationship in infancy. In M. Lewis, & L. A. Rosenblum(Eds.), *The Development of Affect*. New York: Plenum Press.

__________(1991). *The psychology of emotions*. New York: Plenum.

Izard, C. E. (1994). Innate and universal facial expressions: Evidence from developmental and cross-cultural research. *Psychological Bulletin, 115*, 299-299.

Izard, C. E., Hembree, E. A., & Huebner, R. R. (1987). Infant emotion expressions to acute pain. *Developmental Psychology, 23*, 105-113.

Jackendoff, R. (2000). 마음의 구조. (이정민·김정란 역, *Patterns in mind: language and nature*, BasicBooks, 235-257). 태학사. (원전은 1994년 출간).

Jensen, A. R. (1968). Social class, race, and genetics: Implication for education. *American Educational Research Journal*, 1-41.

___________(1969). How much can we boost IQ and scholastic achievement? *Harvard Educational Review, 39*, 1-123.

Jones, W. H., Chernovets, M. E., & Hansson, R. O.(1978). The enigma of androgyny : Differential implications for males and females? *Journal of Consulting and Clinical Psychology, 46*, 298-313

Kagan, J., Kearsley, R., & Zelazo, P. R. (1978). *Infancy: Its place in human development.* Cambridge, MA: Harvard University Press.

Kagan, J., Reznick, J. S., Clark, C., Snidman, N., & Garcis-Coll, C. (1984). Behavioral inhibition to the unfamiliar. *Child Development, 55*, 2212-2225.

Kail, R. (1992). Processing speed, speech rate, and memory. *Developmental Psychology, 28*, 899-904.

Kail, R., & Hall, L. K. (1999). Sources of developmental change in children's word-problem performance. *Journal of Educational Psychology, 91*, 660-668.

Kail, R. V. (2007). *Children and Their Development*, 4/e, Published by Pearson Education, Inc., Publishing as Prentice Hall.

Kail, R. V., & Cavanugh, J. C. (2000). *Human Development. A Life Span View*, Wadsworth.

Karen, R. (1994). *Becoming attached First relationships and how they shape our capacity to love.* New York: Oxford university Press.

Kellmn, P. J., & Banks, M. S. (1998). *Infant visual perception.* In W. Damon(Ed.), *Handbook of Child psychology* (5th ed., Vol. 2). New York: Wiley.

Kellogg, R. (1970). Understanding children's art. In P. Cramer(Ed.), *Readings in developmental psychology today*. Delmar, CA: CRM.

Kendall, P. C. J., & Finch, A. J. J. (1976). A cognitive-behavioral treatment for impulsive control: A case study. *Journal of Consulting and Clinical Psychology, 44*, 852-

857.

Kinsbourne, M. & M. Hiscok(1983). *Does Cerebral Dominance Develop?*, in S.J. Segalowitz & F. Gruber(eds.), *Language Development and Neurological Theory*. New York: Academic Press.

Kisilevsky, B. S. (1995). *The influence stimulus and subject variables on human fetal responses to sound and vibration*. In J. P. Lecaunet, W. P. Fifer, M. A. Krasnegor, & W. P. Smotherman(Eds.), *Fetal development*. Hillsdale, NJ: Erlbaum.

Klahr, E. (1992). *Information-processing approaches to cognitive development*. In M. H. Bornstein, & M. E. Lamb(Eds.), *Developmental psychology: An advanced textbook*(3rd ed., pp. 273-335). Hillsdale, NJ: Erlbaum.

Klaus, M., Kennel, J., & Klaus, P. (1995). *bonding: Building the foundation of a secure attachment and independence. Reading, MA: Addison-Wesley.*

Kochanska, G., Tjebkes, T. L., & Forman, D. R. (1998). Children's emerging regulation of conduct: Restraint, compliance, and internalization from infancy to the second year. *Child Development, 52*, 83-90.

Kopp, C. B. (1982). Antecedent of Self-Regulation: A Developmental Perspective. *Developmental Psychology, 18*(2), 199-214.

__________(1987). *The growth of self regulation: Caregivers and children*. In N. Eisenberg(Ed.), *Contemporary topics in developjmental psychology*. New York: Wiley.

Korones, S. B. (1981). *High-risk newborn infants*. St, Louis: C. V. Mosby.

Ladd, G. W., & Price, J. M. (1987) Predicting children's social and school adjustment following the transition from preschool to kindergarten. *Child Development, 58*, 1168-1189.

Ladd, G. W., & Ladd, B. K. (1988). Parenting behaviours and parent-child relationships: Correlates of peer victimization in kindergarten? *Developmental Psychology, 34*, 1450-1458.

Larsen, R. J., & Buss, D. M. (2002). *Personality psychology: Domains of knowledge about huan nature*. New York: McGraw-Hill.

Leaper, C., Anderson, K. J., & Sanders, P. (1998). Moderators of gender effects on parents talk to their children. *Developmental Psychology, 34*, 3-27.

Leboyer, F. (1994). *In Birth without violence*. New York: Alfred A. knopf.

Lecours, A. R. (1982). *Correlates of developmental behavior in brain maturation*. In T. Bever(Ed.), *Regressions in mental development*. Hillsdale, NJ: Erlbaum.

Lee, S. (2000). *The Parents Answer Book*. New York: St. Martin's Press.

Lenders, C. M., McElrath, T. F., & Scholl, T. O. (2000). Nutrition in pregnancy. *Current Opinions in Pediatrics, 12,* 291-296.

Lenneberg. E. H. (1967). *Biological functions of language*. New York: Wiley.

Lerner, J. V., & Galambos, N. L. (1985). Mother role satisfaction, mother-child interaction, and child temperament: A process model. *Developmental Psychology, 21*(6), 1157-1164.

Levine, L. E. (1983). Mine: Self-definition in 2-year-ole boys, *Developmental Psychology*, 19, 544-549.

Lewis, M. (2002). Early emotional development. In A. Slater, & M. Lewis(Eds.), *Infant development*. New York: Oxford University Press.

Lewis, M., & Brooks-Gunn, J. (1979). *Social cognition and the acquisition of the self*. New York: Plenum.

Lewis, M., & Michalson, L. (1983). *Children's emotions and moods: Developmental theory and measurement*. New York: Plenum.

Lewis, M., Alessandri, S. M., & Sullivan, M. W. (1992). Differences in shame and pride as function of children's gender and task difficulty. *Child Development, 63*, 630-638.

Lewis, M., Sullivan, M. W., Sanger, C., & Weiss, M. (1989). Self-development and self-conscious emotions. *Child development, 60*, 146-156.

Lipsitt, L. P., & Werner, J. S. (1981). *The infancy of human learning processes*. In E. Gollin(Ed.), *Development platicity*. New York: Academic Press.

Logue, A. W. (1995). *Self-control: Waiting until tomorrow for what you want today*. Englewood Cliffs, NJ: Prentice Hall.

Lorenz, K. Z. (1937). The companion in the bird's world. *Aug, 54*, 245-273.

____________(1965). *Evolution and the modification of behavior*. Chicago: University of Chicago Press.

Maccoby, E. E. & Jacklin, C. N. (1980). Sex differences in aggression : A rejoinder and reprise. *Child Development, 51*, 964-980.

MacFarlane, A. (1975). *Olfaction in the development of social preferences in the human neonate.* In *Parent-infant interaction* (CIBA Foundation Symposium No 33), Amsterdam: Elsevier.

Macwhinney, B. (1999). *The emergence of language.* Mahwah, Nj: Erlbaum.

Mahler, M. S., Pine, F., & Bergman, A. (1975). *The psychological birth of the infant.* New York: Basic Books.

Main, M., & Hesee, E. (1990). *Parent's unreselved traumatic experiences are releated to infant disorganized attachment status: Is frightened and/or frightening parental behavior the linking mechanism?* In M. T. Greenberg, D. Cicchetti, & E. M. Cummings(Eds.), *Attachment in the preschool years: Theory, research, and intervention* (pp. 161-182). Chicago: University of Chicago Press.

Main, M., & Solomon, J. (1990). *Procedures for identifying infants as disorganized/ disoriented during the Ainsworth Situation.* In M. Greenberg, D. Cicchetti, & M. Cummings(Eds.), *Attachment in the preschool years: Theory, research, and intervention* (pp. 121-160). Chicago: University of Cicago press.

Maizels, M., Rosenbaum, D., & keating, B. (1999). *Getting to dry: How to help your child overcome bedwetting.* Cambridge, MA: Harvard Common Press.

Mangwlsdorf, D. J., Thummel, C., Beato, M., Herrlich, P., & Schute G. et al. (1995). The nuclear receptor superfamily: The second decade. *Cell, 83*, 835-839.

Maratsos, M. (1998). The acquisition of grammar. In D. kuhn, & K. S. Siegler(Eds.), *Handbook of Child development* (5th ed., pp. 255-308). New York: Wiley.

Marsh, H. W. (1990). The structure of academic self-concept: The Marsh/Shavelson model. *Journal of Educational Psychology, 82*, 623-636.

Martin, C. L., & Halverson, C. F. Jr. (1987). *The roles of cognition in sex-roles and sex-typing.* In D. B. Carter(Ed.), *Conception of sex-roles and sex-typing: Theory and research.* New York: Prager.

Maslow, A. H.(1965). A theory of human motivation. In D, E, Hanmachek (Ed.), *The self in growth, teaching and learning.* New Jersey: Prentice-Hall.

Matheny, A. P., & Phillips, K. (2001). *Temperament and context: Correlates of home environment with temperament continuity and change.* In T. D. Wachs, & G. A. Kohnstamm(Eds.), *Temperament in context.* Mahwah, NJ; Erlbaum.

Maurer, D., & Salapatek, P. (1976). Developmental changes in the scanning of faces by young infants. *Child Development, 47,* 523-527.

McGraw, M. B. (1935). *Growth: A study of Jimmy and Johnny.* Applenton Century Croft.

McKenzie, B. E., Skouteris, H., & Day, R. H., Hartman, B., & Yonas, A. (1993). Effective action by infants to contact objects by reaching and leaning. *Child Development, 64*, 415-429.

Meltzoff, A. N., & Borton, R. W. (1979). Intermodal matching by human neonates. *Nature, 282*, 403-404.

Meltzoff, A. N., & Decety, J. (2003). What imitation tells us about social cognition: A rapprochement between developmental psychology and cognitive neuroscience. Philosophical Transactions of the Royal Society of London, Series B, *Biological Sciences, 358*, 491-500.

Meltzoff, A. N., & Moore, M. K. (1977). Imitation of Facial and Manual Gestures by Human Neonates. *Science, 198*, 75-78.

Menyuk, P., Liebergott, J. W., & Schultz, M. C. (1995). *Early language Development in full-term and premature infants.* Hill Sdale, NJ: Erlbaum.

Miceli, P. J., Whitma, T. L., Borkosski, J. G., Braungart-Riekder, J., & Mitchell, D. W. (1998). Individual differences in infant information processing: The role of temperamental and maternal factors. *Infant Behavior and Development, 21*, 119-136.

Michel, G. L. (1981), Right-handedness: A consequence of infant supine head-orientation preference? *Science, 212,* 685-687.

Miller, P. H. (1993). *Theories of Developmental Psychology* (3rd ed.). NY: W. H. Freemand and Company.

__________(2002). *Theories of developmental psychology* (4th ed.). New York: Worth.

Mishel, W. (1986). *Introduction to personality* (4th ed.). New York: Holt, Rinehart & Winston.

Mishel, W., Shoda, Y., & Peake, P. K. (1988). The nature of adolescent competencies predicted by preschool delay of gratification. *Journal of Personality and Social Psychology, 54*, 687-696.

Moore, K. L., & Persaud, K. L. (1993). *The developing human: Clinically oriented embryology.* Philadelphia: W. B. Saunders Company.

Moore, K. L., & Persaud, T. V. N. (2008). *The developing human: Clinically oriented embryology*. Philadelphia, PA: Saunders.

Morrow, C. E., Bandstra, E. S., Emmalee, S., Anhony, J. C., Ofir, A. Y., Zue, L., & Reyes, M. I. (2001). Influence of prenatal cocaine exposure on full-term infant neurobehavioral functioning. *Neurotoxicology and Teratology, 23*, 533-544.

Morse, P. A., Cowan, N., & Suomi, K. (1982). Echoic storage in infant perception. *Child Development, 53*, 984-990.

Mussen, P., Conger, J., & Kagan, J. (1979). *Child development and personality*. New York: Harper & Row.

Muzi, M. J. (2000). *Child development*. Prentice Hall.

Naigles, L. G., & Gelman, S. A. (1995). Overextensions in comprehension and production revisited: Preferential looking in a study of dog, cat and cow. *Journal of Child Language, 22*, 19-46.

Nelson, K., & Ross, G. (1980). The generalities and specifics of long-term memory in infants and young children. In M. Perlmutter(Ed.), *New directions for child development - children's memory* (pp. 87-101). San Francisco, CA: Jossey-Bass.

Newcombe, N. (1996). *Child development: Change over time* (8th ed.). Harper Collins College Publishers.

Papalia, D., Gross, D., & Feldman, R. D. (2003). *Child Development*. New York: McGraw-Hill.

Parten, M. (1932). Social play among preschool children. *Journal of Abnomal and Socail Psychology, 27*, 243-269

Pellegrini, A. D., & Galda, L. (1982). The effects of thematic-fantasy play training on the development children's story comprehension. *American Educational Research Journal. 19*(3). 443-452.

Perry, D. G., & Bussey, K. (1984). *Social development*. New Jersey: Prentice Hall.

Piaget, J. (1930). *The child's conception of physical causality*. London.

_______(1946a). *The child's conception of movement and speed*. London: Routledge & Kegan Paul.

_______(1951). *Play, dream, and imitation childhood*. New York: Norton. (Original Work published, 945).

_______(1952). *The origins of intelligence in children.* New York: International Universities Press.

_______(1954). *The construction of reality in the child.* New York: Basic books.

_______(1955). Die Bildung des Zeitbegriffs beim Kinde, Rascher: Zurich.

_______(1960). *Psychology of intelligence.* Paterson, NJ: Littlefield, Adams.

Piaget, J., & Inhelder, B.(1969). *The psychology of the child.* New York: Basic Books.

Pipp, S., Esterbrooks, M. A, & Harmon, R. J. (1992). The relation between attachment and knowledge of year-old infants to three yea-old infants. *Child Development.*

Rallison, M. L. (1986). *Growth disorders in infants, Children, and adolescents.* New York: Wiley.

Ramey, S. L, & Ramey, C. T. (1999). Early experience and early intervention for children "at risk" for developmental delay and mental retardation. *Mental Retardation and Developmental Disabilities, 5*, 1-10.

Ramey, S. L., & Ramey, C. T. (2000). *Early childhood expertences and developmental competence.* In S. Panzinger, & J. Waldfogel(Eds.), *Securing the future: Investing in children from birth to college.* New York: Russell Sage Foundation.

Reznick, J. S., & Goldfield, B. A. (1992). Rapid change in lexical development in comprehension and production. *Developmental Psychology, 28*, 406-413.

Richardson, G. A., Ryan , C., Willford, J., Day, N. L., & Goldschmidt, L. (2002). Prenatal alcohol and marijuana exposure: Effects on neuropsychological outcomes at 10years. *Neurotoxicology and Teratology, 24*, 309-320.

Rochat, P. (1998). Self-perception and action in infancy. *Experimental Brain Research, 123*, 102-109.

________(2004). *The infant's world.* Harvard University Press.

Rogoff, B. (2003). *The cultural nature of human development.* New York: Oxford University Press.

Rosenberg, M. (1965). *Society and the adolescent self-image.* Princeton, NJ: Princeton University Press.

Rosenzweig, M. (2000). Ethology. In A. Kazdin(Ed.), *Encyclopedia of psychology.* Washington, DC, & New York: American Psychological Association and Oxford University press.

Rothbart, M. K. (1989). Temperament in childhood: A framework. In G. A.

Kohnstamm, J. E. Bates, & M. K. Rothbart(Eds.), *Temperament in childhood*. New York: Wiley.

Routhedge & Kagan, P. (1932). *The moral judgment of the child*. London: Routhedge & Kagan paul.

______________(1946a). *The child's conception of movement and speed*. London: Routledge & Kegan Paul.

______________(1946b). *The child's conception of time*. London: Routledge & Kegan Paul.

______________(1952). *The origins of intelligence in children*. New York: Norton.

______________(1954). *The construction of reality in the child*. New York: Basic Books.

______________(1955). *Die Bildung des Zeitbegriffs beim Kinde*, Rascher: Z ich.

______________(1960). *Psychology of intelligence*. Patersonm NJ: Littlefield, Adams.

______________(1962). *Play, dreams, and imitation in the child*. New York: W. W. Norton.

Rubin, K. H., & Krasnor, L. (1980). Changes in the play behaviors of preschoolers: A short-term longitudinal investigation. *Canadian Journal of Behavioral Science, 12*, 278-282.

Rubin, K. H., Fein, G., & Vandenverg, B. (1983). Play. In P. H. Mussen (Ed.), *Handbook of child psychology*: vol. 4. *Social development*. New York: Wiley.

Russel, A., Hart, C. H., Robinson, C. C. & Olsen, S. F. (2003). Children's sociable and aggressive behavior with peers : A comparison of the US and Australia, and contributions of temperament and parenting styles. *International Journal of Behavioral Development, 27*(1), 74-86.

Rutter, M. (2002). Nature, nurture, and development: From evangelism through science toward policy and practice. *Child Development, 73*, 1-21.

Saarni, C., Mumme, D. L., & Campos. J. J. (1998). *Emotional development: Action, communication, and understanding*. In W. Damon, & N. Eisenberg(Eds.), *Handbook of child psychology* (5th ed., vol. 3). New York: John Wiley & Sons, Inc.

Sadler, T. W. (2006). *Langman's medical Embryology* (10th ed.). Baltimore: Williams & Wilkins.

Salapatek, P. (1975). *Pattern perception in early infancy*. In L. B. Cohen, & P. Salapatek(Eds.), *Infant perception: From sensation to cognition*. Academic Press.

Sally Lee. (2000). *The Parentts Anser Book*. St. Martin's Press, New York.

Sameroff, A. J. (1975). Early influences on development: Fact or fancy?, *Merrill-Palmer Quarterly, 21*, 267-294.

Sanson. A., Hemphill, S. A. & Smart D. (2002). *Temperament and social development.* In P. K. Smith & C. H. Hart(Eds.), *Blackwell handbook of childhood social development*(pp. 97-116). Oxfore : Blackwell.

Santrock, J. W. (2001). *Child Development* (9th ed.). McGraw Hill.

__________(2004). *Child Development* (10th ed.) McGrow Hill.

Scammon, R. E. (1930). *The measurement of the body in childhood.* In J. A. Harris, C. M. Jackson, D. G. Paterson, & R. E. Scammon(Eds.), *The measurement of man.* University of Minnesota Press.

Schaffer, H. R. (1993). *Making decisions about children: Psychological questions and answers.* Cambridge, Mass: Basil Blackwell, Inc.

Schaffer, H. R., & Emersion, P. E. (1964). The development of social attachment in infancy. *Monograohs of the Society of Research in Child Development, 29*(3).

Shaffter, D. R. (1988). *Social and personality development.* California: Book/Cole Publishing Company.

__________(1999). *Developmental psychology. Childhood and adolescent*(5th ed.). Books/cole.

Shantz, C. U. (1983). *Social cognition.* In P. H. Mussen(Ed.), *Handbook of child psychology* (Vol. 3). *Cognitive development.* New York: Wiley.

Sheiman, D. L., & Slomin, M. (1988). *Resources for middle childhood.* New York: Garland.

Siegler, R. S. (1966). *Emerging minds: The proces of change in children's thinking.* New York: Oxford University Press.

Siegler, R. S., Deloach, J. M., & Eisenberg, N. (2010). *How children develop* (3rd ed.). New York: Worth.

Simmons, R. G., & Blyth, D. A. (1987). *Moving into adolescence: The impact of pubertal change and school context*. Hawthome, New York: Aldine & de Gruyter.

Skinner, B. F. (1957). *Verbal behavior.* East Norwalk, CT: Appleton-Century-Crofts.

Slater, A. (2001). Visual perception. In A. Fogel, & G. Bramner(Eds.), *Blackwell handbook of Infant development.* London: blackwell.

Slater, A., Morison, V., & Somers, M. (1998). Orientation discrimination and cortical function in the human newborn. *Perception, 17*, 597-602.

Smilansky, S. (1968). *The effets of sociodramatic play on disadvantaged preschool children.* New York: Wiley.

Smith, P. K., & Cowie, H. (1991). *Understanding children's development* (2nd ed.). Cambridge: Blackwell Publishers.

Snow, C. (1998). *Infant Development* (2nd ed.). Englewood Cliffs, N.J.: Prentice-Hall, Inc.

Snow, C. W., & McGaha, C. G. (2003). *Infant Development* (3rd ed.). Upper Saddle.

Spelke, E. S., & Owsley, C. J. (1979). Intermodal exploration and knowledge in infancy. *Infant Behavior and Development, 2,* 13-28.

Spence, M. J., & De Casper, A. J. (1987). Prenatal experience with low frequency maternal voice samples. *Infant Behavior and Development, 10*, 133-142.

Spitz, R. A., & Wolf, K. M. (1946). The smilling response. *Genetic Psycholo Monogr, 34*, 57-125.

Stein, N. L., & Trabasso, T. (1989). Children's understanding of changing emotional states. In C. Saarni & P. L. Harris (Eds.). *Children's understanding of emotion.* Cambridge: Cambridge University Press.

Steinberg, L., & Meyer, R. (1995). *Childhood.* New York: McGraw-Hill.

Stenberg, R. J. (1993). *Sternberg Triarchic Abilities Test.* Unpublished manuscript.

Stern, W. (1912). *Die psychologichen methoden der intelligenzprufung.* Liezig: Barth.

Sternberg, R. J. (2003). *Contemporary theories of intelligence.* In I. B. Weiner(Ed.), Handbook of verbal analogies. *Child Development, 51*, 27-38.

Stetsenko, A., Little, T. D., Gordeeva, T., Grasshof, M., & Oettinggen, G. (2000). Gender effects in children's beliefs about school performance. *Child Development, 21*, 517-527.

Streissguth, A. P., Barr, H. M., Sampson, P. D., Darby, B. L., & Martin, D. C. (1989). IQ at age 4 in relation to martemal alcohol use and smoking during pregnancy. *Developmental Psychology, 25*, 3-11.

Streven, P. S., & Robert, E. H. (2003). *Caring for Your Baby and Young Child: Birth to Age 5.* New York: Bantam Books.

Sudhalter, V., & Braine, M. D. S. (1985). How does comprehension of passives develop? A comparison of actional and experiential verbs. *Journal of Child Languges, 12*, 455-470.

Symons, D. K. (2001). A dyad-oriented approach to distress and mother-child relationship outcomes in the first 24months, *Parenting: Science and Practice, 1*, 101-122.

Tamis-LeMonda, C. S., & Bornstein W. H. (1994). Specificity in mother-toddler language-play relation across the second year. *Developmental. Psychology, 30*, 283-292.

Tamis-LeMonda, C. S., Bornsten, M. H., & Baumwell, L. (2001). Maternal Respon sivess and Children's Achievement of Language Milestones. *Child Development, 72*(3), 748-767.

Tanner, J. M., & Inhelder, B. (1971). *Child Development.* London: Tavistock Publications.

Tanner, J. M. (1970). *Physical growth.* In P. H. Mussen(Ed.), *Carmichael's Manual of Child Psychology* (3rd ed., Vol. 1). New York: Wiley.

____________(1978). *Education and physical growth* (2nd ed.). London: Hodder & Stroughton.

____________(1990). *Foetus into man: Physical growth from conception to maturity* (2nd ed.). Cambridge, MA: Harvard University Press.

Thomas, A., & Chess, S. (1977). *Temperament and development.* New York: Brunner/Mazel.

____________________(1991). *Temperament in adolescence and its functional significance.* In R. M. Lerner, A. C. Petersen, & J. Brooks-Gunn(Eds.), *Encyclopedia of adolescence (Vol. 2).* New York: Garland.

Thomas, R. V. (2000). *Comparing theories of child development* (5th ed.). Belmont, CA: Wadsworth.

Thompson, R. A., & Lamb, M. E. (1982). Stranger sociality and its relationship to temperament and social experience during the second year. *Infant Behavior and Development, 5*, 227-287.

Thompson, R. A., & Lamb, M. E. (1998). *Early sociopersonality development.* In W. Damon, & N. Eisenberg(Eds.), *Handbook of child psychology* (5th ed., Vol. 3, pp. 25-104). New York: John Wiley & Sons.

Thompson, R. A. (1998). *Early sociopersonality development.* In. N. Eisenberg (Ed.),

Handbook of Child psychology; vol. 3. emotional, and personality development (5th ed., pp. 25-104). New York: Wiley.

Thompson, R. F. (1993). *The brain: A neuroscience primer* (2nd ed.). New York: W. H. Freeman.

Thurstone, L. L. (1938). *Primary mental abilities.* Chicago: University of Chicago Press.

Trehub, S., & Rabinovich, M. (1972). Auditory-linguistic Sensitivity in Early Infancy. *Developmental Psychologist, 6.*

Tremblay, R. E. (2004). The development of human physical aggression : How important in early childhood? In L.A. Leavitt, & D. M. B. Hall(Eds.), *Social and moral development: Emerging evidence on the toddler years*(pp221-238). New Brunswick, NJ: Johnson & Johnson Pediatric Institute.

Uw Medicine (2009). Patient Education. *Maternal and infant Care Clinic.* University of Washington Medical Center.

Vandell, D. L., & Wilson, K. S., & Buchanan, R. (1980). Peer Interaction in the First Year of life: An Examination of Its Structure, Content, and Sensitivity to Toys. *Child Development, 51*(2), 481-488.

Van der Mark, I. L., van IJzendoorn, M. H., & Bakermans-Kranenburg, M. J. (2002). Development of empathy in girls during the second year of life: Associations with parenting, attachment, and temperament. *Social Development, 11*, 451-468.

Vauclair, J. (2004). Developpement du jeune enfant, Editions Belin-Paris. 鈴木光太郎(2012)譯. 乳幼児の発達, 新曜社.

Vaughn, B. E., Kopp, C. S., & Krakow, J. B. (1984). The emergence and consolidation of self-control form eighteen to thirty months of age : Normative trends and individual differences. *Child Development, 55,* 990-1004.

Vaughn, B. E., Stevenson-Hinde, J., Waters, E., Kotsaftis, A., Lefever, G. B., Shouldice, A., Trudel, M., & Belsky, J. (1992). Attachment security and temperament in infancy and early childhood: Some conceptual clarifications. *Developmental Psychology, 28*, 436-473.

Vygotsky, L. S.(1962). *Thought and language.* Cambridge, MA: MIT Press.

__________(1978). *Mind in society: The development of higher psychological processes.* In M. Cole, et al. (Eds. and Trans.), Cambridge: Harvard University Press.

Waters, E., Wippnab, J., & Sroufe, L. A. (1979). Attachment, positive affect, and competence in the peer group: Tow studies in construct validation. *Child Development, 50*(3), 821-829.

Watson, J. B. (1927). What to do when your child us afraid(interview with Beatrice Black). *Children(March),* 25-27.

Webster's New World Dictionary. (1967). *Elementary Edition: A-Z*(third Edition) California State Series.

Wertheimer, M. (1961). Psychomoter coordination of auditory and visual space at birth. *Science, 134*, 1692.

Whitehurst, G. J., & Lonigan, C. J. (1998). Child development and emergent literacy. *Child Development, 69*, 848-872.

Williams, J. E., & Best, D. L. (1982). *Measuring sex stereotypes: A Thirty-nation study.* Newbury Park, CA: Sage.

Wolff, P. H. (1987). *The development of behavioral states and the expression in early infancy.* University of Chicago Press.

Yakovlev, P. I., & Lecours, A. R. (1967). *The myelogenetic cycles of regiona development of the brain.* In A,. Minkowski (Ed.), *Regional developmnet of the brain in early life: Symposium.* Oxford: Blackwell.

Zahn-Waxler, C., Radke-Yarrow, M., Wagner, E., & Chapman, M. (1992). Development of concern for others. *Developmental Psychology, 28*, 126-136.

Zimmermann, J. M. & Witnov, S. J. (1990). *Socialization.* In R. M. Thomas(Ed.), *The encyclopedia of human development and education : Theory, research, studie*s. Oxford : Pergamon Press.

赤木和重 (あかぎかずしげ) (2012). ０１２３ 発達と保育. ミネルヴァ書房.

新井邦二 (2008). 發達心理學. 福村出版.

内田伸子, 臼井 博, ふじきき春代 (1996). 乳幼児の心理学. 有背閣

植木理恵(うえきりえ). (2013). 心理學. 中經文庫.

大阪保育研所(2005).「0ー2歲.の保育」研究. グルーブ編.

大薮 泰(おやぶ やすし) (2013). 赤ちゃんの心理、日本評論社.

木ロチョ, 小林ハ代枝 (2001). 小児の生活援助. 文光堂.

粂 幸男(くめ ゆきお) (2000). 乳児保育. みらい.
清水増春(しみず ますはる), 森 敏昭(もり としあき). 0歳~12歳児の発達と学び. 北大路書房.
田中 真介 (しん) (2014). こどもが見える. 乳幼児保育研究会.
菅野幸恵(すがの ゆきえ)、塚田みちる(つかだ みちる), 岡本依子(おかもと よりこ) (2010). あかちゃの発達と子育て. 新羅社.
ヴォークレール,ジャック
田島信元 (2000). 気質の人格発達への影響『シリーズ, 人間と性格第2巻 性格の発達. ブレーン出版.
高兵介二, 秋葉英則, 横田昌子 (2005). 1歳の保育. ルック.
秦 一士(はた かずひこ), 平井誠也(せいや). 児童心理学要論. 北大路書房.
日本經濟新聞出版社 (2013). 0歳からやっておきたい教育. Vol. 5. 日本經濟新聞出版社
明和正子(みょうわ まさこ), 鈴木光太郎(すずき こうえあろう) 譯 (2012). 乳幼児の発達-運動·知覚·認知(Vauclair,J., 2004. Developpement du jeune enfant.) 新羅社.
繁多進 (1987). 愛着の發達-母と子の心の結びつき,大日本圖書
羽二協子, サライ美奈 譯(はね) (みな) (2000). 0~3歳児の保育· 最初の3年間(Szecsei Hermina의 번역). 中央美版.
増田まゆみ(ますだ) (2005). 乳児保育, 北大路書房.
松本博雄(まつもと ほろお), 常田美浦(常田みほ), 川田 学(かわた まなぶ), 水野理恵 (1988). 「乳幼児のこどもの気質· 母親の分離不安と後の育児ストレスとの関連—第一1 子を対象にした乳幼児の縱斷研究」. 發達心理學研究, 9, 56-65.
菅原ますみ (1992). 發達心理學ハンドブック. 福村出版.
一宮原和子(みやはら), 小方信二, 竹理里絵宮原英種 (1998). 乳兒保育. 蒼丘書林.
村田孝次 (1973). 児童心理学. 有背閣.
林 洋一 (2007). やさしくわかる 發達心理學. ナツメ社.
林 洋一 (2012). よくわかる 發達心理學. ナツメ社.
渡部雅之(わたなべ まさゆき) 譯 (1999). 幼児の発達(Gavin Brenner, 1994. Infancy). ミネルヴァ書房.
矢野喜夫·落合正行 (1991). 發達心理學の招待. サイエンス社.
秋山和平, 小沼俊男 (1994). 子どもを伸ばす話しことば. 祥社.
坂口哲司 (1995). 生涯發達心理學. ナカ二シヤ出版.
森敏昭, 井上毅 , 松井孝雄共著 (1995). グラフィック認知心理學 . 東京: サイエンス社

高橋みちこ, 藤崎まちよ, 中紀子, 野田幸江 (1998). 子どもの發達心理學. 新曜社 .
北尾倫彦, 中島, 井上毅 , 石王敦子 (2000). グラフィック心理學. サイエンス社.
秦かずひこ, 平井せいや (2003). 兒童心理學要論. 北大路書房 .
山下富美代, 井上隆二, 井田正則, 高橋一公, 山村豊 (2003). 發達心理學. ナツメ社.
富田みきお, 古谷野博 (2003). 精神分析. ナツメ社.
保育士資格試驗 (2007). 一ツ矯書店.
保育士問題集 (2007). 誠美堂出版.
保育士試驗 (2007). 西東社.
原坂一郎 (2008). 保護者とうまくいく方法. ひかりのくに山下.
日本經濟新聞出版社 (2013). 0世からやっておきたい. 育, Vol. 5.

http://blog.naver.com
http://health.mw.go.kr
http://parckyoung78.blogome
http://stkorea.com
http://study.zum.com
http://touchcaren.net
http://www.hamchoon.com

중앙일보(2011.10.31). 영아돌연사증후군을 예방하려면.
TV리포트(2015.2.4). 신생아의 수면.
뉴스위크 특별판 1호(1999). 영아기 언어발달 장애의 조짐. 한국판.
한국일보(2009.12.1). 기형아 여부 99.9% '족집게 판별'.

저자소개

강란혜

〈저서 및 번역〉

- 성경적 관점에서 본 아버지 역할과 아동발달(2012)
- 하나님을 경험하는 어린이로(공동번역, 2010)
- 영유아프로그램 개발 및 평가(공저, 2011)
- 아동복지론(2010)
- 아동발달(2008)
- 인간행동과 사회환경(공저, 2008)
- 아동상담(공저, 2006)
- 신보육학개론(2006)
- 아동학대 전문상담(공저, 2004)
- 표준보육과정(여성가족부 공저, 2005)

〈활동〉

- 평생교육진흥원 학점은행제 평가위원
- 한국전력 의료재단 한일병원 사외이사
- 한국도로교통공단 사외이사
- 총신대학교 평생교육원 원장
- 구립 양지어린이집 책임교수
- 구립 진선미어린이집 책임교수
- 구립 연꽃어린이집 운영위원
- 한국보육지원학회 상임이사
- 동작구 평생교육위원
- 한국육아진흥원 정책 모니터링
- (재)서울특별시 서울여성 위원

- 한국 방과후 지도학회 국제이사
- 총신대학교 연구처장, 대학원 교학처장
- 한국아동학회 총무
- 여성부 장관상 수여, 영유아보육사업 유공자
- 이화여자대학교 인간생활환경연구소 연구원
- 한국여성유권자연맹(NGO 여성단체) 교육분과 이사
- 한국학교상담학회 유치원상담위원장
- 동작구 가정복지과 보육위원
- 한국여성개발원 보육시설평가인증 심의위원
- 한국보육지원학회 재무상임이사
- 한국가족복지학회 학술위원장
- CTS 기독교방송 TV 영유아문화원 자문위원
- (재) 여의도연구소 사회문화분과 정책자무위원
- 국제정책연구원(GSI) 교육분과 자문위원
- 2008년도 대입수능출제위원
- 일본 오차노미즈여자대학교 대학원 박사연구과정 수료

영유아발달

초판 1쇄 인쇄 2016년 8월 1일
초판 1쇄 발행 2016년 8월 8일

지 은 이 | 강란혜
펴 낸 이 | 김기섭
편　　집 | 구자성
펴 낸 곳 | 창지사 www.changjisa.com
08589 서울시 금천구 가산디지털 1로 83 파트너스타워1차 9층
전화 (02) 719-2211~3
팩스 (02) 701-9386
등　　록 | 1977년 4월 28일 · 제1-421호

ISBN 978-89-426-0823-2 (93370)

값 20,000원

이 도서의 국립중앙도서관 출판예정도서목록(CIP)은 서지정보유통지원시스템 홈페이지(http://seoji.nl.go.kr)와 국가자료공동목록시스템(http://www.nl.go.kr/kolisnet)에서 이용하실 수 있습니다.(CIP제어번호 : CIP2016018703)